古地図で楽しむなごや今昔

［編著］溝口常俊

風媒社

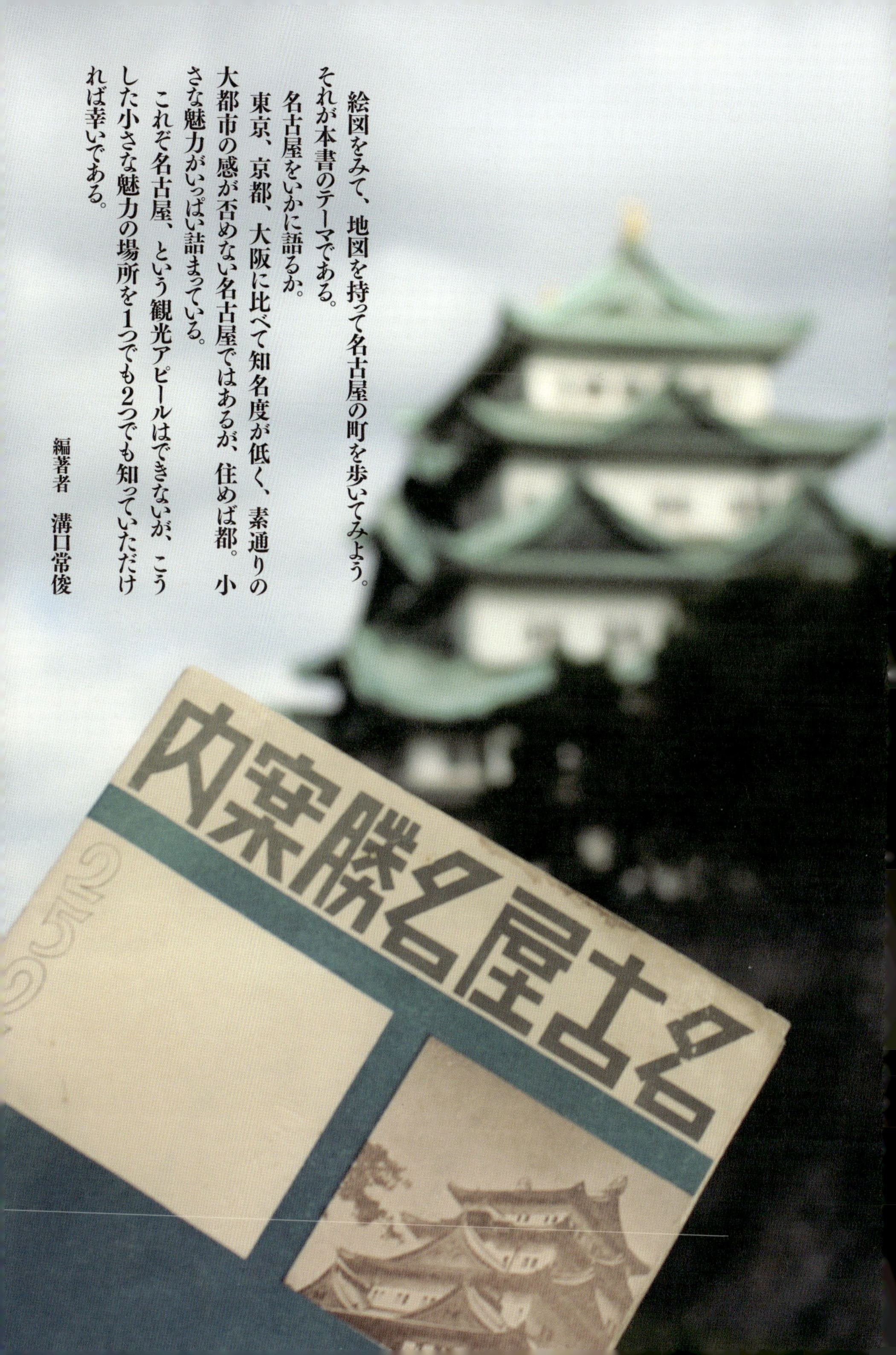

絵図をみて、地図を持って名古屋の町を歩いてみよう。それが本書のテーマである。

名古屋をいかに語るか。

東京、京都、大阪に比べて知名度が低く、素通りの大都市の感が否めない名古屋ではあるが、住めば都。小さな魅力がいっぱい詰まっている。

これぞ名古屋、という観光アピールはできないが、こうした小さな魅力の場所を1つでも2つでも知っていただければ幸いである。

編著者　溝口常俊

本書の関連地図 ＊登場する主な地名や通り、路線名などを茶色で示している。

古地図で楽しむなごや今昔

目次

[Part1] なごや古地図セレクション

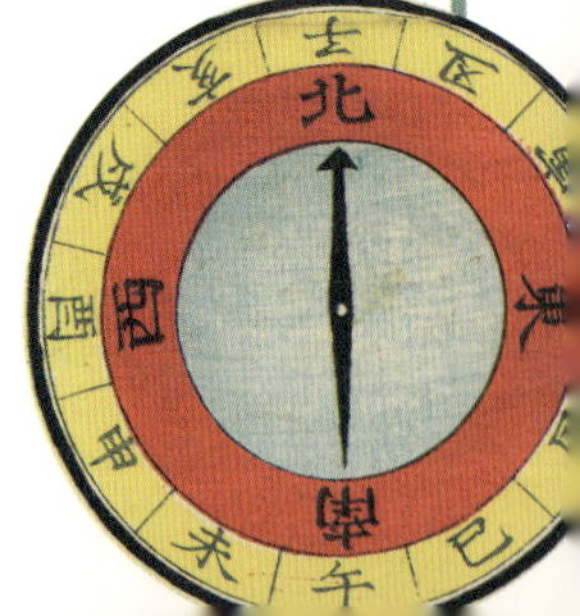

[Part2] 鳥の目虫の目

クローズアップ名古屋

[Part3] なごや歴史幻視行

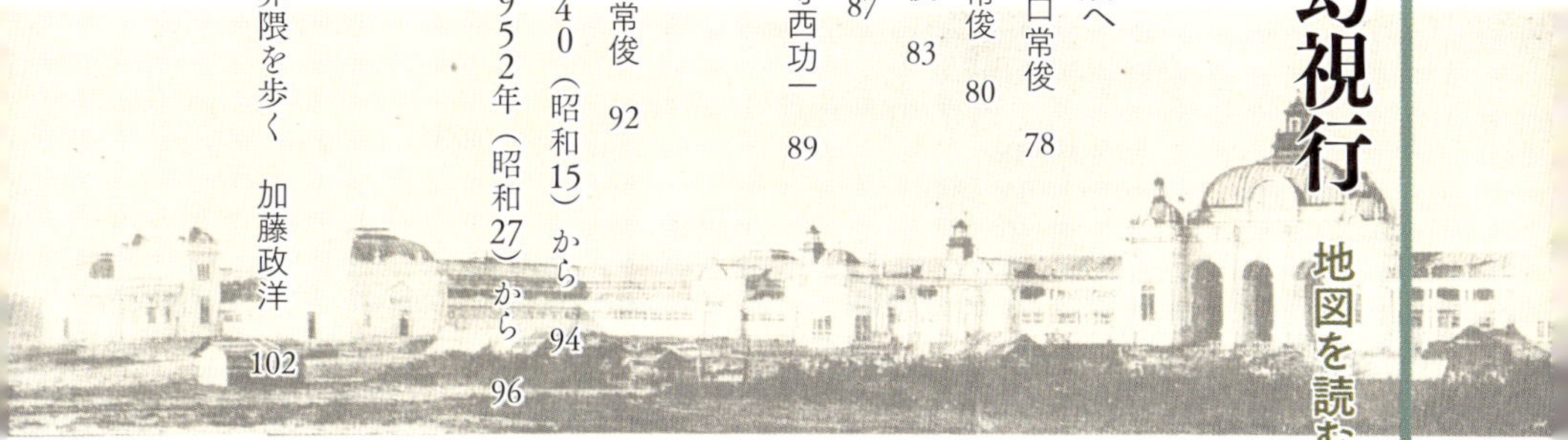

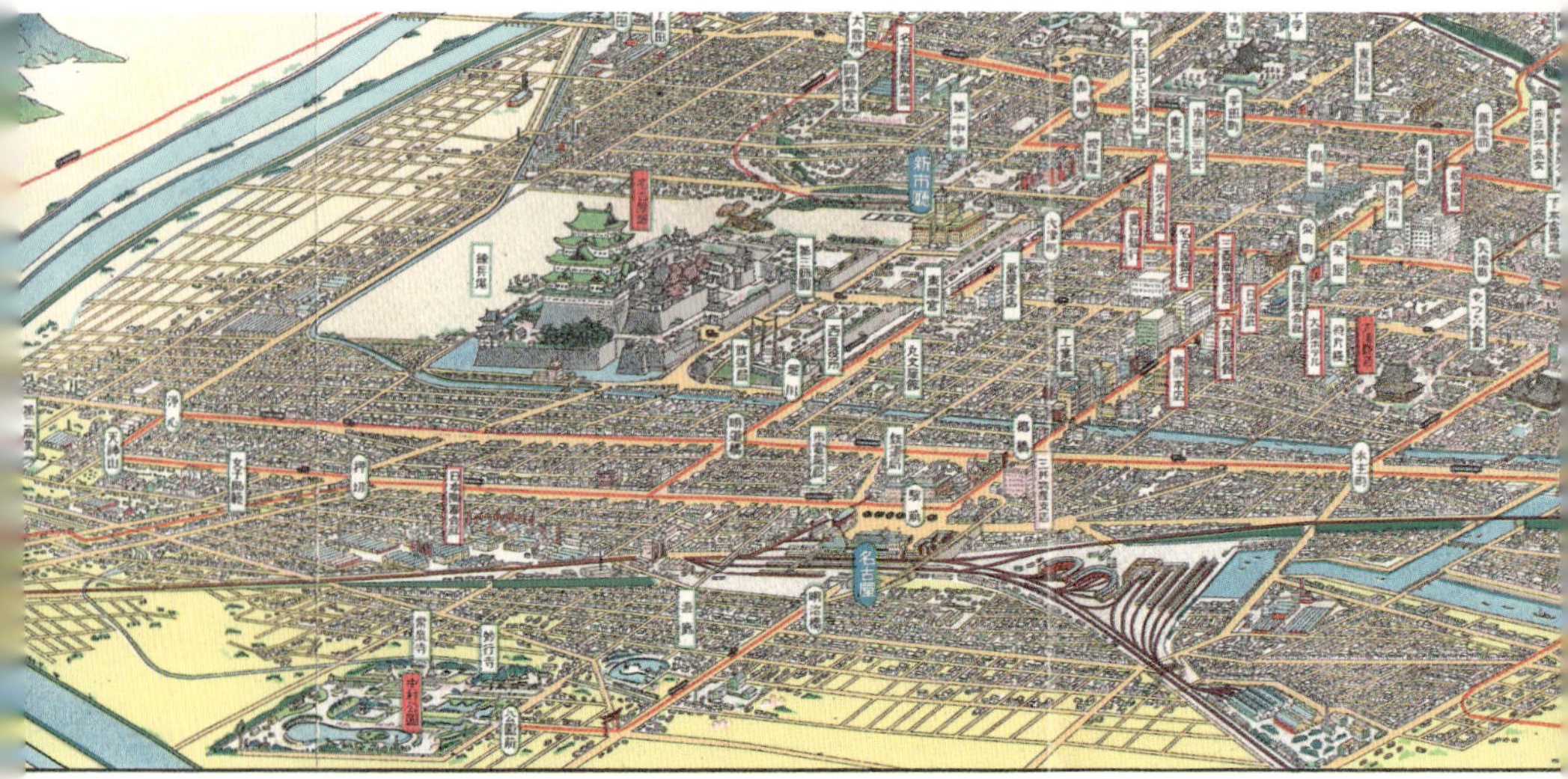

吉田初三郎『観光の名古屋市とその附近』1933年

Part1

なごや古地図セレクション

吉田初三郎『観光の名古屋市とその附近』1933 年（昭和 8）

江戸時代の地図

溝口常俊＝選

江戸時代の初めに、低湿地の清須から高台の名古屋に拠点が移され尾張藩の近世城下町が誕生した。いかに統治するか、まずは天守閣に登って領域を見渡し、碁盤割の城下を整備し、家臣名を地図に落とした。寺社の配置も詳細に把握し、道路網や用水路も整備されていく。そんな名古屋城下絵図を城と宮（熱田神宮）を繋ぐ図も加えて概説する。

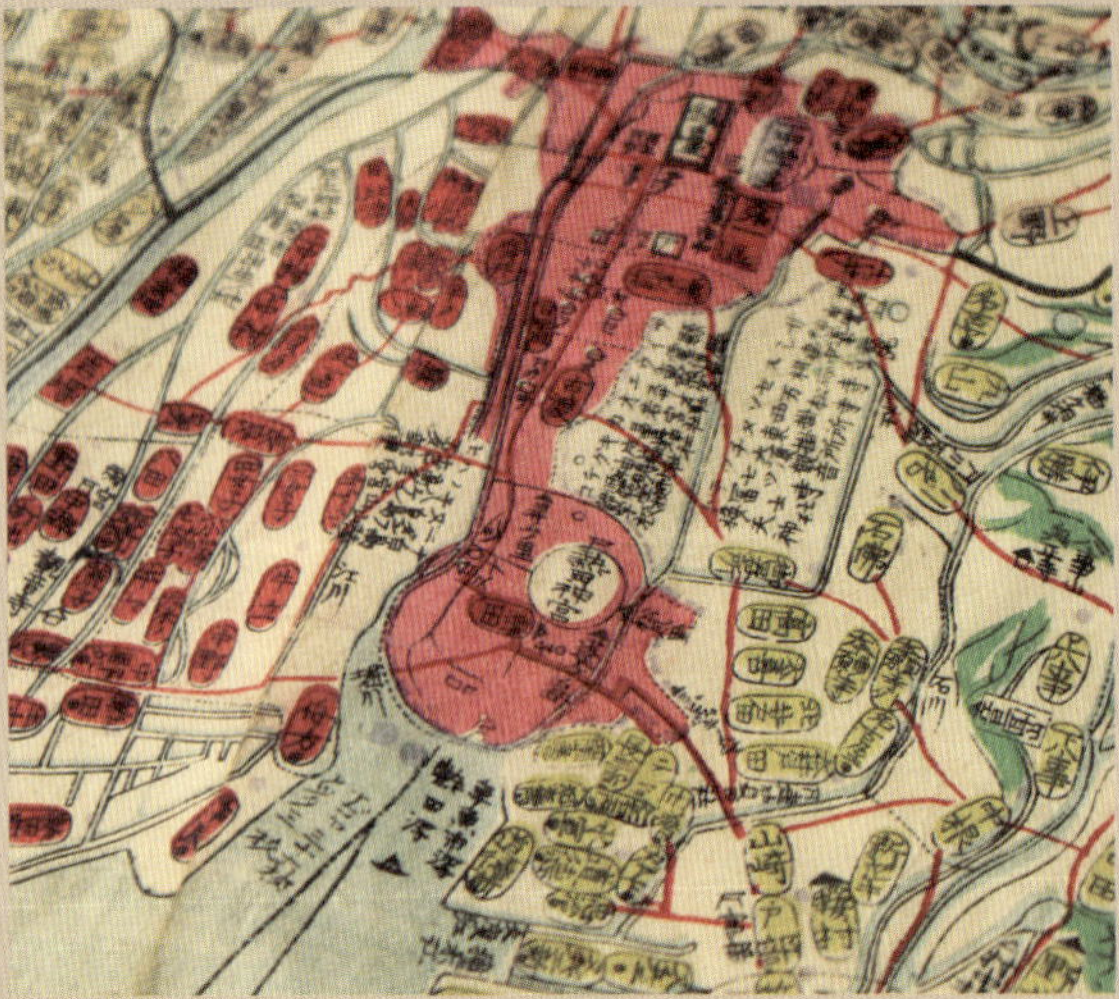

右上図版：「尾三両国図」1877年（明治10）　前田栄作氏所蔵

御天守五重目より見通す地名方角図（1596~1614、推定）

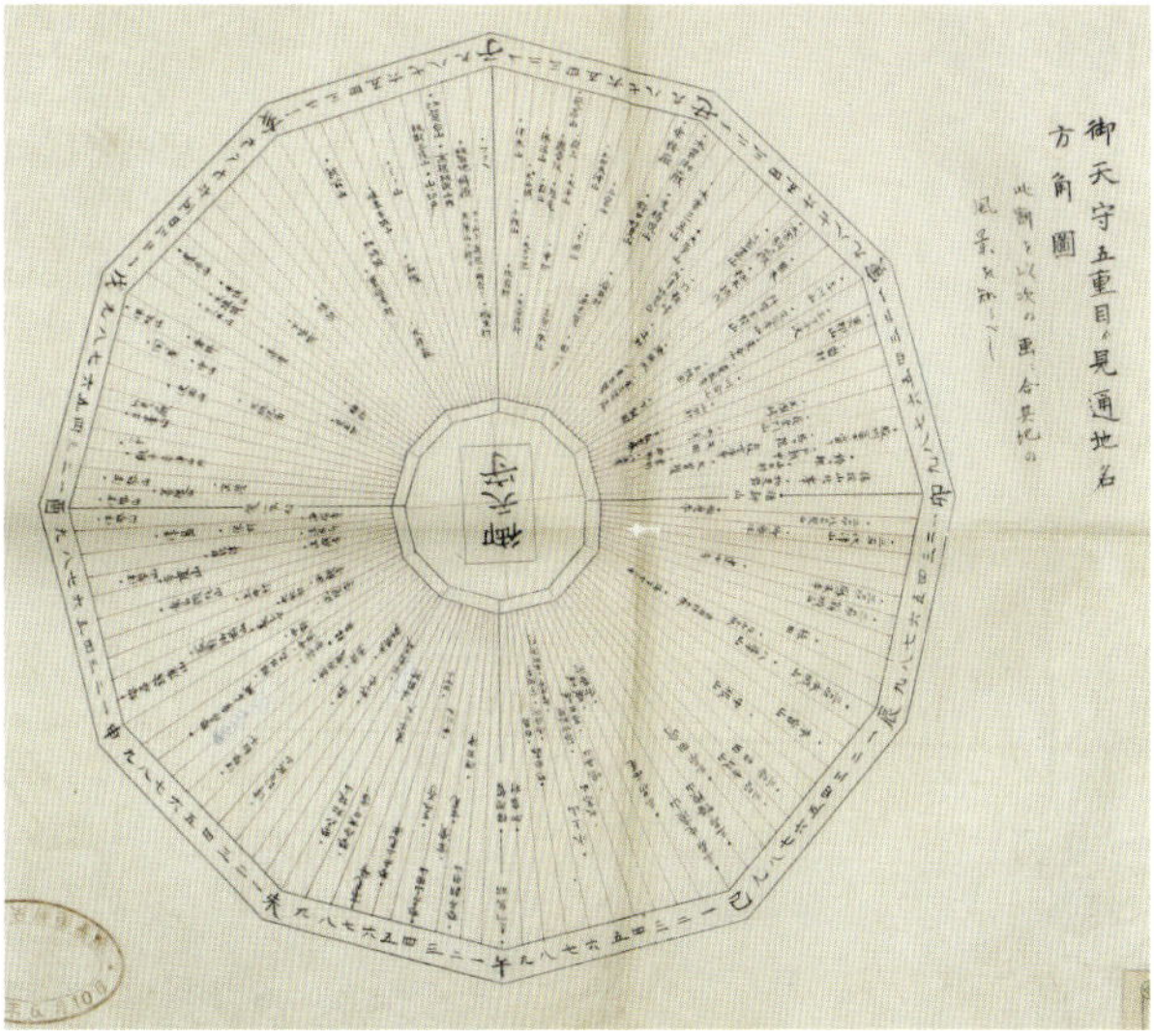

図１　天守閣からの方角図（慶長年間）
名古屋市鶴舞中央図書館所蔵

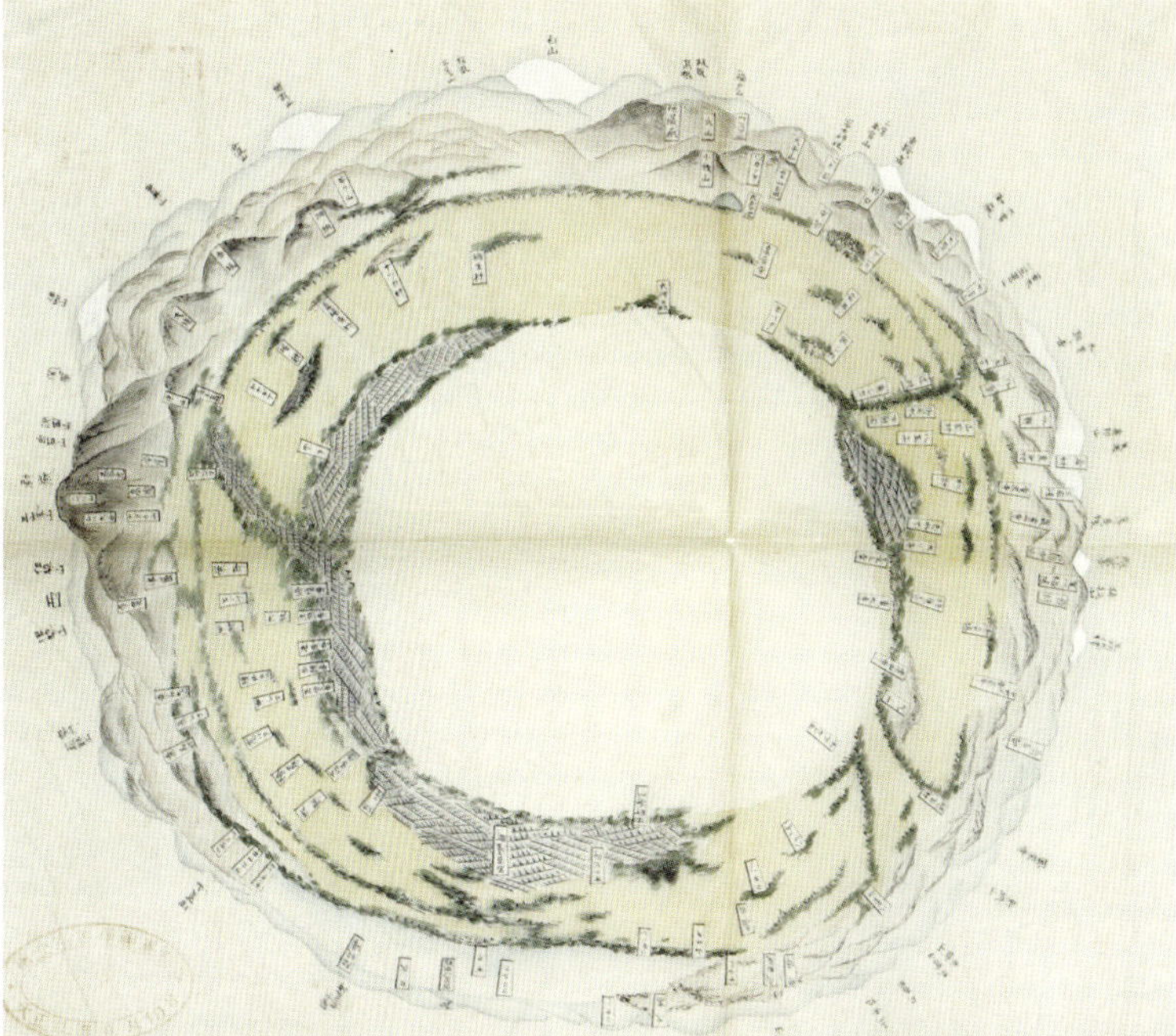

図２　天守閣からの景観図（慶長年間）　名古屋市鶴舞中央図書館所蔵

本図（図1、慶長年間推定）のタイトル横の説明書きに「此割を以次之画に合其地之風景を知る編し」とある。中心を「御天守」、北を「子」、南を「午」にした12角形で、各1辺が10等分され、その方位、例えば子から丑に向かう2番目に小牧山、犬山城、10番目に田端、安井村、野口妙見山、乗鞍嶽が記されている。そして、方位を同じくした「次之画」の図（図2）で、中心部の街並みから始まって丘陵地をへて山岳地に囲まれるスケッチ風の景観が描かれている。白山、木曽御嶽、恵那山、富士山がスカイライン上に姿を見せているが、その中で最も威容を放っているのが「戌」（西北西）の方角にある伊吹山である。城主を含む城下の人々の身近なランドマークとなっていたと思われる。

また城下から他域へ向かう街道として、枇杷島を通る美濃路、内津方面に向かう下街道、八事から三河に抜ける駿河街道の三街道が描かれている。なぜか鳴海を通る東海道が描かれていないのが不思議だが、当時、その重要性において東海道は駿河街道のわき役に甘んじていたものと思われる。

名古屋城下図（1694年＝元禄7）

いわゆる清須越しで、名古屋城下町が現在の地に誕生してからほぼ80年経ったころの名古屋城下図をみると、碁盤割区画という町割りの基本は変わっていないが、その区画内の住人・土地利用、街路について大きな変化がみられ、かつ用水路の詳細が記載されていることも特筆される。戦国時代からの城下町の特徴である「遠見遮断」はみられず、近世の新しい城下町の姿が示されている。中心部の碁盤割の東と南には広大な寺社地が広がり、「社寺門前」を形成していた。大須の門前町、建中寺門前、高岳院門前などで、ここでは寺社が住民から地代を徴収していた。

個人名が書かれている武家屋敷は碁盤割地区（図3）と南及び東の寺社地区の間に集中し、その数は1600軒を超えていた。ただ、武士の中でも中間と足軽は寺社地区のさらに外側に配置されていた。名古屋城の三の丸地区から外堀を切って、中央に本町御門と西端に御園御門が設けられており、城内と城下をつなぐ重要な役割を果たしていた。

小寺武久「近世名古屋城下町に関する若干の考察」の、町人地と「碁盤割」についての解説によると、会所地（＝閑所）は約3分の1が寺社の敷地とされているが、そのほか上使供応のための御馳走所（御町屋）や火の見櫓、武家の控え屋敷などが置かれていたり、蔵が建てられているところもあった。間取りについては、「ブロック内の敷地割は、原則として南北の通りから奥行20間をとり、東西の筋からは同じく15間をとっているが、東西の街道筋でもある伝馬町筋と京町筋では、その奥行きを20間としている」とある。

ブロックの中央にできた土地が「会所地」で、東西の通りから幅1間半の「会所道」が通されていた。

図3　名古屋城下図（1694年〔元禄7〕）部分　110 × 230㎝
名古屋市鶴舞中央図書館所蔵

0　500m

尾府名古屋図（1714年＝正徳4）

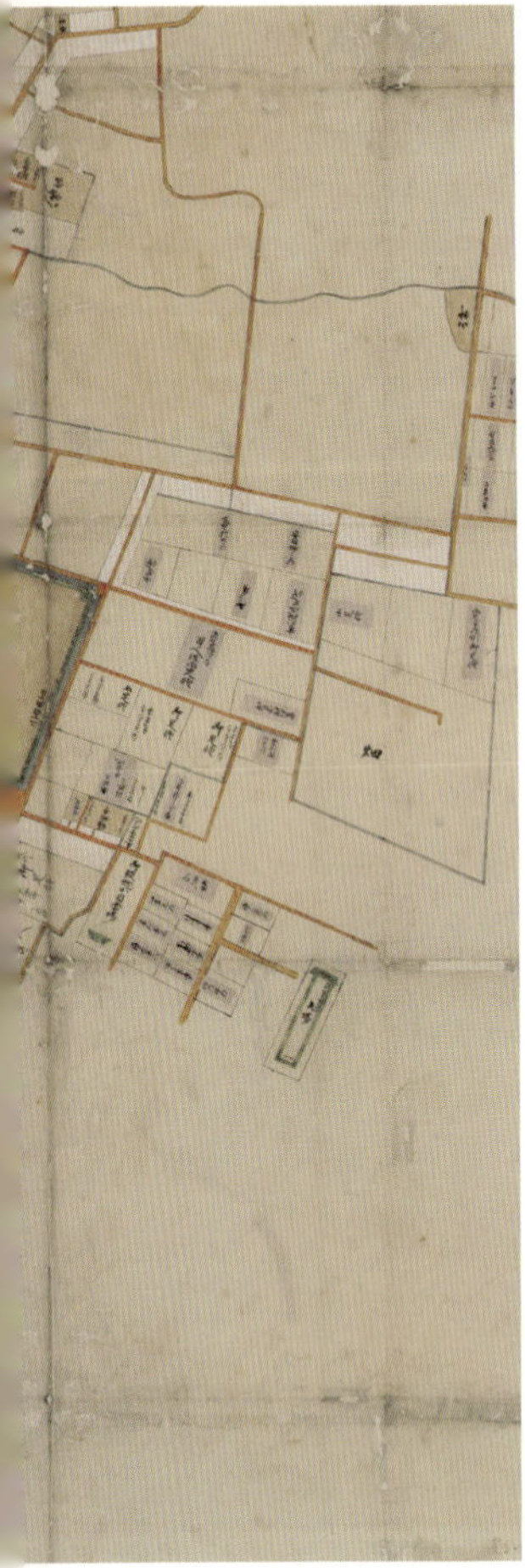

この図（図4）の成立はこれまで1709年（宝永6）とされてきたが、最近の研究（山本祐子「名古屋城下図の年代比定と編年について」名古屋市博物館研究紀要）で1714年（正徳4）であることが判明した。この年、元禄御畳奉行として知られる朝日文左衛門重章は41歳。図中を探すと朝日家や文左衛門の妻たちの実家も確認できる。尾張藩士の日常を綴った文左衛門の日記『鸚鵡籠《おうむろう》中記《ちゅうき》』によれば、彼女たちは頻繁に実家に出かけているが、その道筋も想像できる（溝口常俊「尾張藩士朝日文左衛門の描く妻」、林董一編『近世名古屋　享元絵巻』）。

先妻けいが日記に登場するのは1693年（元禄6）～1705年（宝永2）の13年間に173回で、そのうち実家の朝倉忠兵衛宅に56回帰っている。朝倉宅は城下町の南西のはずれ、堀川左岸にある。そこへ文左衛門の家から碁盤割の町屋を通るのが最短である。夫の文左衛門が同行する場合が多かったので、本町通り沿いにちょっと南によって大須で芝居見物や酒飲みに付き合わされたかもしれない。

後妻すめが日記に登場するのは1706年（宝永3）～1717年（享保2）の12年間に197回で、そのうち69回が実家の古田勝蔵宅に帰っている。古田家は文左衛門家のすぐ北にあるのでたやすく行き帰りできたのだが、1707年（宝永4）年10月4日の大地震の際は、古田家の屋敷裏から地が裂けて泥水が噴出したとある。液状化現象で大変だったようだ。その箇所を示そう。

「古田勝蔵並の屋敷のうら地裂て、泥水湧出づ。或地形五六尺づゝ沈む。此外水近き地は所々如此也○清水にて、観音堂の側と又東がわと家十九軒潰る。家を並べたる内に如此は地形のあしきゆへか。先年蓮池を鹿抹

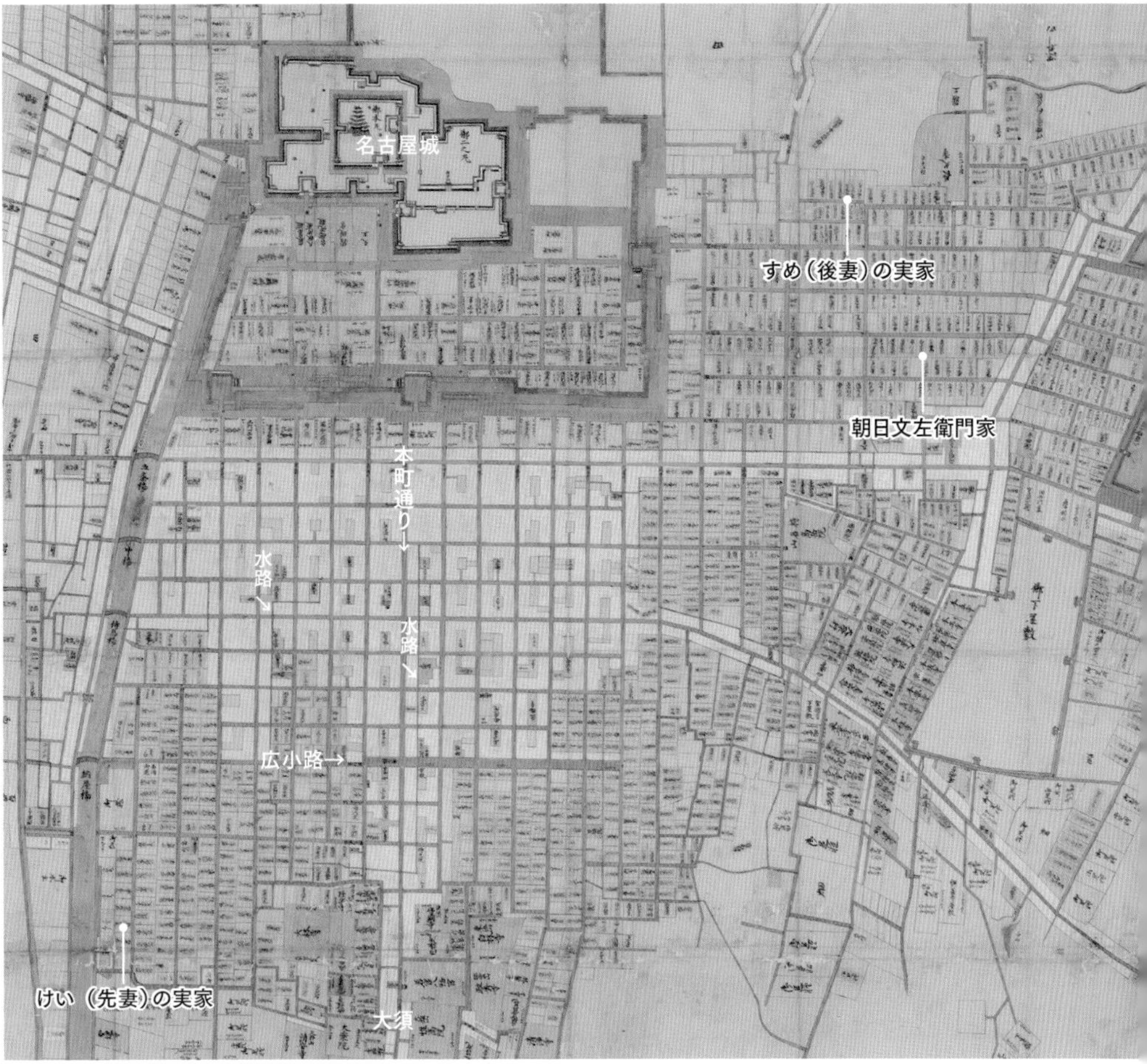

図4　尾府名古屋図（1714年〔正徳4〕）部分　154.5×165㎝
名古屋市蓬左文庫所蔵

に埋めたる処如此歟。」

「清水にて」の「清水」とは、文左衛門宅の西100mあたりが「清水口」という地名が残っている所なので、そこで家が19軒潰れたようだ。それは地形が悪かったから、すなわち何年か前に蓮池という池だったところを粗末に埋めたからだ、と分析している。

前掲の元禄時代の絵図にも記されていたが、本町通りの東部を南流する水路や広小路通りに沿って西流する水路など、名古屋城下に防火と生活用排水を兼ねる水路が何本か設けられており、それらは城下町の西端を南流する堀川に流出していた。また、この時期に城下の水路整備がより進んだことは、元禄絵図になかった本町通り東部用水沿いの閑所に大池と称するため池が出現したこと、東部の御下屋敷の周囲に壕が造成されたことなどによってわかる。

『鸚鵡籠中記』にみる元禄時代の火事

名古屋城下における火事の分布（1688 ～ 1704）
（新修名古屋市史第三専門部会『江戸期なごやアトラス』から転載）

	火事件数
総記載数	172
場所が記載されてあるもの	113
（うち、場所が特定）	（83）
場所を記載していないもの	59
（うち、デマ）	（26）

元禄年間における名古屋城下での火事の記載数

火事と喧嘩は江戸の華と言われているが、元禄期の名古屋城下もその例外ではなく、火事発生件数の多さに驚かされる。『鸚鵡籠中記』にみる元禄年間（１６８８～１７０４）の火事の分布と記載数を上に示した。

上図をみると、町屋では火事の件数が非常に多いのに対して、武家屋敷及び寺社周辺では相対的にその数が少ない。それだけ江戸期の名古屋では町民が盛んな生産活動を展開していたといえよう。

また、『鸚鵡籠中記』元禄12年閏9月16日の日記には次のような記載がある。

「暮。火事有とて騒ぐ。入日之映を見て歟。」

つまり、夕陽を見て火事を勘違いしたわけである。勘違いした町民も滑稽だが、それを日記に記した文左衛門のミーハーな性格をも垣間見ることができる。

名古屋并熱田絵図（18世紀中期）

図５　名古屋并熱田絵図（18 世紀中期）　304 × 214㎝　名古屋市博物館所蔵

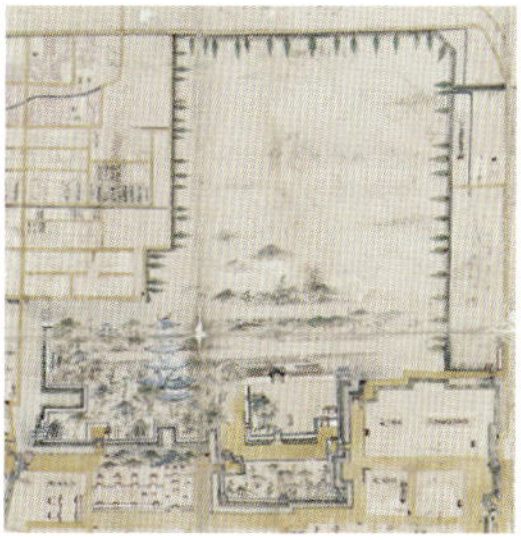

名古屋城部分拡大図。建物の配置が写実的に描かれているのがわかる

18世紀中期の名古屋并熱田絵図（図5）には、名古屋城下と、古い門前町であるとともに東海道で最大規模の宿場町・熱田が本町通りから南へ延びる道でつながれて描かれている。この城と宮からなる都心部を、北から西、そして南へと守り、包みこむ形で庄内川が流れている。城下と庄内川の間の狭くて細長いスペースに、村落名が長丸印で囲まれて記されているのもこの図の特色である。城下から外部に出る主要街道で庄内川を渡るのが、大曽根口経由の善光寺街道、志水口経由の木曽街道、枇杷島口経由の美濃路、そして熱田口経由の佐屋路の4道であったが、そのうち橋がかけられていたのが枇杷島橋のみで、あとは渡し船であった。

絵図の東部には、城下を過ぎたすぐのところに幾重にも連なる山が描かれている。現在の名古屋市域の東半分は「山」の世界と認識されていたようである。絵図の南端で、宮の渡しの東に見える東御殿は、尾張藩祖・義直が造営したもので、将軍や公卿、大名などのための迎賓館である。

本図には、名古屋城、熱田神宮に加えて、建中寺などの主要寺院境内の建物の配置と形が写実的に描かれており（図6）、他の絵図にはみられない特色となっている。

名古屋城下図（名古屋旧図）（1865〜66年＝慶応元〜2）

江戸時代末の名古屋城下図（図7）は、寺社、武士（武家屋敷）、町屋、道筋、土手、川堀の区分が色分けされ、とくに寺院については宗派別に凡例がある。武士の名が広範囲で記されているのも、幕末の資料として貴重である。碁盤割の中の寺院を宗派別に数えてみると、浄土真宗東派15寺、同西派9寺、真言宗7寺、臨西宗3寺、曹洞宗2寺、そして天台宗1寺であった。絵図全体では、その他に黄檗宗、浄土宗、日蓮宗、浄土真宗高田派がみられた。

この図の右端に、枇杷島地区の拡大図が載せられている（図8）。庄内川に架けられた唯一の橋である枇杷島橋が記されていることに加えて、橋の中途に中須があったことがわか

図7　名古屋城下図（1865～66年〔慶応元～2〕）部分
112×117㎝　名古屋市博物館所蔵

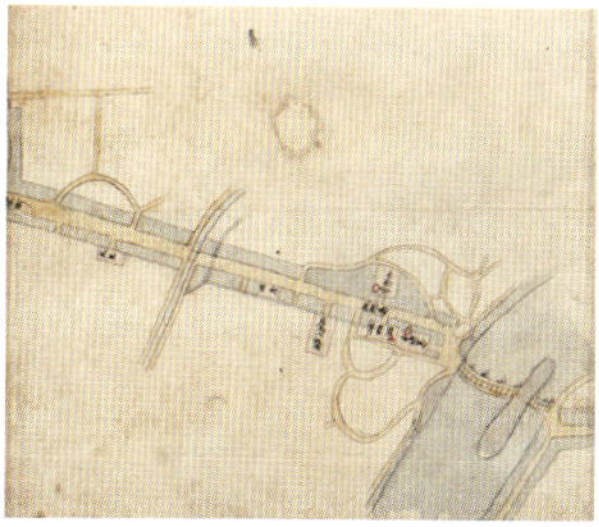

図8　枇杷島橋（上図の付図）

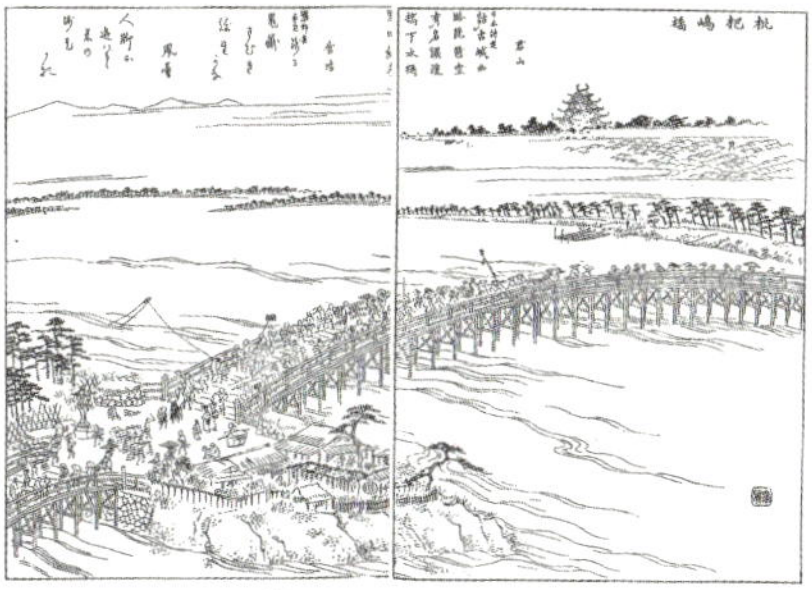

図9　枇杷島橋（『尾張名所図会』から）

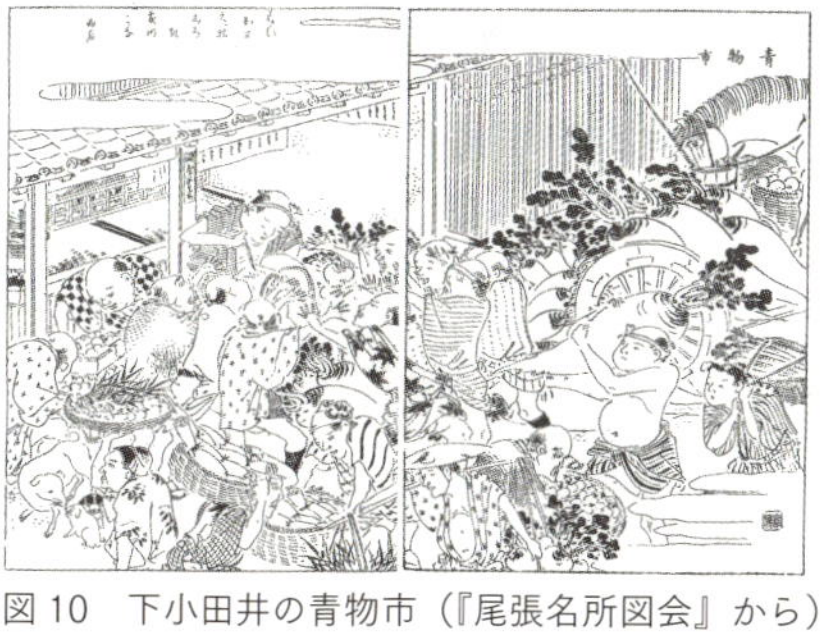

図10　下小田井の青物市（『尾張名所図会』から）

る。枇杷島橋（図9）は城下と中山道とを結ぶ美濃路の要所で、橋のたもとにあった青物市場は「尾張城下町の台所」といわれ、『尾張名所図会』にその賑わいぶりが描かれている（図10）。地元の名産宮重大根が大きく描かれているし、津島方面から運ばれた生姜、蓮根もみられる。

明治・大正・昭和時代の地図

溝口常俊＝選

明治政府が誕生して、近代国家が成立すると、地図も正確に測量され実測図、地形図が作製されるようになる。それと同時に名古屋市においても出版社、教育会、新聞社などで名古屋市域図が多数つくられるようになった。ここではそのうちの何枚かを明治、大正、昭和戦前、戦後にわたって取り出し、簡単に紹介する。

その際、地図を隈なく語ることはできないので、土地利用と交通網と欄外情報の3点に注目して、それぞれの地図の作成時の時代を比較検討する。

右上図版：「名古屋明細全圖」（部分）　国際日本文化研究センター所蔵

名古屋明細全圖（1895年＝明治28）

土地利用の変化で一目瞭然なのが、名古屋城内をみてわかるように、江戸時代の武家の屋敷が軍事施設に代わっていることが特筆される（図1）。市街地で赤色で塗られているのが神社仏閣で、その分布は東部と南部の寺町、および城下町内の閑所に点在して、江戸時代と変わっていない。

市街地の西部から南に東海道線が引かれたことがわかる。名古屋駅の位置には「ステーション」とカタカナ書きしてあるところが興味深い。その名古屋ステーションから東に幅広く描かれているのが広小路通りで、その突き当りの栄7丁目に愛知県庁があったことがわかる。名古屋市役所はその手前の栄5丁目にあった。広小路通り南側に用水路が付けられており、防火対策がとられていたと同時に、南北に走る2本の水路とともに掘川に導かれていることから、それらが都市内排水路の役割を果たしていたこともわかる。

地図の空きスペースには、寺社名、官公庁名、町名、風地名、物産などが書かれているが、ここでは1895年（明治28）時の名古屋市の戸口、人力車、馬車数を記しておこう。

戸数：5万7924戸、人員：20万9334口、内男11万3605口、女9万5729口、人力車：5221輌、馬車：115輌、荷車6299輌とあった。男性数が女性数を上回っていたのは江戸時代の特徴であるが、それが明治時代後半でもそうであったかと思うと、驚きである。

地図の四囲に名古屋が誇るべき施設、名所が縦横4～5㎝の大きさで、30コマ描かれている。

左上の隅から右回りに挙げると、愛知県師範学校、三井銀行図、紡績会社図、熱田社水宮之図、千歳座図、名古屋控訴院之図、東本願寺別院、愛知県病院之図、愛知博物館之図、電信局郵便局之図、愛知県庁之図、記念碑之図、名古屋城台之図、西本願寺別院、伝馬橋之図、熱田神社之図、東本願寺表門之図、熱田海岸図、五百羅漢之図、建中寺之図、若宮八幡之図、名古屋神道中教院之図、名古屋警察署之図、大須観音堂、新地若松町図、名古屋市役所之図、大須二王門之図、七ツ寺之図、枇杷島橋図、名古屋始審裁判所図

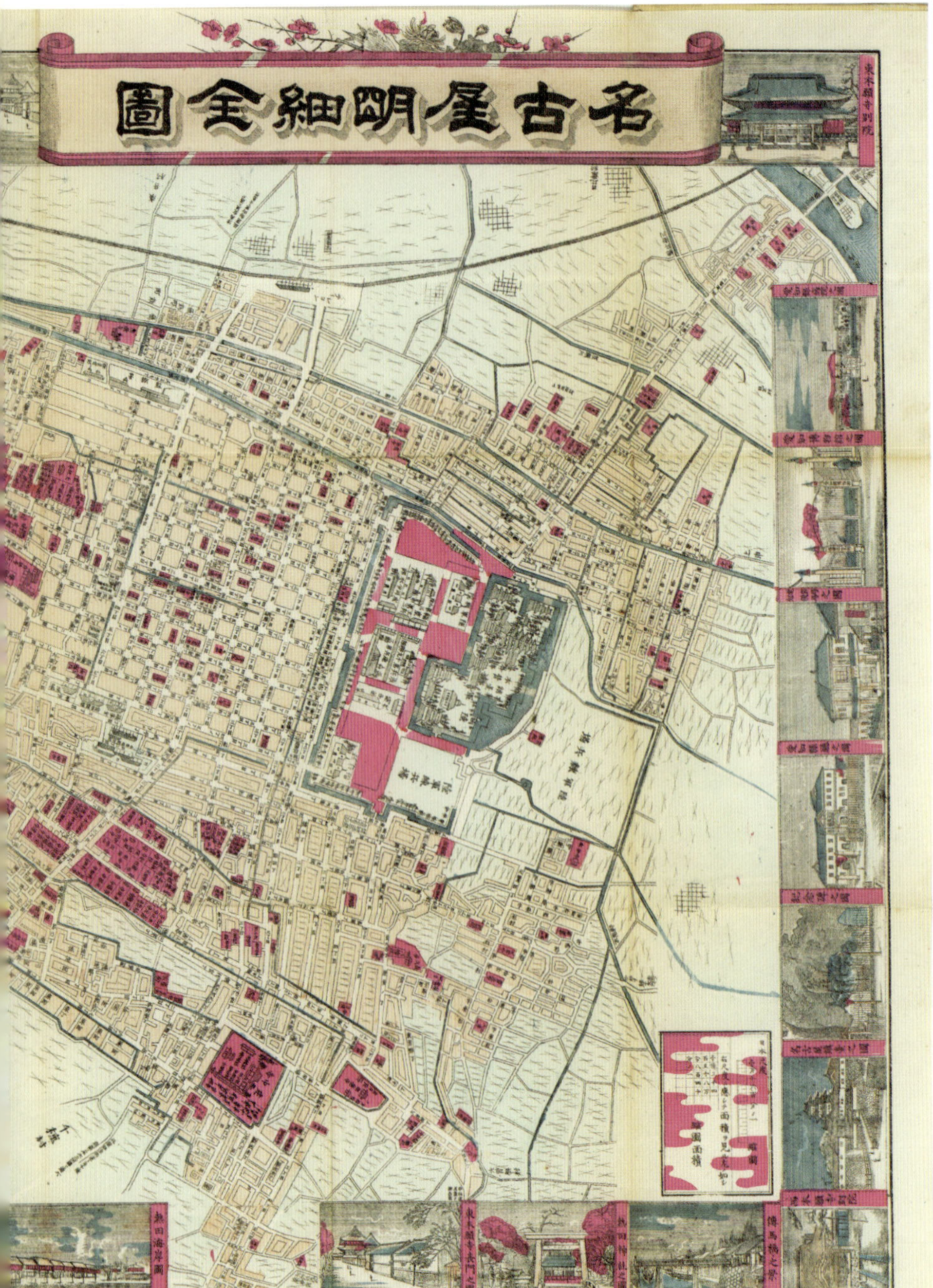

0　1km

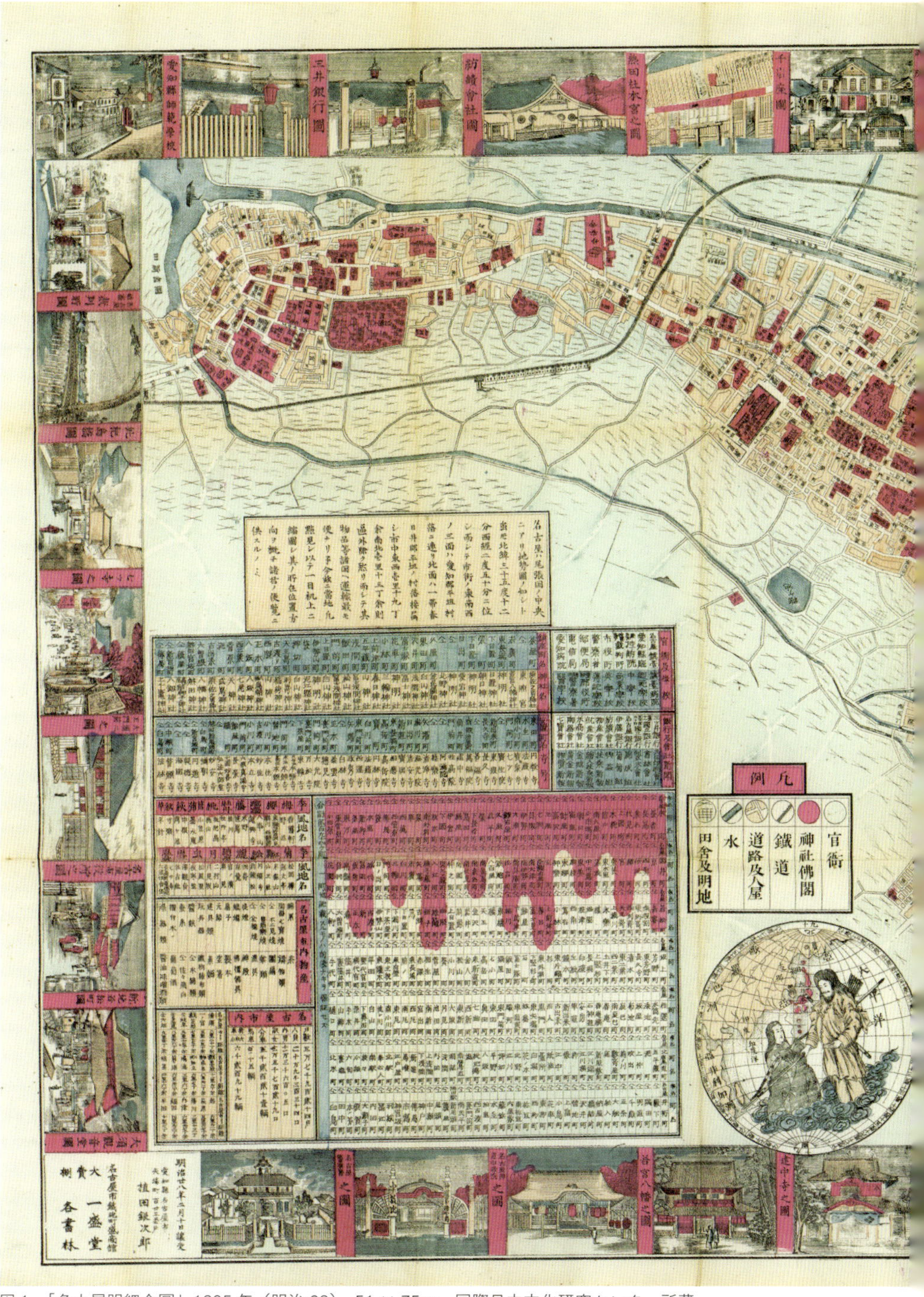

図 1　「名古屋明細全圖」1895 年（明治 28）　51 × 75㎝　国際日本文化研究センター所蔵

名古屋市實測圖（1910年＝明治43）

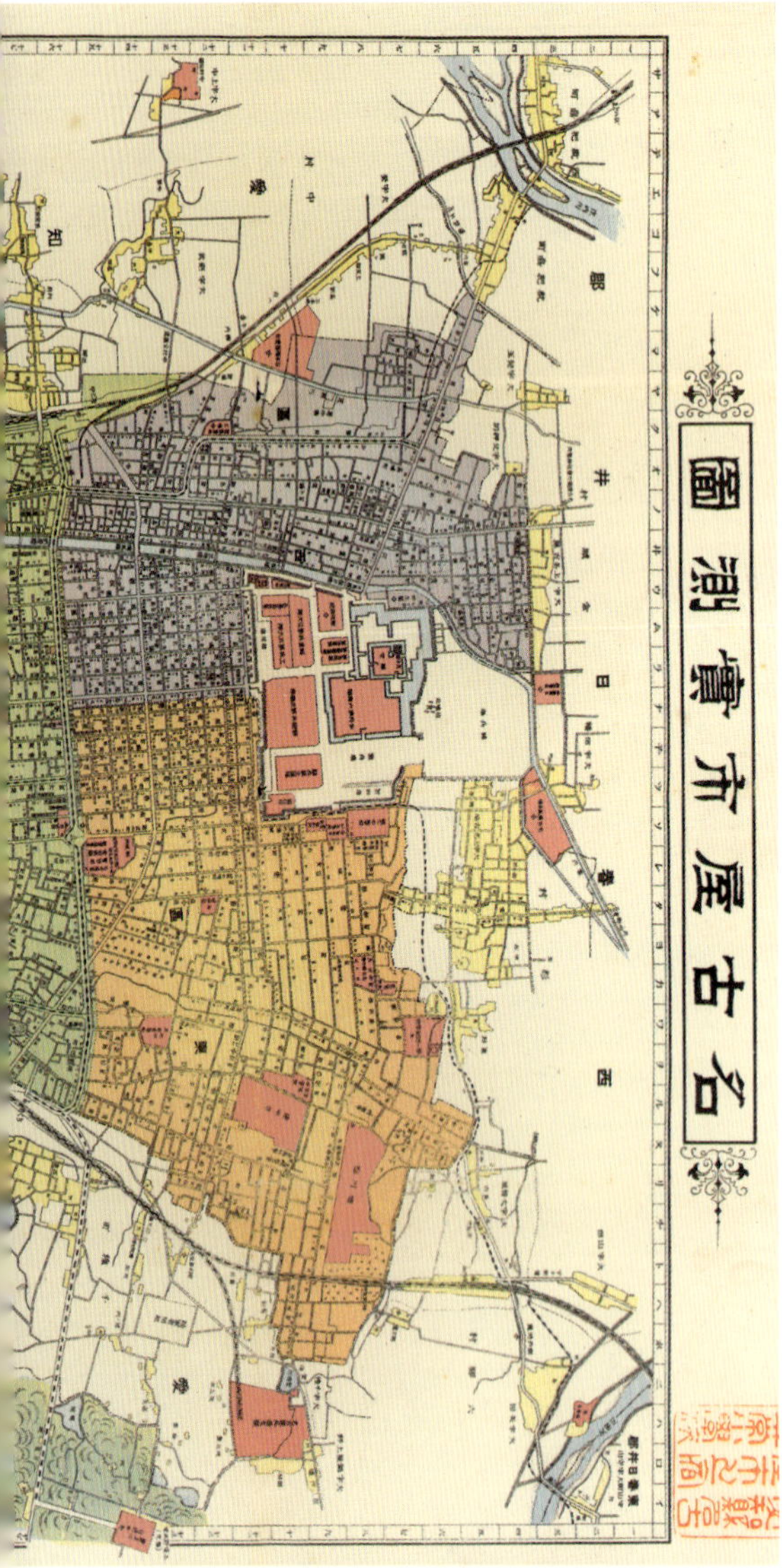

　1910年（明治43）になると、寺社の情報は少なくなったのに対し、産業色が強くなっている（図2）。東部に鶴舞公園が大きく描かれ、その敷地内に第十回関西府県聯合共進会会場と明記され、地図の余白にも会場全図と商品陳列図まで載せてあることからもわかる（図3）。また、水陸両面での交通整備図示にも力が入れられている。

　鉄道をみると、中央線（1900年）と関西線（1895年）も完成しており、名古屋駅と名古屋港を結ぶ臨港鉄道（1911年）ができあがっている。鉄道に関しては他地域につながる東海道線（1886年完成）、関西線（1895年）、中央線（1900年）、名古屋市域において名古屋駅

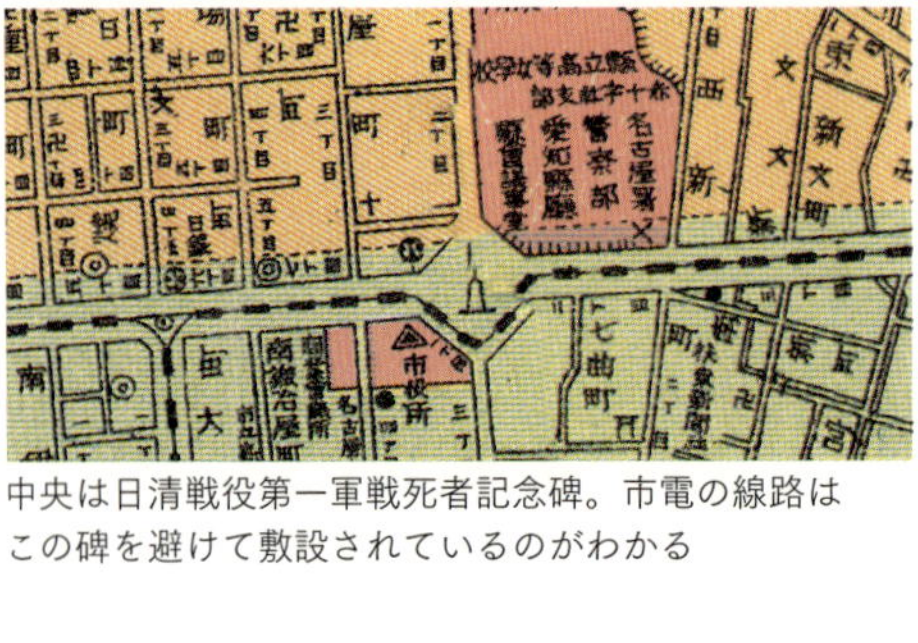

中央は日清戦役第一軍戦死者記念碑。市電の線路はこの碑を避けて敷設されているのがわかる

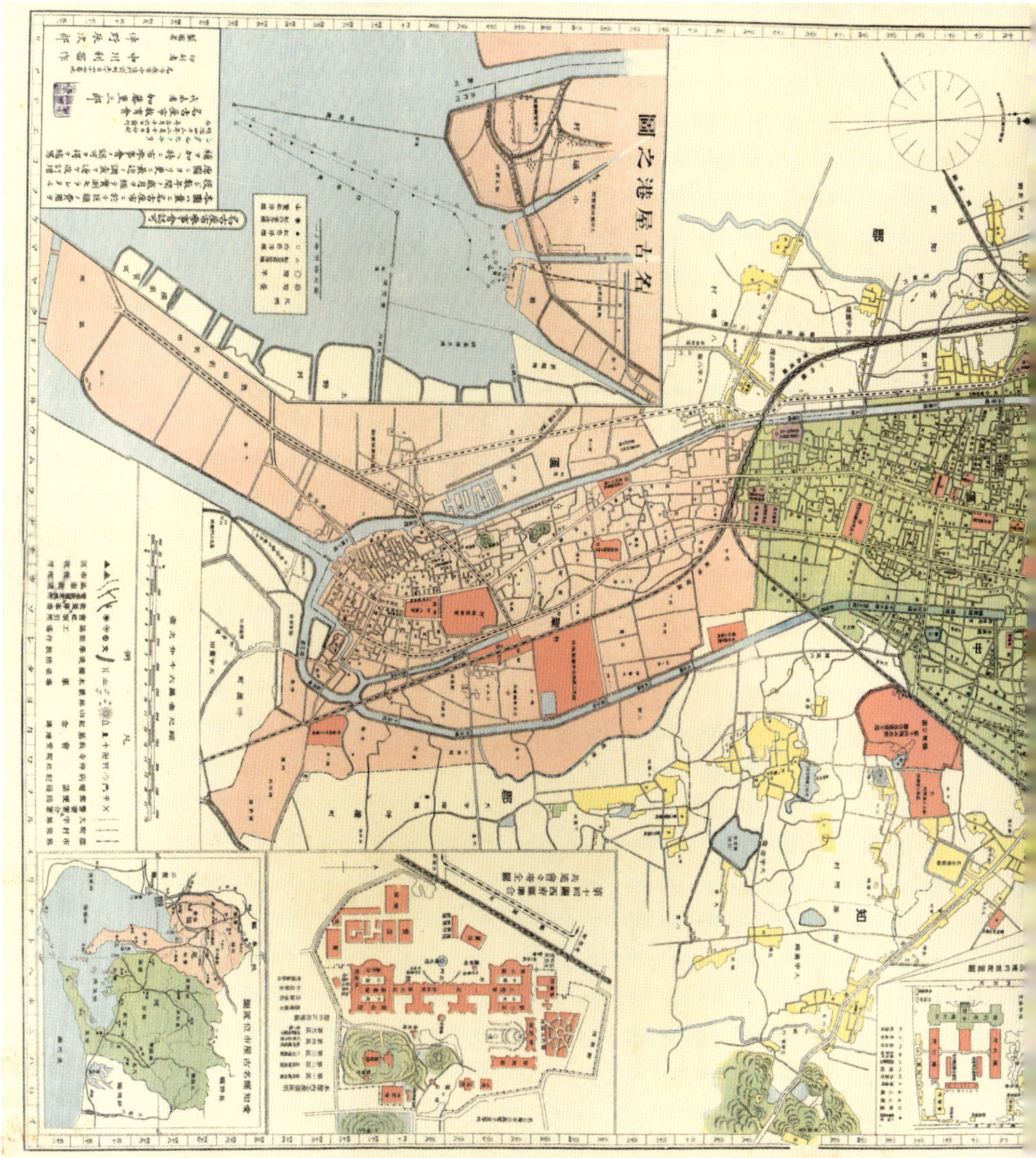

図2 「名古屋市實測圖」
1910年（明治43）
77 × 54.5㎝
前田栄作氏所蔵

0 1km

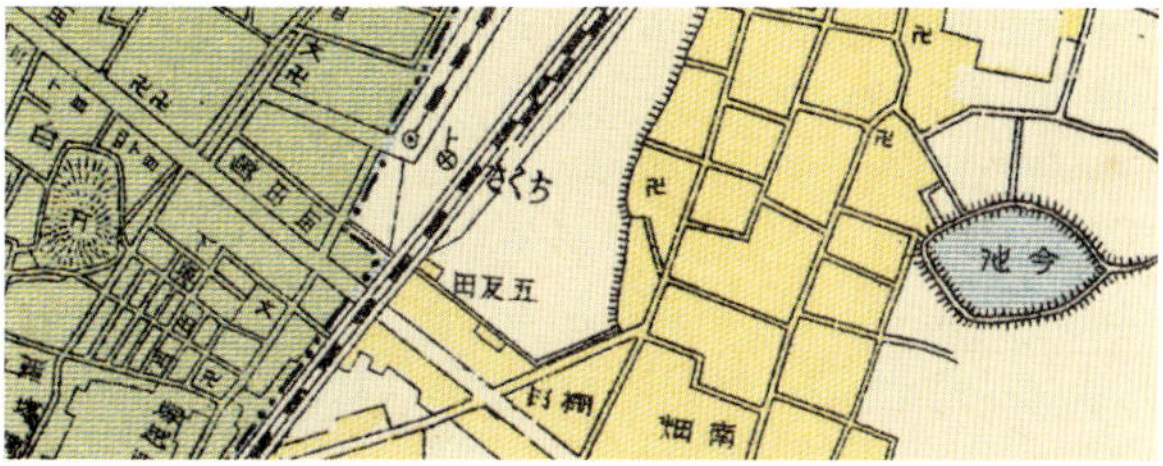

中央は千種駅、右端が「今池」。まさに地名のとおり池だった

と名古屋港をつなぐ臨港鉄道、名古屋駅と白鳥の貯木場を結ぶ線、中央線千種駅から東にそれて兵器支廠につながる線、さらには郊外に延びる枇杷島、瀬戸、覚王山、八事に延びる電車線が描かれている（図4）。水運も市街地の西部を走っていた堀川に加え、東部を中心部まで延びる新堀川ができあがっていた。また名古屋港が重視されていたことがその拡大付図によってわかる。

4色に色分けしてあることから、4つの区が誕生していたことがわかる。1889年の市制施行により名古屋市となり、1908年に行政区画としての区が設置され、中区（地図中で緑色表示）、東区（オレンジ色）、西区（青色）、南区（ピンク色）が発足した。

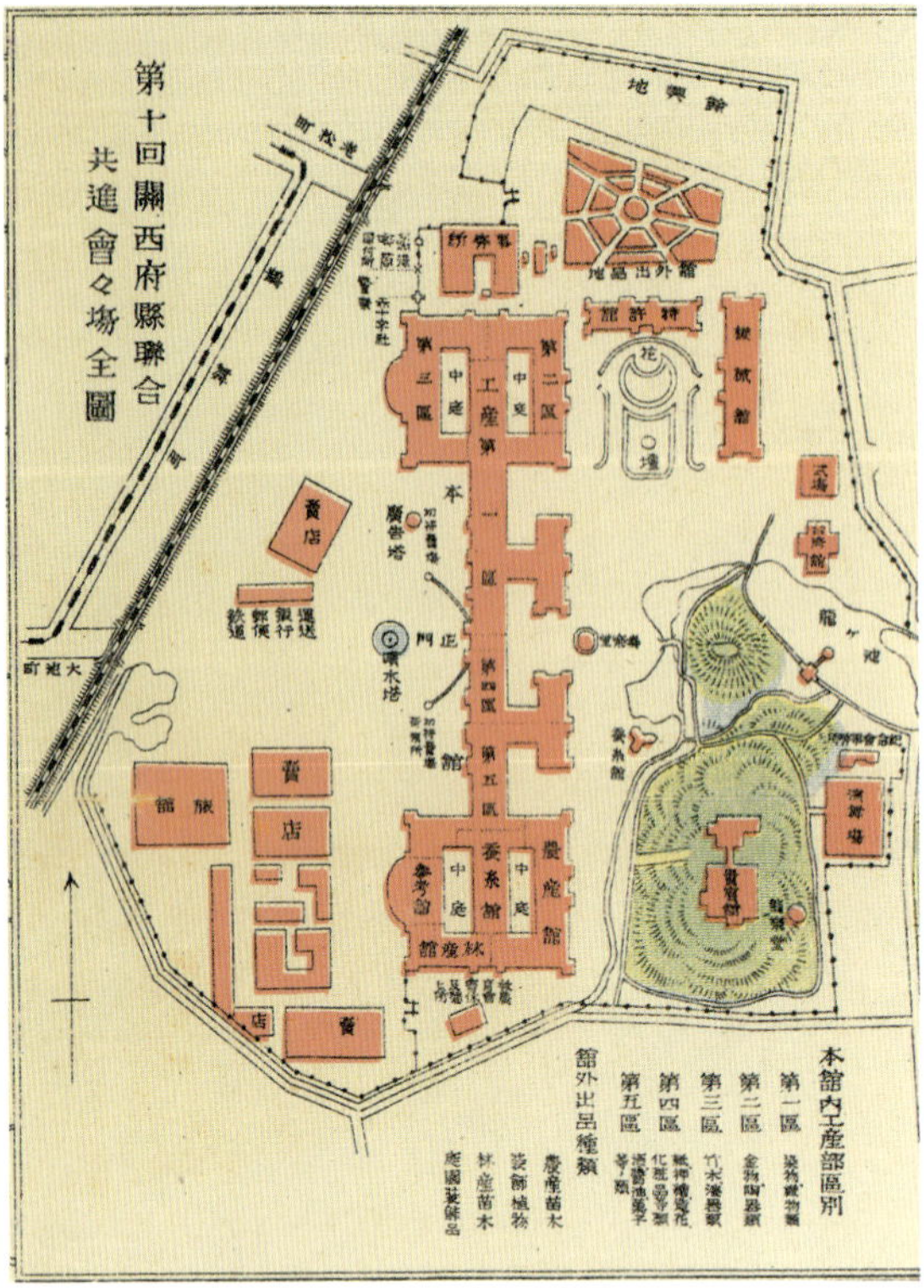

図3　第10回関西府縣聯合共進會々場全圖
（「名古屋市實測圖」から）

図4　1894年（明治27）に創業した愛知馬車鉄道の八事終点付近の様子

名古屋市街新地圖（1919年＝大正8）

軍事施設と工場群が赤色ぬりではっきりと描かれているから、ますます軍事化と産業化が進んでいったことがわかる（図5）。軍事化については名古屋城城内と熱田神宮界隈で顕著に見られるのは後述するとおりである。ここでは、愛知の産業を支えた紡績工場の分布を記しておこう。

西部の東海道線沿いに豊田紡績、臨港鉄道沿いに名古屋紡績、堀川沿いに織布会社、東洋紡績尾張分工場、東洋紡績名古屋分工場、東洋紡績愛知分工場、堀川から北につながる黒川沿いに帝國撚糸織物会社、新堀川沿いに服部紡績が立地していた。

また、この図は、鉄道・道路網が駅名を入れて明確に書かれており、当時の交通ネットワークが理解しやすくなっている。1910年（明治43）に開通していた緒線に加えて、中村公園線、下之一色線、それに愛知鉄道知多線・有松線が記されており、西・南部地域との結びつきが強くなっていったことがわかる。

今はなき駅名で興味深いのを3つ挙げておく。瀬戸電気鉄道が名古屋城の外堀の中を走っていたことがはっきりと示されており、その終着駅が「堀川」で、堀川につながっている（図6）。名古屋駅から栄を抜けて東に向かう東西線に乗ると、台地が解析されて若干低くなった「今池」、「池下」を過ぎると、現在の地下鉄の駅名では「覚王山」となるが、本地図では「月見坂」となっており、丘陵地にさしかかったことがわかる。今池から大久手を経由して八事に向かう尾張電気軌道の終点は「共同墓地」とあり、八事霊園が開園した1915年（大正14）から1930年（昭和5）ころまで霊柩電車が走っていた。

図6　名古屋城のお堀を走る瀬戸電（御園橋付近、1939年〔昭和14〕）名古屋都市センター所蔵

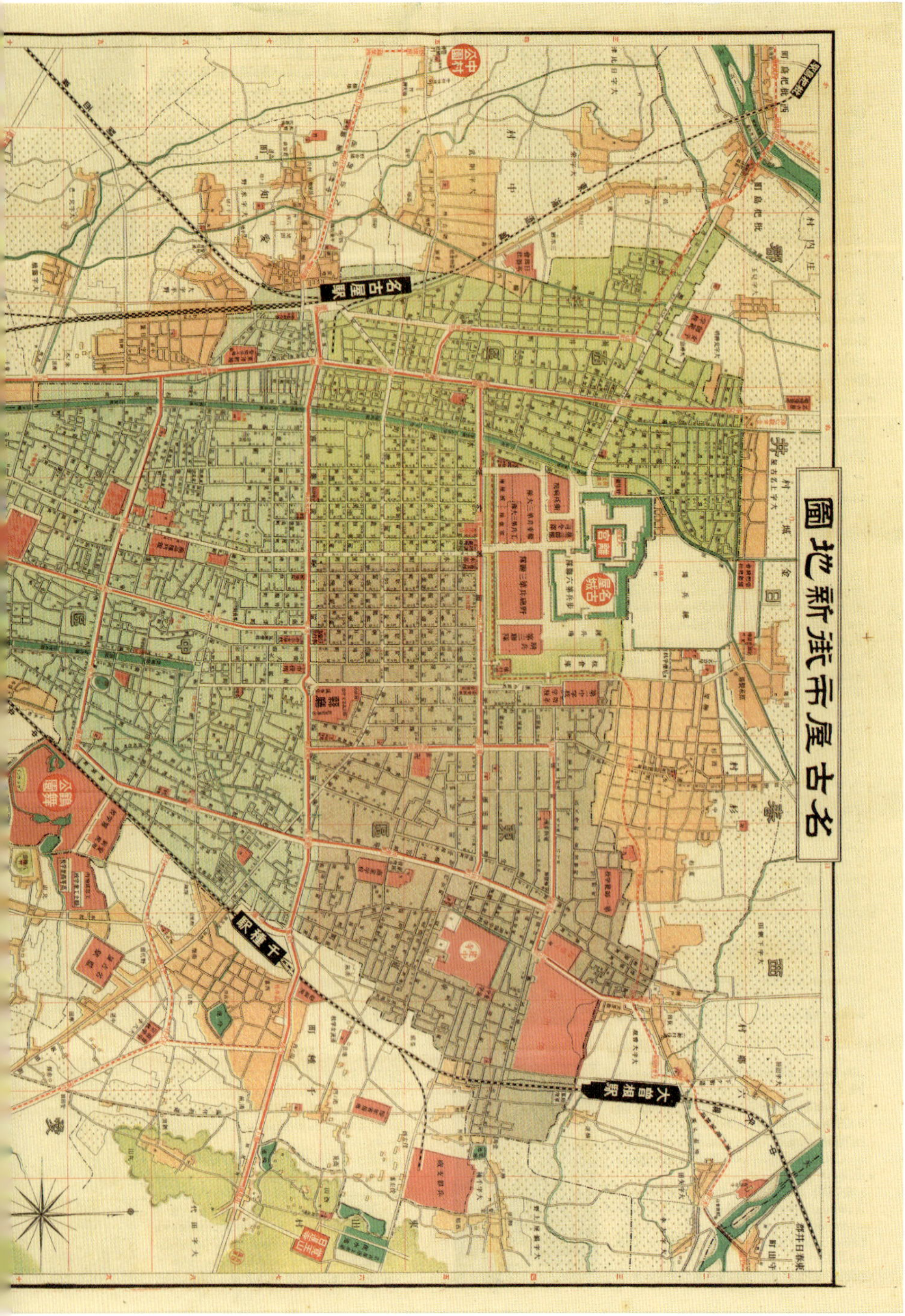

0 1km

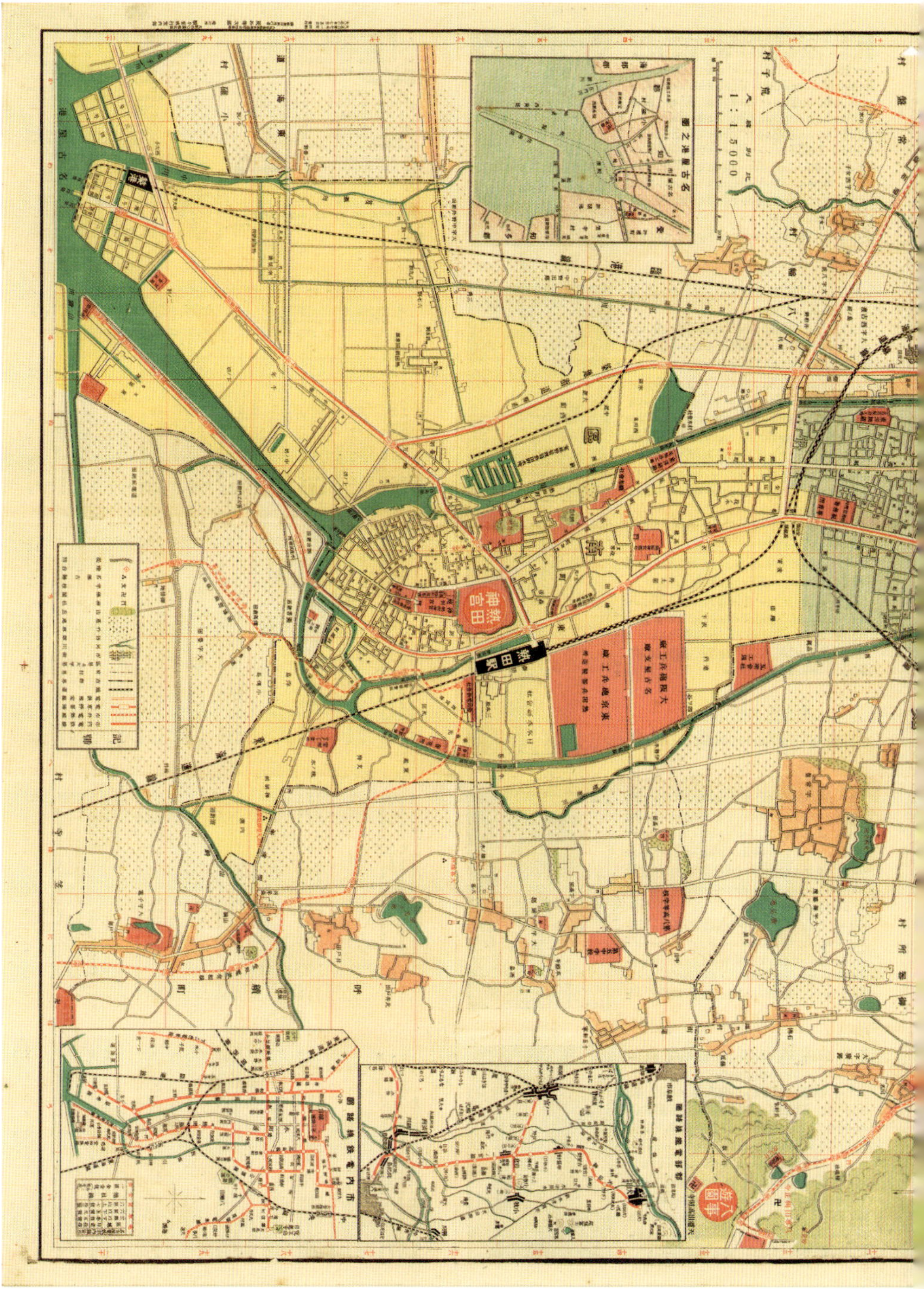

図５　「名古屋市街新地圖」1919 年（大正８）　79.2 × 54㎝　国際日本文化研究センター所蔵

大名古屋市（1940年＝昭和15）

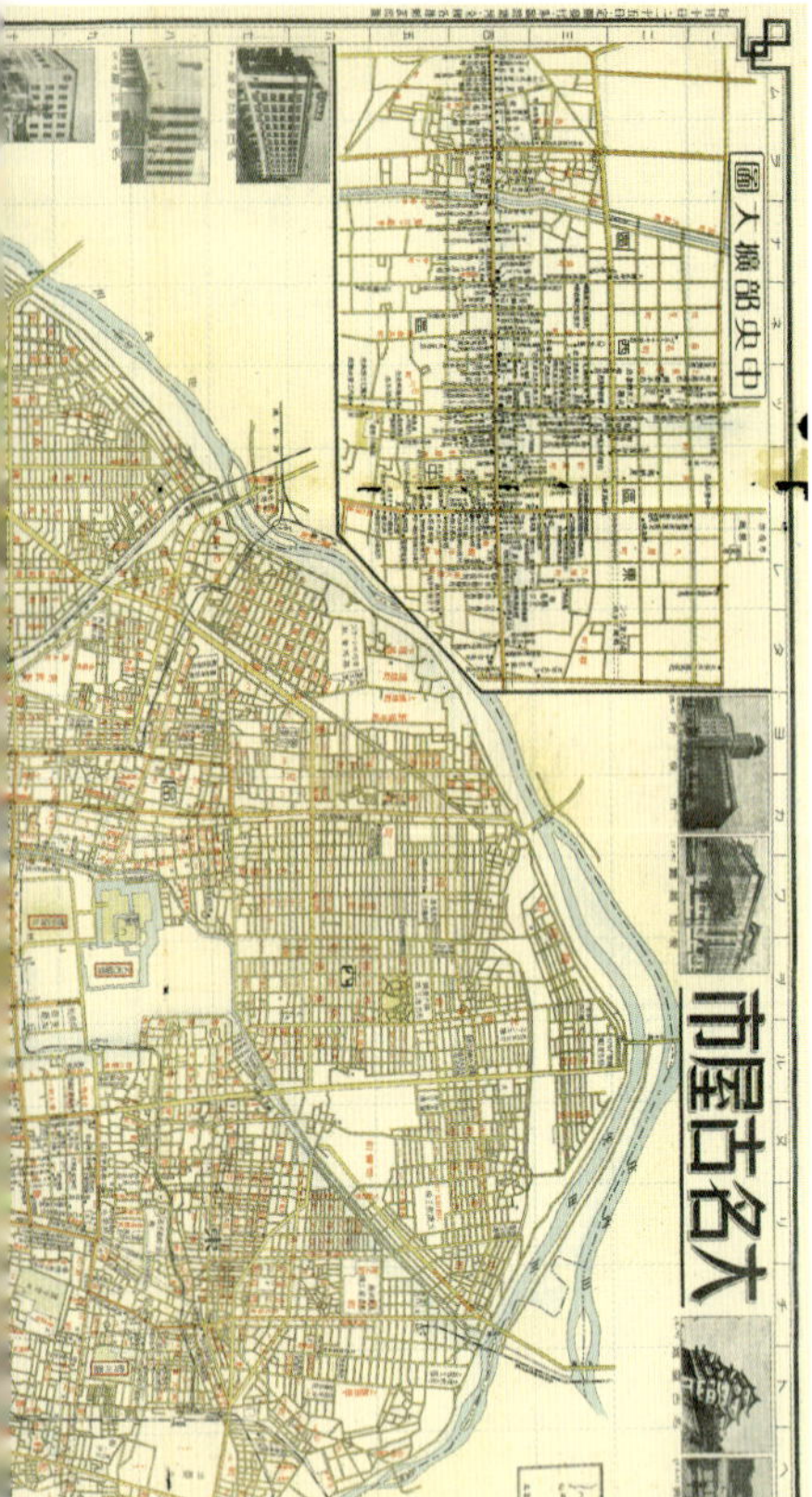

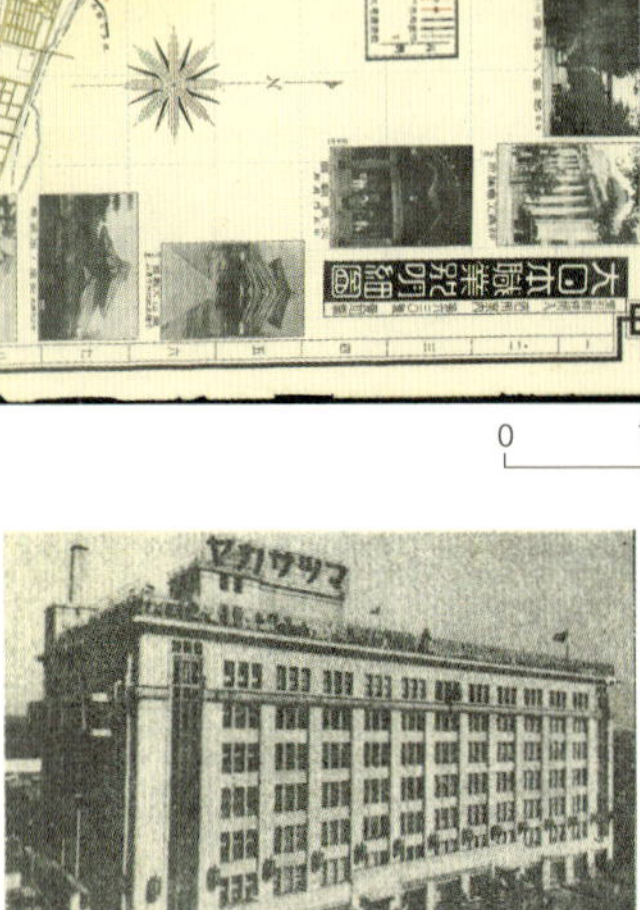

松坂屋（栄３丁目）

昭和戦前に区画整理がかなり進んでいたことが格子状の道路網によってわかる（図7）。旧城下町地区の市街地を取り巻く東西南北すべての地域でみられ、赤線で示された市電の整備も充実していった。その一方で、名古屋城内の軍事施設と熱田神社東部の軍事工場が地図上で空白になっている。後述するが、第2次大戦直前の年の地図だから、消されたものと思われる。名古屋市役所は1933年（昭和8）に、愛知県庁は1938年に名古屋城の外堀の内側の現在の位置に移されたため、それが本地図に記されている。

なお、この図は副題に「大日本職業別明細図」とあり、その情報が空白部分に「中央部拡大図」および愛知県商工館など10カのビルについて「ビル居住者案内」が載せられている。また四囲に名古屋の主要建造物の写真が図中の位置を示す索引（縦：一二三…、横：イロハニ…）付で、35図載せられている。

1895年（明治28）の地図での30図と比較すると、寺社仏閣が減って工場、百貨店が増えている。

図７ 「大名古屋市」1940 年（昭和 15） 109.7 × 79㎝ 個人所蔵

明治屋ビル
（栄３丁目）

現在

享栄百貨店
（鶴舞公園前）

商工会議所
（中区大池町）

大須観音
（中区門前町）

旭廓貸座敷組合
（中村区大門町）

名古屋市焼失區域圖（1946年＝昭和21）

終戦直後の、この1946年（昭和21）の名古屋市焼失区域図をみると、名古屋市の市街地のほとんどが真っ赤である（図8）。市街地を離れた農地を多く持つ郊外地区でも集落部分は赤く塗られている。とくにひどかったのは名古屋港を取り巻く地域で、すべての工場が燃えている。庄内川と新川が合流し名古屋市民に魚を供給する港町の下之一色も真っ赤に染まっている。本図作成に尽力された名古屋空襲を記録する会事務局長の山田英彦氏によると、米軍B29の空襲により、市内中心部と主要な軍需工場は荒廃し、死者は8600人、負傷者1万人以上余、当時の人口の半数近い52万人余が罹災者になったという。

地図の解読から少し離れて、終戦の年、1945年の空爆体験記を2話のせておこう。

図9　焦土と化した本町周辺。中央が本町通りで、上方が南で大須、熱田神宮方面。左端が広小路通りで、上方が東で栄方面。手前に見えるのは、焼け残った八木文の倉庫。数メートル南へ移動しているそうだが、倉庫はビル群に埋もれて現在も健在という（八木文株式会社社史編集委員会『八木文100年』から）

終戦直後、焦土と化した本町通りと広小路界隈の写真が「八木文」（創業1895年、衣料品商社）の社史に載せられていた（図9）。広島に劣らないくらいの焼け野原ではないか。

この悲惨な瞬間を体験された方がいる。中区碁盤割りに住んでいらっしゃるごっさま（名古屋弁で奥様の意味）のお一人、美術商の吉田美智子さん（大正15年生まれ）が3月12日と19日の米軍爆撃を次のように生々しく語ってくださった（2009年7月23日に聞き取り。中区制施行100周年記念事業実行委員会『名古屋市中区誌』から）。

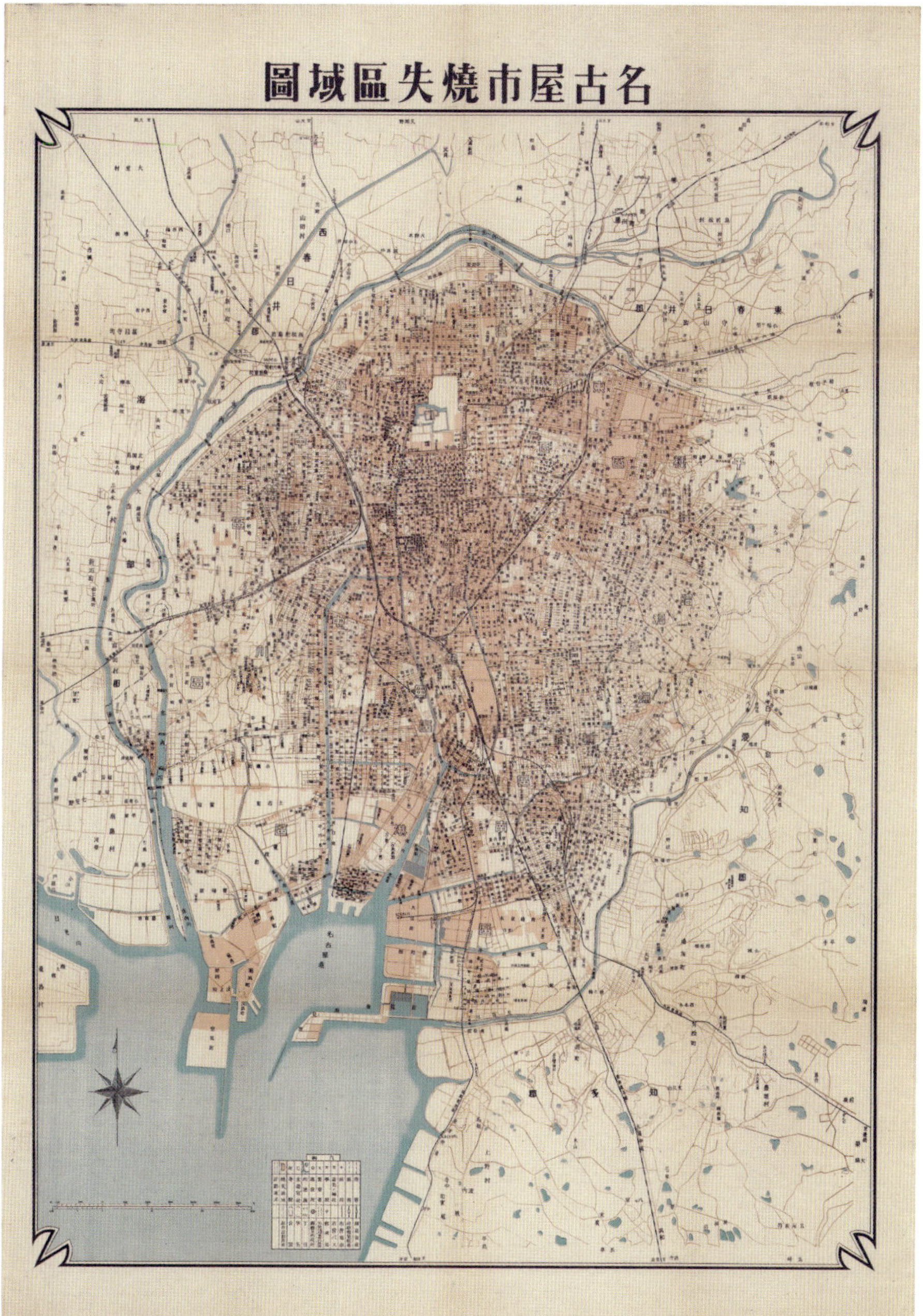

図８　「名古屋市焼失區域圖」1946 年（昭和 21）　72 × 109㎝
紙久図や京極堂古地図 CD-ROM

0　1km

さっきお尋ねの焼夷弾のことですけれど、1週間前の3月12日に、本町から栄、もっと向こうまででしょうか、とにかく一帯が全焼しましたよね。その時には空襲警報が鳴った時に地下室へ入っていました。アメリカのB29が「次はこっちを、1週間後に空襲するぞ」というビラをすぅっとまくんですよ。そのビラを実際に私は読んでいなかったですけれど、本当にきれいに光るんですね。チラチラチラと（中略）。

そして、19日、街中を避難中、メガホンで「おおい、誰がそんな所にいるんだ、危ないがー」って、「防空壕へ飛びこめ」という声がしたんですよ。だから、「えー、あそこまで行かなきゃ」と思ったんですけれど、電車のレールのど真ん中にひっぱってきた乳母車をほおりっぱなしにしといて、たまたまその両側へ掘ってあった防空壕へそこへとにかく入ったんですよ。

入って、もう2、3分もしないうちにガァーという声が聞こえてね、すっと防空壕の入ってくる入口の隙間から見たら、もう1m先くらいに見えましたよ、B29の車体がね、車体と言うか飛行機が。そして、何か音が聞こえたような気がする、ガラン、ガラン、ガランという、焼夷弾は普通の大砲弾のようなものが一発ずつ落ちるのではなくて、これくらいの形の物が落ちてくる途中でばらけるの。それが、きれいに編隊を組んでくるんですね。1台、2台、3台、5台って。きれいにきて、ばぁーっと。3月12日の空爆でもう焼けて何もないのですよ。もう完璧に。あれはしらみつぶしですね。全くおめこぼしのないというやり方でしょうね。本当にもう腹がたってきちゃった。

しばらくして、私の名前を呼ぶ声がしたもんですから、上がっていって見たら、父親でした。乳母車だけがぽんと1つ電車の中央に残っていたもんですから、心配だったんでしょうね。「ああ、生きとったのか」でした。焼けた伊勢町と針屋町の間くらいの通路の所で、地面に座り込んでいた母親と妹たちと合流しました。そしたら、また来たんですよB29が。それで、バァーでしょう。ちょうど、持ってきてあった掛け布団なんかを私たち全員にかぶせてくれましたので、やけども何もなしで、一応そこで朝を迎えて、やっと命拾いをしました。

焼けたのは市内中心部だけではなかった。東部丘陵地にある名古屋大学の校舎も燃えた。当時の理学部長柴田雄次教授の戦時日記（5月14日）を載せておこう（溝口常俊編『戦争体験記―2011年度名古屋大学1年生の祖父母の語りより』）。

午前八時ころ警報出て、大編隊の東海地区侵入を報ず。支度用意し物理の横穴壕に入る。空襲は西部南部より始まり、間もなく濠々たる黒煙天に冲し、西風に送られ東山にも流れ来たり。白日ために暗澹たり。しかるに八時半ころに至り東山にもしきりに焼夷弾落下。危険にして壕より顔も出す能わず。その間、生物危うしという声あり。わずかに壕より顔を出して生物教室を見下ろせば、教室の屋根に二十余個の焼夷弾燃え居り、消防の手だてもなし。また、この隣の本部の屋根も同様の状態なるが、航空医学の二棟は無事なり。やがて生物も本部も本格的に燃えはじめ、約一時間半ほどにして全館火となり、間もなく焼け落ち全く惨状言語に絶す。……本日の来襲敵機数は四百の由にて、従来のレコードなり。

大名古屋市新地圖（1955年＝昭和30）

2万5千分の地形図をもとに作成された3万分の1の名古屋市図である。地図の色分けにより、中心部の中区・熱田区とその4囲の東区、西区、南区、北区、そして東部の千種区、昭和区、瑞穂区、西部の中村区、中川区、港区12区が成立していたことがわかる（図10）。その後、1964年（昭和39）に東部の愛知丘陵部に守山区と緑区が誕生し、1975年に千種区から名東区、昭和区から天白区が分離新設されて総計16区となり、現在に至っている。広小路に面して栄町と東新町の中間にあった愛知県庁と名古屋市役所は名古屋城の外堀の中の現在ある場所に移された。

1934年に人口100万を突破したが、第二次世界大戦の空襲により市域の4分の1に当たる約40㎢が焦土と化し、人口も50万にまで激減した。しかし、戦後の復興はめざましく、中区の矢場町（現大須3丁目、栄3丁目）を中心に東西（若宮大通り）とテレビ塔をランドマークとして南北（久屋大通り）に走る100メートル道路の建設、市街地にあった墓地の平和公園への移転（地図上で墓マークが多数書かれている）など画期的な都市計画が実行され、人口

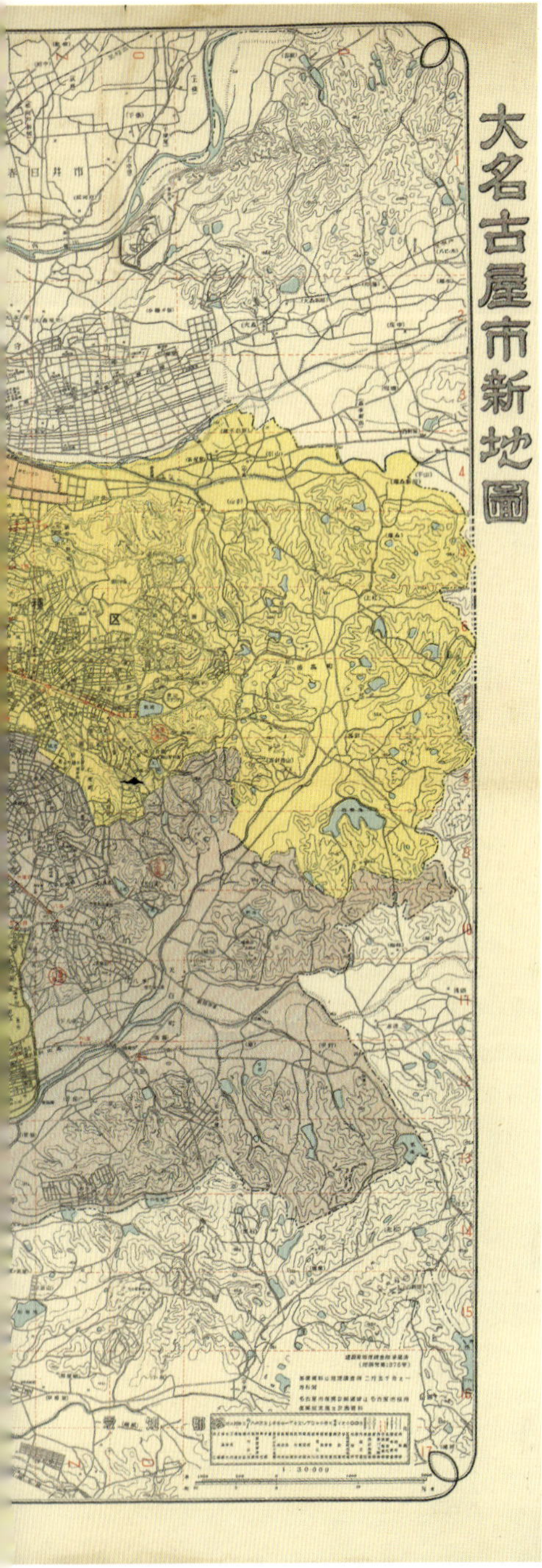

も1950年には100万に回復した。まさに焦土と化し、真っ白になったキャンバスに大胆な都市プランを描いたわけである。

名古屋市を代表する観光地、施設が、1895年（明治28）や1940年の地図のように図や写真で地図の四囲にこそ示されていないが、地図のなかに赤丸で記されている。それを北部から区別にあげると、志賀公園（北区）、円頓寺（西区）、名古屋城、大須観音、赤門通り、商工会議所、金山体育館（中区）、テレビ塔（図11）、徳川園（東区）、市営プール、覚王山、東山公園（千種区）、競輪場、中村公園、名古屋駅（中村区）、松蔭公園、荒子観音、中日スタジアム（中川区）、熱田神宮（熱田区）、鶴舞公園、八事遊園地、天白渓（昭和区）、萩山公園、瑞穂グランド（瑞穂区）、競馬場、名古屋港（港区）、笠寺観音（南区）の27カ所であり、公園や体育施設が目立っている。

図11　1953年に完成した名古屋テレビ塔。地下鉄栄町駅の工事が始まっている（写真中央やや左、54年8月～）（名古屋都市センター所蔵）

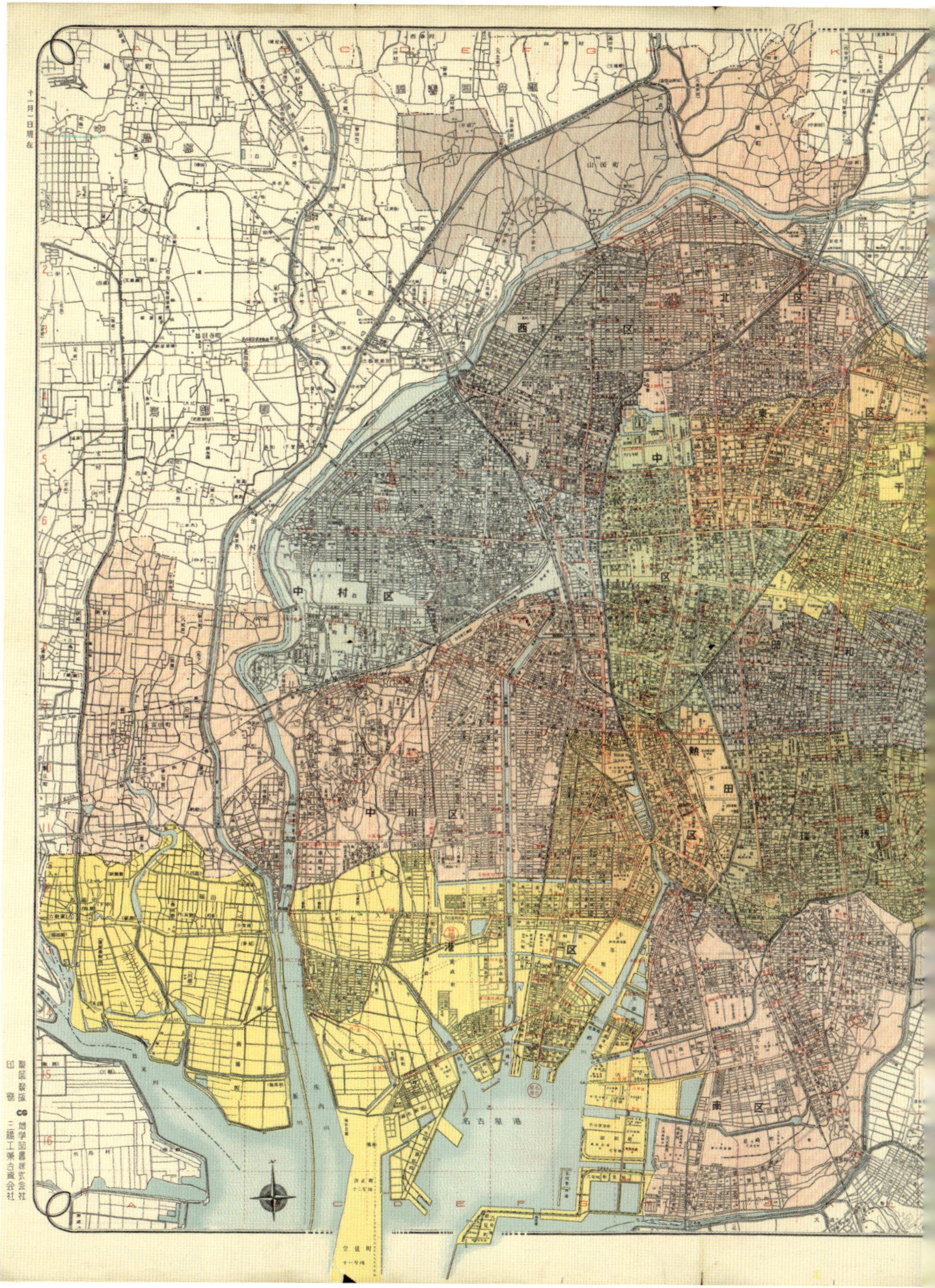

図 10 「大名古屋市新地圖」1955 年（昭和 30） 67.5 × 77.3㎝ 個人所蔵

名古屋市（都市地図）（2013年）

現在、平成時代（1989〜）になって、コンピュータが普及し、グーグルマップによって全世界の個人宅がわかるまでの地図・写真が手に入るようになった。携帯電話でも地図表示ができるようになり、車での移動もカーナビでどこへでも行けるようになった。

となると、紙媒体の地図は不必要になるのではないか。たしかにそうした懸念が生じはするが、地図を持って、歩いて、考え、作業するには、やはり紙媒体の地図が必要で有効である。新たな地図活用の時代に入ったといえよう。

ここでは、全国で「都市地図」地図として市販されている昭文社の「都市地図　愛知県名古屋市」エリアマップを挙げておこう（図12）。縦横の四六サイズの大型地図が封筒サイズに収められている。3万分の1で名古屋市域全体が収められ、裏面に1万5000分の1で名古屋市主要部が載せられている。さらに付図として6500分の1で名古屋中心部の詳細マップがあり、その裏面に更に2800分の1の詳細マップが掲載されている。全町名索引は別途冊子になっている。そこでは、町別に薄く色分けされてあり、主要ビルが立体的に描かれて、見やすく工夫されている。

これで、観光用の町歩きは充分な気がするが、地図に書き込みを入れて作業してみようか、という気になった場合、全国をカバーしている5万分の1および2万5千分の1地形図（図13）の利用価値が高い。地図記号は、明治時代から多少の変化はあるが、最新の2万5千分の1地形図によると、道路はその幅員に応じて4車線以上、2車線、1車線、軽車道に区別され、さらに徒歩道、庭園路もあり、高速道路については薄茶色でぬられている。鉄道に関してはJR線とそれ以外の線が区別され、地下鉄や路面鉄道もある。行政区画については都道府県界、支庁界、郡市界、町村界が付けられている。居住地については建物が黒い四角で示され、それが密集した場合は薄い灰色で塗りつぶされている。官公庁、学校、寺社、工場などの諸施設、および田畑、果樹園、樹林などの土地利用もそれぞれの記号で示されている。河川、水系は水色で塗られ識別しやすくなっており、等高線も引かれているので地形環境の把握に役立つ。これらの記号は地図の欄外に書かれているので、参照して地図解読を深めることができる。地形図を並べて歴史的変遷をたどりたい場合は、その一例として、ナゴヤ球場界隈をクローズアップして検討を加えたので、そちらを参照していただきたい。

この地形図が、折り目から破れないようにワンタッチ開閉式で折りたたんで胸のポケットに入るように考案した。次ページの「名古屋に開く魔法の折り紙」を参照して、町歩きの前に、まずは、折り紙を楽しんでいただきたい。

図 12 「都市地図　愛知県名古屋市」2013 年　昭文社

図 13　2 万 5 千分の 1 地形図
「名古屋南部」（部分）
国土地理院

地形図の折り方

名古屋に開く魔法の折り紙

ワンタッチ開閉！　いらいらゼロの地形図折りのススメ

溝口常俊

われわれは旅行、サイクリング、登山などに地形図を持参することが多い。名古屋の街歩きでも市販の都市図が便利だが、2万5千分の1地形図（5万分の1、1万分の1）を持って歩くと興味が倍増する。しかし、縦46㎝、横58㎝の大判地図をそのまま持って歩くわけにはいかず、4等分か8等分、あるいは6等分に折って持参するのが普通であった。

ところが、その際、急に地図が開けない／たためない、折り目から破れる、等々のいらだちにかられることがよくある。それを解消してくれたのがワンタッチ開閉式の「宇宙に開く魔法のオリガミ」（通称ミウラ折り）である。私はなんども失敗を繰り返した後、これを改良して新たな地形図折りを完成させた。

改良点は次の2点である。①地形図の図幅名とスケール表示が表紙に出るようにする、②複数の地形図を連続させて読めるようにする。

では、2万5千分の1地形図（名古屋北部）をもとに折り方を説明しよう。

①　地形図を拡げ、地形図の上（北）と右（東）の余白部分を、写真【1】で赤線を引いた線に沿って裏側に折る。

②　南北を5等分し東西に長い短冊形に折る。【2】で引いた赤線を山折り、青線を谷折りにする（幅は8・8㎝）。屏風型になった一番上の面の右端に図幅名とスケールが見えていればＯＫ【3】）。

③　図幅名とスケールが印刷されている部分を上にして、5等分に折る。この際、長片の5分の1の長さ（11・4㎝）分を折る際に、トップが3～5㎜右に行くようにずらして折る【4】。ぴったりと重ならないようにするのがミソ。裏返して同様にずらして折り続ける

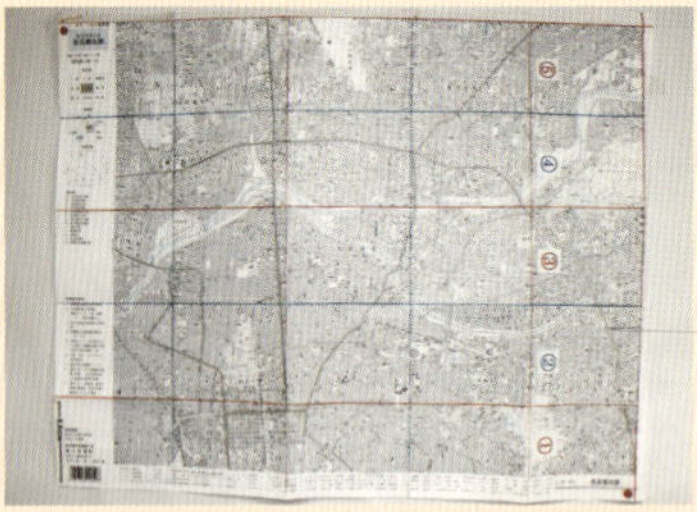

【1】

【2】

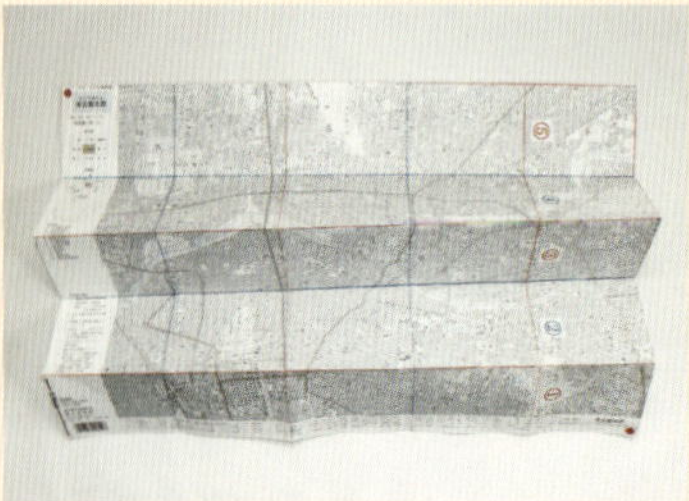

【3】

【5】。W型に折りあがっていれば第1関門パス。

④　ここで一旦、折った地形図を広げる【6】。すると縦（東西）、横（南北）それぞれに4本の折り筋が入っているが、縦長、図幅名を一番右上にして、一番上のギザギザになった横線の折り目（右から山①、谷②、山③、谷④、山⑤になっている）をすべて山になるように谷の部分（②と④）の筋目を付け直す。以下、2本目はすべて谷筋に、3本目は山筋、4本目は谷筋にする。

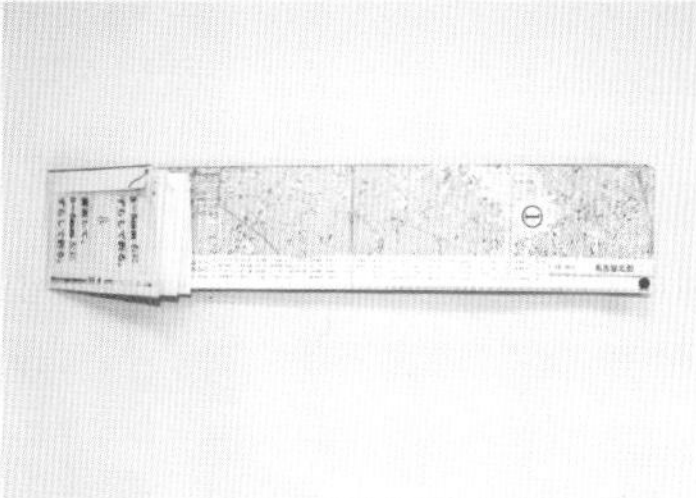
【4】

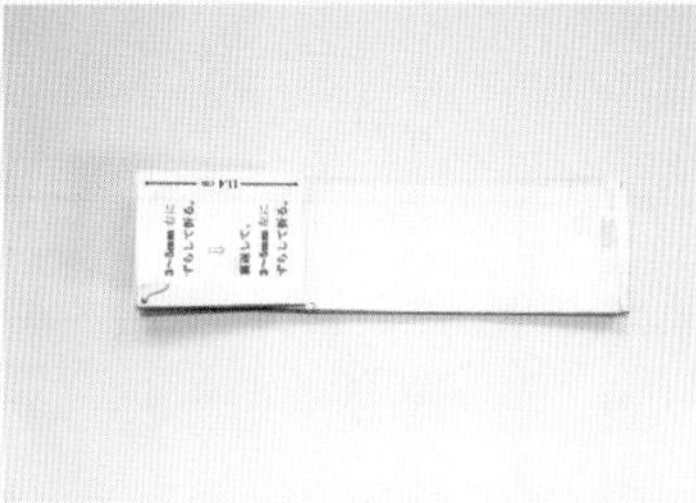
【5】

⑤　重ね合わせれば、W型になったポケットサイズの折り畳み地形図ができあがる【7】。

⑥　図幅名のある端（赤丸シール）と一番裏の端（赤丸シール）の両者をつまんで引っ張れば【8】、瞬時に地形図が広がる【9】。

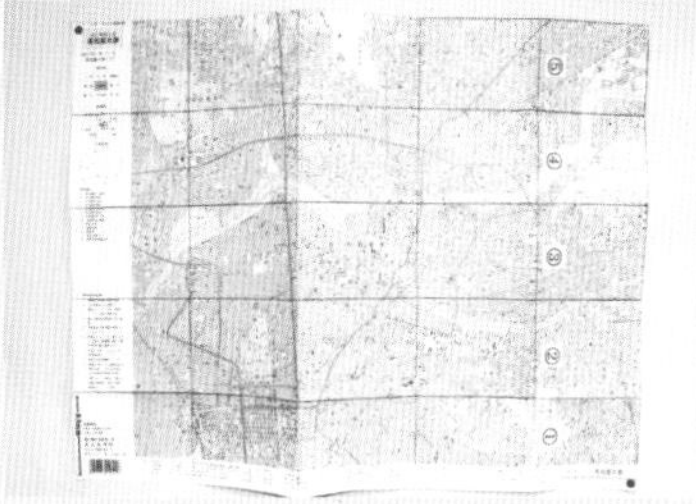
【6】

【7】

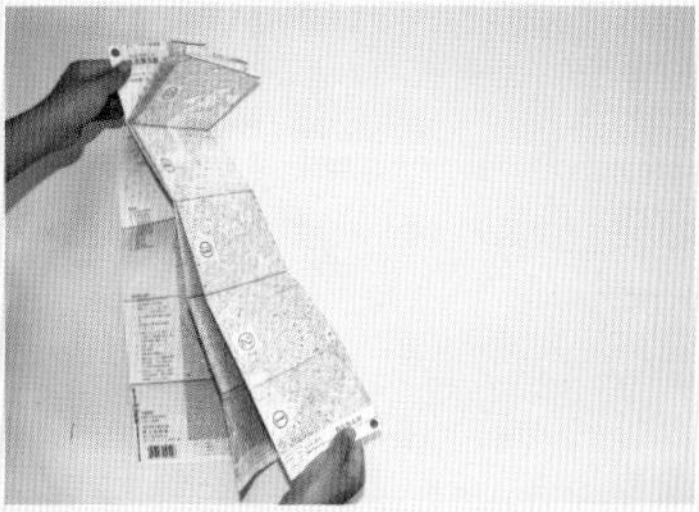
【8】

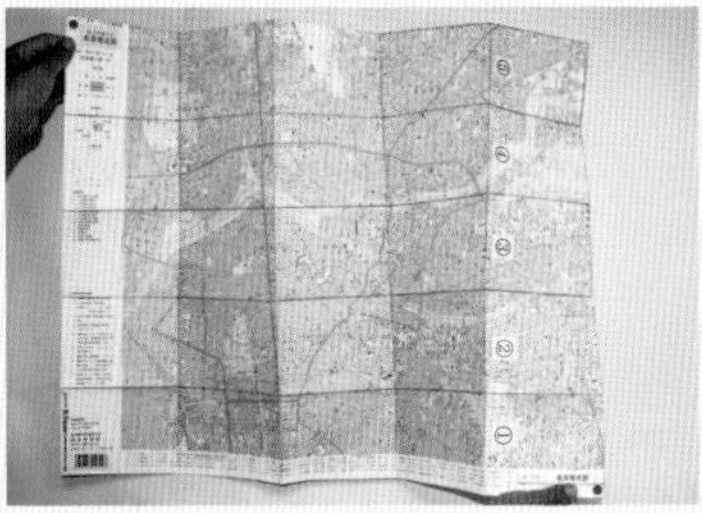
【9】

⑦　たたむ際、対角線上の両端（赤丸シール部分）を中央部に力が行くように押せば、瞬時に地形図は元のポケットサイズに戻る【10】。

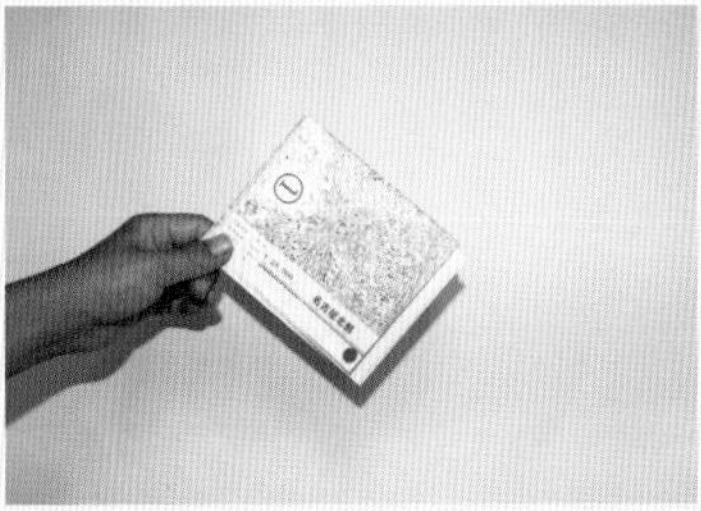
【10】

名古屋市域をカバーする2万5千分の1地形図の図幅名は名古屋北部、名古屋南部、清洲、蟹江です。

さあ、地形図を持って、街に出て、パッと開いて、現実の世界と見比べて、さまざまに思考しましょう【11】。

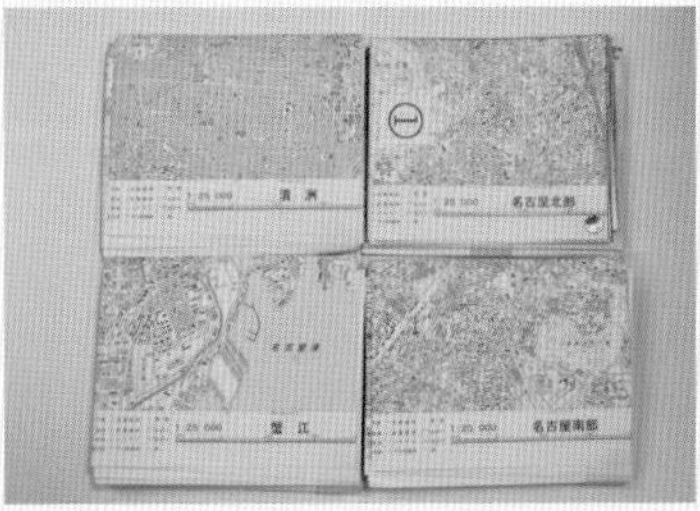

【11】

コラム

都心の植物観察

たまには足元を見ながらゆっくり歩いてみよう

富田啓介

石原裕次郎はかつて、名古屋都心を「白い街」と歌った。「白い」という形容にはさまざまな解釈が考えられるが、赤い屋根の白い家々が並ぶ地中海地方の街に肩を並べるような、美しい風景があるからではなさそうだ。無機質なコンクリートのビル群で覆われ、白く乾燥した砂漠のような街だからだというちょっと自虐的な解釈もある。現に、お世辞にも緑の美しい潤いのある街ですねと褒める人は少ない。

　ところが、そんな名古屋都心にもしっかり根を下ろしているたくさんの植物たちがいることは意外に知られていない。それらの植物は、概して地味で、自己主張せず、時に足元を注視しなければ見つけることは困難である。足早に街を横切る私たちの日常の中では、ほとんど意識することはない。しかし、時にはそうした緑に着目した街歩きをしてみると、何か新しい名古屋を発見できるかもしれない。そこで今日は、都心を南北に貫く久屋大通公園をゆっくりと歩きながら、そこに生きる植物たちを観察してみよう（図1）。

　地下鉄名城線を矢場町

図1　都心を南北に縦断する緑の帯・久屋大通公園は、「白い街」の中でひときわ目立つ（国土地理院撮影の空中写真）

図2　ケヤキの植栽の見られる噴水

駅で下車し、地上に出たところが久屋大通公園の南端である。周囲は大型百貨店など商業施設が立ち並び、車の通行音がかまびすしい。しかし、公園に足を踏み入れると、背の高いケヤキの植栽が噴水に影を落とし、ゆったりとした空気が流れている（図2、撮影場所は図1のA地点。以下同じ）。

空に向かって枝葉を大きく広げるケヤキを見上げたら、今度は根元を見降ろしてほしい。都心では貴重な土がむき出しになっていることに気づくはずだ。そこには、アガパンサスや斑入りのヤブランが植え込まれており、夏の花期には通行する人々を和ませてくれる。しかし、貴重な土に生きているのは植栽された草木だけではない。都心にしぶとく生きる野草（一般には雑草と呼ばれるが、人間の都合による言葉なのだからここでは敢えて野草と呼びたい）があることも忘れてはいけない。植え込みの間には、黄色の小さな花を咲かせるカタバミの仲間、山菜としても知られるスイバ、ねこじゃらしの異称を持つエノコログサ（図3）、セイタカアワダチソウなどが姿を見せる。彼らは、種子として風に乗ってやってきたり、ペットなどの動物の毛について運ばれてきたものだ。こうした野草の間には、ケヤキの実生（種からの芽生え）も見える。たとえ街路樹でも、次世代を残そうという意思があるかのように感じられる。

道路沿いには、名古屋市の木・クスノキが整然と植わっている。大気汚染に強く、街路樹としてよく用いられる樹種である。この実は鳥がよく食べる。この公園を晩秋に歩くと、ヒーヨッ、ヒーヨッとけたたましく鳴くヒヨドリをよく見かけるが、これはクスノキの実というご馳走がたくさんあるからだ。彼らが消化しきれない種子を糞として落とすと、意図しない場所にクスノキが芽生えることなる。たとえば、ケヤキの噴水から道を渡ったところにある船のオブジェの台座は、ツタで覆われているが、良く見るとその所々に小さなクスノキが育っている（図4、B）。

図3　エノコログサ

図4　クスノキの実生が見られる船のオブジェの台座

図5　セイヨウタンポポ

図6　野草の種子をついばむスズメたち

図7　アメリカイヌホオズキ

この船のオブジェのあたりから栄バスターミナル（C）にかけてのエリアには、のんびり座ることのできる芝生が所々にある。この芝生をよく見てみると、芝以外の植物が様々に生育していることに気づく。一番目立つのはセイヨウタンポポだろうか。タンポポは春の花のイメージが強いが、セイヨウタンポポは年中咲いている（図5）。メヒシバ、オヒシバ、ヒメクグといった目立たないイネ科やカヤツリグサ科の植物も見られるが、これも都市に生きる野鳥たちにとって必要な食料である。ムクドリやスズメが芝生に降りてきて地面をつついているのを見かけるかもしれないが、おそらく、これらの種子の食事中ということだろう（図6）。

栄交差点やオアシス21周辺の賑やかなエリアを通り抜けてテレビ塔（D）までやってくると、ハナミズキやフジといった花の美しい樹木が多く植えられている。相変わらず、クスノキの並木も続いている。やはり、これらの根元を観察してみよう。やや大型のつる草があったらそれはヤブガラシだ。つる性の植物と言えば、ノイバラもみかける。このほかにも、アメリカイヌホオズキ（図7）、ノボロギク、ヤブミョウガ、オオバコ、ヒヨドリジョウゴ、オオアレチノギクなどがみられる。久屋大通公園駅周辺はオフィス街なので、昼の時間はこの公園で弁当を食べる人も見られるが、そうした人たちが座っているベンチのすぐ脇に、こうした小さな植物たちがひっそり生きているのだ。

久屋大通公園をはじめとした都心の公園は、もともと植生のない場所に人が最初から作り上げた公園だから、植栽する樹木や草花はすべて人がお膳立てしたものであるし、しそれらが育つように綿密な手入れがなされている。言うなれば、人の強い管理下に置かれた自然環境である。けれども、こうして歩いてみると、街路樹の実生や野生の植物、それらを目当てにやってくる野鳥など、人の管理から解き放たれた自然環境がそこに生まれていることに気づく。こうした管理の外側にある自然に対して、人の反応は様々だ。ある人は、公園に雑草が生えているのは管理不足だと指摘するかもしれない。一方で、その雑草の実を目当てに野鳥がやってくると、愛らしい自然だと愛でるかもしれない。人はなんとも身勝手な生き物である。しかし、そんなことはお構いなしに、名古屋の都心の公園では、日々生物たちの生きるための営みが繰り返されている。

Part2

鳥の目虫の目——地図は語る

米国カリフォルニア州サクラメントで購入した蔵書印（溝口常俊所蔵）

GIS名古屋都市図

人口密度の増減を機械の力を借りて可視化してみよう

奥貫圭一

GISとは、Geographic Information System（地理情報システム）のことであり、これを使うと、地図に示される情報をコンピュータによって分析したり、表示したりすることができる。

近年では、GISで扱うことのできるデータがたくさん用意されるようになり、例えば、国土地理院や国土交通省のウェブサイトからダウンロードできる基盤地図情報や国土数値情報などといった地図データに加えて、5年に1度の国勢調査の報告をはじめとする統計データがある。

国内のデータばかりでなく海外へ目を向ければ、スペースシャトルからレーダを使って作成した地形データなどがある。こうしたデータは、インターネットを介して無料で入手できるものも少なくなく、GISを使った自前の地図作成は身近なものとなりつつある。

一方で、Google MapやGoogle Earthのように、自ら地図を作らずとも世界旅行を模擬的に体験できるような地図表示サービスが日常のものとなっている。こうしたサービスは便利なもので、日々進化していく現状を歓迎すべきではあるものの、他方では、こうしたサービスがあるがゆえに自ら地図を作ることの意義を感じづらくなっているかもしれない。

そこでここでは、実際にGISで扱えるデータを使って名古屋の都市図を作成し、そこから何がわかるかを簡単に紹介してみたい。

まず、図1をご覧いただきたい。この図は名古屋市とその周辺の地形を示したもので、茶色の濃い部分が標高の高い所、緑色の濃い部分が標高の低い所である。この図の作成にはSRTM（Shuttle Radar Topography Mission）データと呼ばれるものを用いた。SRTMデータはスペースシャトルに搭載されたレーダを使って地球表面を撮影した地形のデータであり、インターネットを介して無料

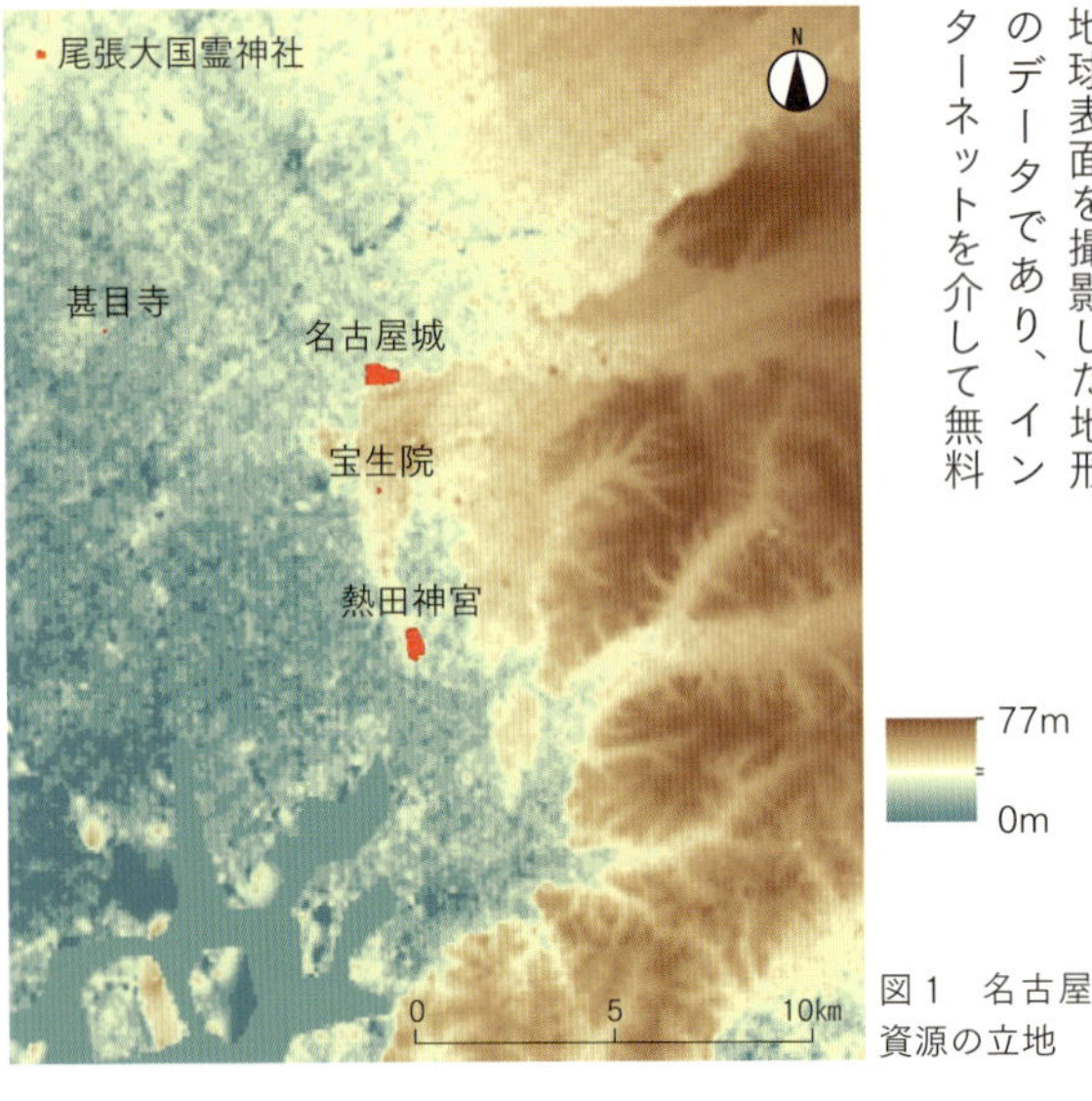

図1　名古屋の地形と観光資源の立地

で入手できる[1]。

　また、図中に赤色で示した箇所がある。これは、国土交通省の国土数値情報と呼ばれる地図データ[2]のうち「観光資源」の地図データを用いて描いたものである。名古屋城や熱田神宮といった施設が観光資源として赤色で表示されている。SRTMデータだけでなく、そこに国土数値情報という別の地図データを重ねることでこのような図が作られる。

　この図を見ると、名古屋の東半分と西半分で地形がはっきりと異なっていることがわかる。とくに、名古屋城から熱田神宮にかけての南北の軸線は、茶色と緑色のちょうど境目あたりにあることがわかる。

　名古屋城にしても熱田神宮にしても、緑色の標高の低い所に囲まれながら、自身の立地場所は薄い茶色で示された標高のやや高くなった所である。こうした歴史的な建物が自然の地形を考えながら建設されたことがうかがえる。

　次に、現代における名古屋の変遷を見てみよう。

　まず、図2をご覧頂きたい。この図は国勢調査の統計データを使って地図にしたものである。統計データは一般に表の形で公開されているものの、近年では、表のデータに地図データを付する形で提供されているものが多い[3]。国勢調査についても表データに加えて地図データが入手できる。

　これを使うと、たとえば、各自治体の人口密度の変遷を図化することができる。図2は2000年（平成12）国勢調査にもとづく名古屋市の人口

図2　2000年人口密度分布

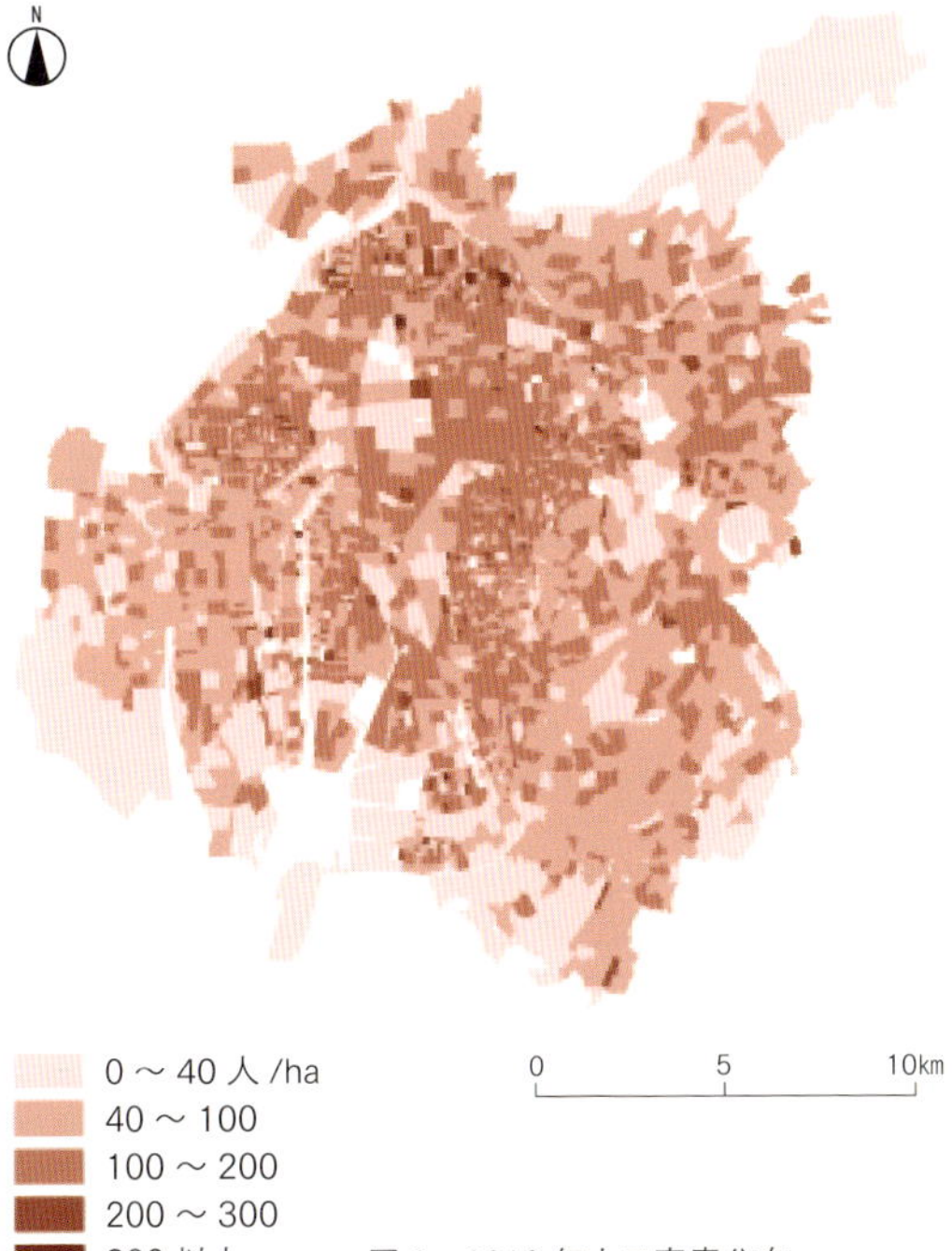

図3　2010年人口密度分布

密度分布図である。

　続く図3は2010年国勢調査にもとづく同じく名古屋市人口密度分布図である。いずれも、色の濃い地区が人口密度の高いところである。名古屋市の人口は2000年から2010年にかけて10万人ほど増えているので、全体の傾向として人口密度が増加しているはずである。

　たしかに、図2と図3を見比べてみると、図3の方に色の濃いところがかすかに多い印象である。しかし、多くの人は、2つの図の間に大きな違いを感じないのではないだろうか。

　GISを使うと、こうした「印象」に頼ってきた判断（たとえば人口が増えているのか減っているのか）を、機械の力を借りておこなうことができる。図4は、図2と図3のデータを踏まえて、2000年から2010年の10年間に人口密度が増加した地区と減少した地区を抽出して描いたものである。(4) この図を見ると、人口密度の増加地区と減少地区とが入り乱れて分布していることがよくわかる。名古屋市全体の傾向が増加であっても、実際には、増えているところと減っているところが凸凹に分布し、それらが互いに相殺し合って、全体として人口増につながっているということである。

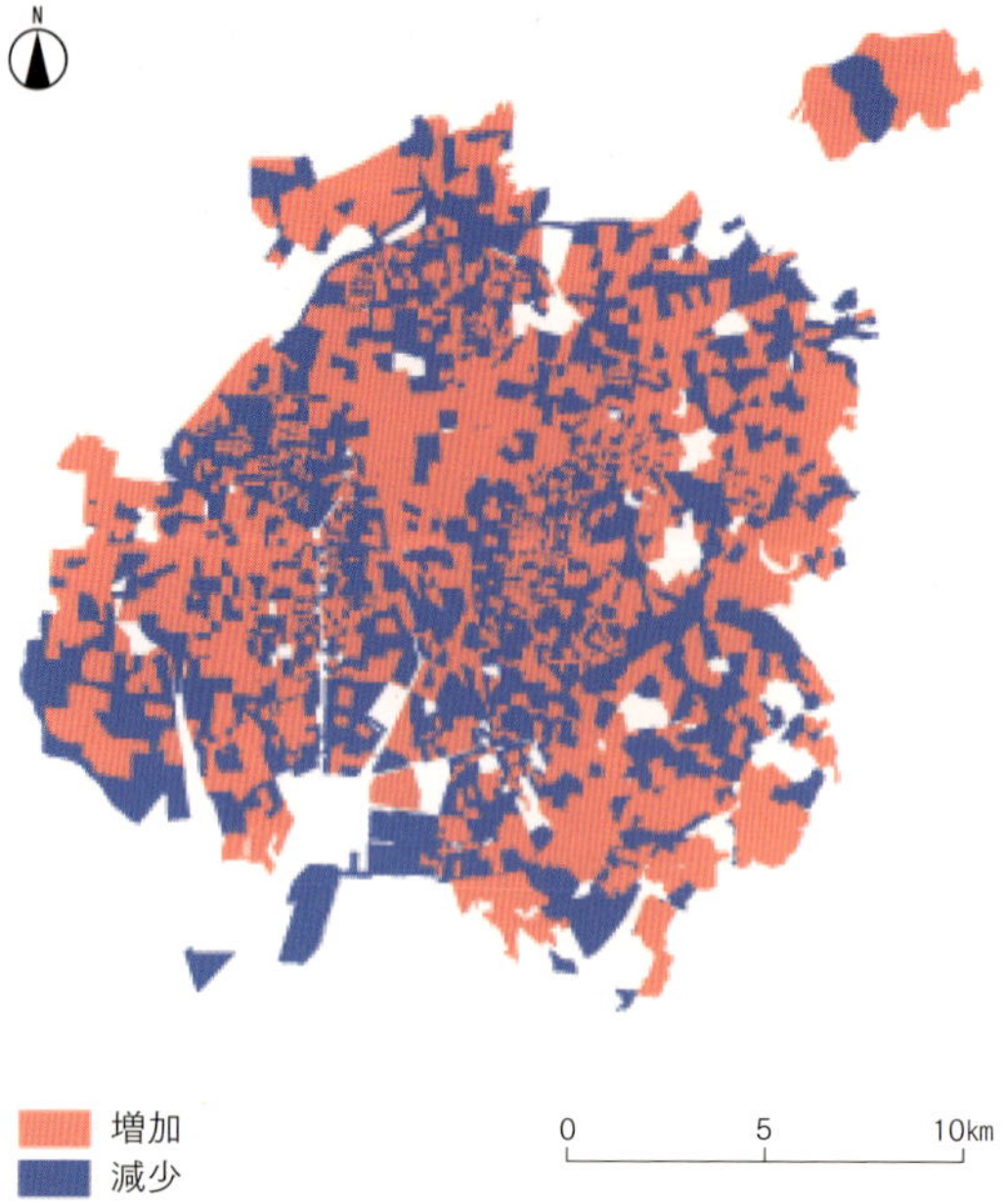

図４　2000 年から 2010 年における人口密度増減地区分布

　街を歩いていると、つい最近まで空地だったところに集合住宅が建設されたり、大きな屋敷があったところに数軒の一戸建て住宅が並んでいたり、目に見える形で人口が増えていく様子を実感することがある。

　他方で、古くからの住宅地では、子供世代が成長して独立転出する場合が多く見られ、人口密度の減少につながる。図4を見ると、人口増と人口減につながる対照的な現象が名古屋市全体に散在して生じているらしいことがわかってくる。

注
(1) 図1の作成にあたっては、Global Mapper というソフトウェアを用いて、http://srtm.csi.cgiar.org/ からデータを入手した。
(2) http://nlftp.mlit.go.jp/ksj/
(3) 「e-Stat 国内統計の総合窓口」http://www.e-stat.go.jp/ から国勢調査をはじめとする各種統計調査の報告が無料でダウンロードできる。
(4) 2000年から2010年にかけて行政境界が変わっている場合など、いくつかの地区については人口密度を機械的に比較することができないので、図4ではそうした地区が空白で表示されている。

人工衛星からみた名古屋

リモートセンシングで観察した名古屋市のヒートアイランド

山口　靖／加藤創史

　大気中の二酸化炭素濃度の上昇によるグローバルな温暖化と共に、都市域でのヒートアイランド化も大きな問題となっている。名古屋市のヒートアイランド化の実態をリモートセンシング技術を使って観測してみた。リモートセンシングは、「人工衛星や飛行機などにセンサを搭載し、地球表面から反射・放射される電磁波を用いて、非接触で広い範囲を観測する技術」と定義される。テレビの天気予報で気象衛星から撮影した雲の動きが映し出されるが、これもリモートセンシングの一例である。リモートセンシングは、一度に広い範囲を観測できる、地球を周回している人工衛星から周期的に繰り返し観測できる、遠く離れた現場まで人間が行かなくても情報を入手できるなどの利点があり、環境監視や災害被害把握、資源探査など幅広い分野で利用されている。

　図1（左）は、米国NASAのTerra衛星に搭載されたASTERというセンサにより、2000年（平成12）7月10日午前11時頃に高度約700kmから撮影した名古屋とその周辺の画像である。植生が緑色になるように画像を作ってあるので、森林や農地、公園など植生の分布が良くわかる。図1（右）は、同じくASTERが取得した表面温度の画像である。気温ではなく、表面温度であることに注意してほしい。地表面から放射される赤外線の強さは表面温度に依存するため、赤外線を計れば表面温度がわかるという仕組みである。さらに地表面からの波長毎の太陽光の反射の強さの違いをASTERデータから調べ、国土地理院の細密数値情報も参考にして土地被覆分類を行った結果を図2に示す。これと図1（右）を比べて見ると、庄内川と天白川に挟まれた画像中央部の商業・業務地区及び住宅地、そして南部の工場地帯で温度が高いことがわかる。逆に温度が低いのは、北東部の猿投山周辺の森林や、西部の津島市や飛島村あたりの水田地帯である。これは、植物の葉から水蒸気が蒸散されていて、その気化熱で葉の温度上昇が抑えられるためである。この関係をさらに明確に示しているのが、図3である。横軸は図1（右）の表面温度、縦軸はASTERデータから算出した植物の量を示す指標であるが、両者には明らかな逆相関がある。つまり植物が多いと蒸散によって表面温度が低く保たれるが、植物が少ない都市域では表面温度が高いことを示している。

　都市域では日中は太陽によって地表面が暖められて温度が上昇し、その上の大気よりも高温になるため、地表面が大気を暖めて気温を上昇させる。地表面から大気へ輸送される熱のことを顕熱と呼ぶ。顕熱の流れは、地表面と大気の温度差が大きいほど強くなる。昼間は、名古屋市中心部で地表面温度が高くなるため、地表面が大気を暖め、ヒートアイランド化を起こす。では夜の都市での熱の流れはどうなっているだろうか？　夜になると太陽が沈み、晴天であれば地表面は宇宙に向って赤外線を放射することによって、温度が下がる（放射冷却）。地表面温度が気温より低くなれば、昼間

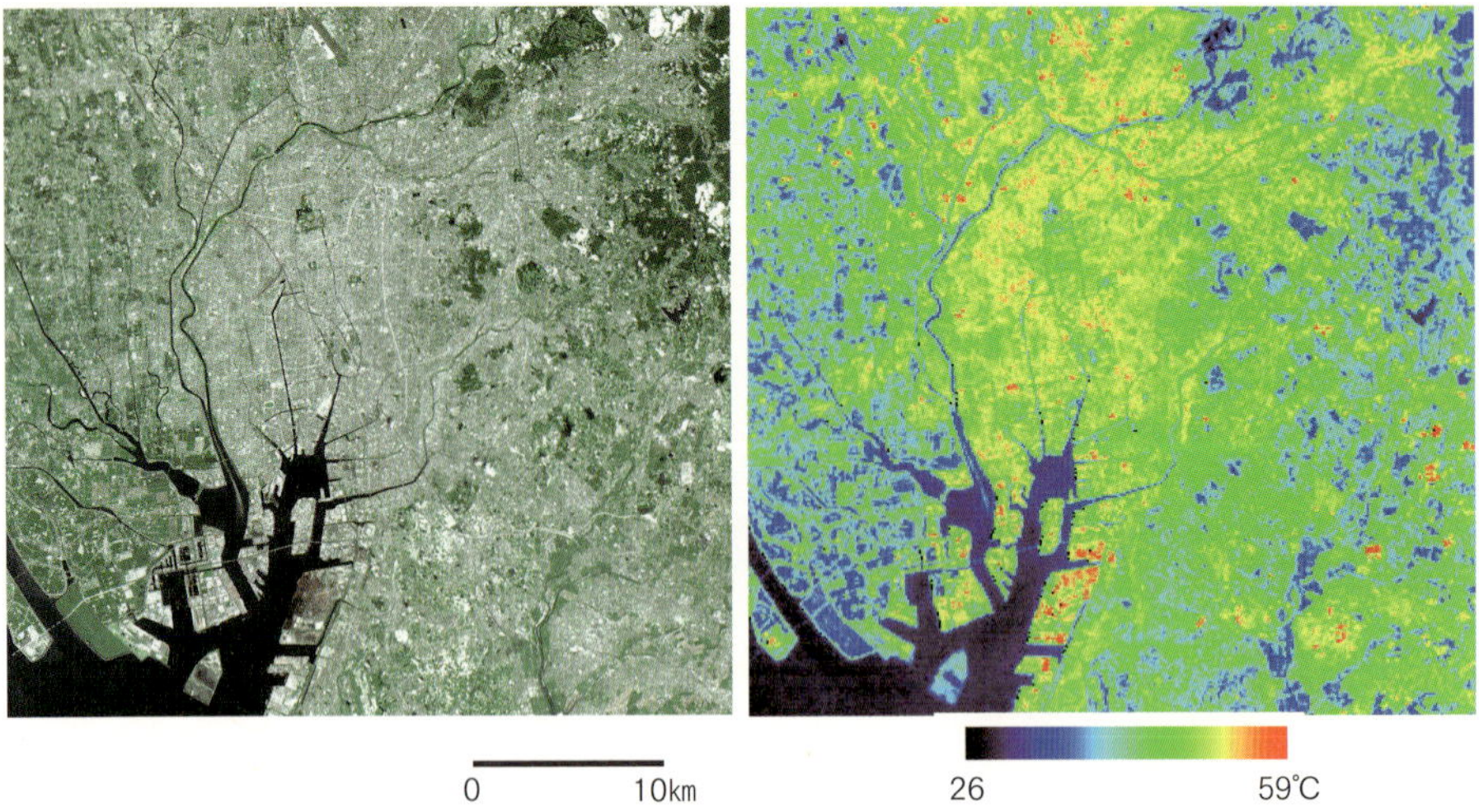

図 1　2000 年 7 月 10 日午前 11 時頃に衛星搭載センサ ASTER で撮影した名古屋市周辺。
左：太陽光の反射を捉えた画像。緑色は植物の分布を示す。右：赤外線の放射から求めた地表面温度

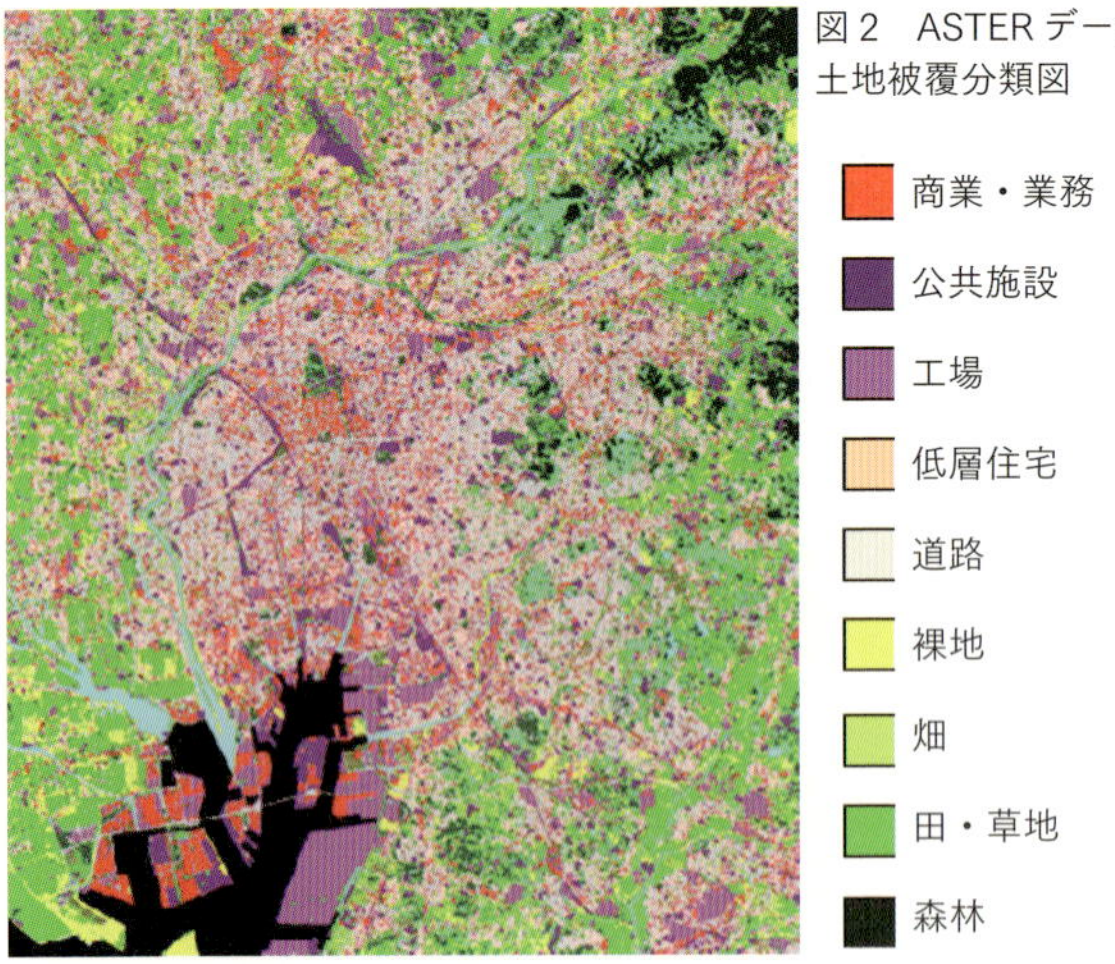

図 2　ASTER データと細密数値情報から求めた土地被覆分類図

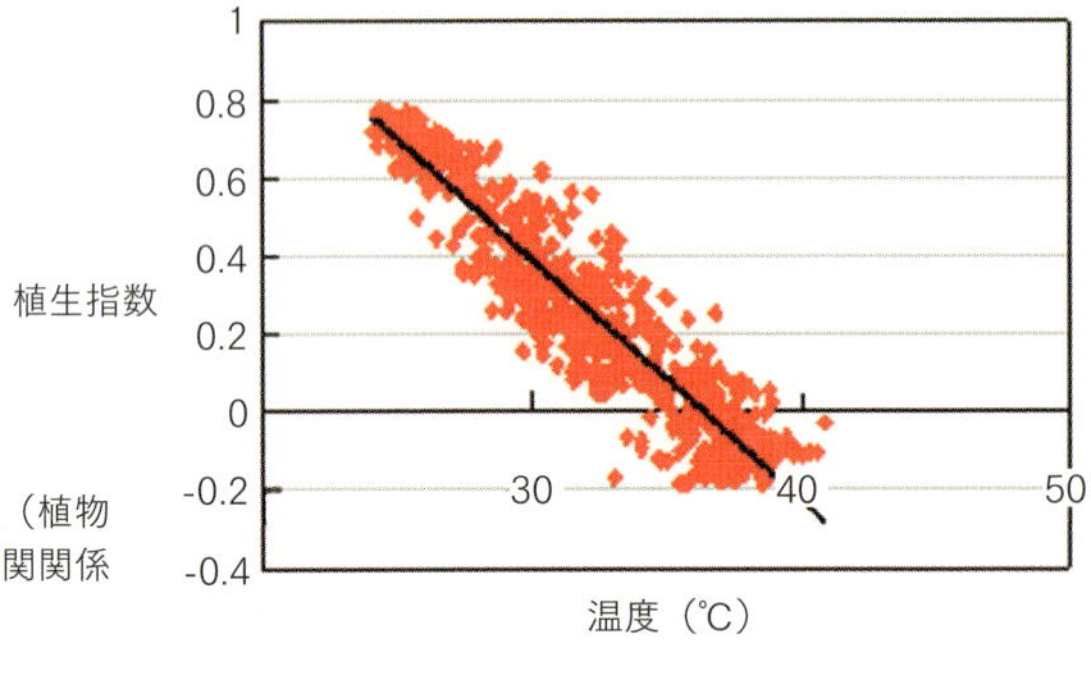

図 3　図 1 の地表面温度と植生指数（植物の量を示す）との関係。明瞭な逆相関関係が認められる

とは逆に顕熱の流れは大気から地表面へと向かい、大気が地表面を暖める、あるいは地表面が大気を冷やすことになる。しかし、都市域では夜間になっても表面温度はなかなか下がらないため、昼間と同様に地表面が大気を暖め、ヒートアイランド化を引き起こす。

都市中心部では夜間になっても表面温度がなかなか下がらない原因は、何だろうか？　最も大きな原因は、昼間に地表面から建物や道路などの人工構造物の内部に熱が蓄えられることである。大都市では高いビルが林立していて熱容量が大きく、かなりの量の熱が蓄積される。夏の昼間の地表面への蓄熱の流れを図４（左）に示す。西側の水田地帯に次いで名古屋市中心部で蓄熱が大きい。水面は熱容量が特に大きく温度が変わりにくい上、表面から水が蒸発するので表面温度が低く保たれるが、都市のコンクリートやアスファルトの場合、表面温度の上昇と内部での蓄熱が同時に起きている。栄周辺で若干表面温度が低く蓄熱量が多いのは、周囲よりも熱容量の効果が大きいからである。

一方、夜間の蓄熱の流れの例として、２００３年９月26日午後10時頃の観測結果を図４（右）に示す。図４（左）とは逆に名古屋市中心部は負の値で、建物に囲まれた道路（アーバン・キャニオン）も負の値の筋となって現れている。負の値の蓄熱は、表面からの熱の放出を示す。夜になって放射冷却が始まっても、内部の温度が高いため、内部から表面に向けて熱が流れ、表面温度は高いまま維持される。その結果、昼間と同様に地表面が大気を暖め続けることになる。つまり名古屋市中心部では、ビルなどに昼間に蓄積された熱が、夜間にも大気を暖め、ヒートアイランド化を引き起こしている。このように名古屋市のヒートアイランド化の原因は、冷暖房機器などからの人工排熱だけではなく、都市の表面被覆の変化、特に植物の減少とコンクリートなどの人工構造物の増加が原因であり、これは過去数十年以上にわたる都市化の進行によるものである。グローバルなスケールでの地球温暖化だけでなく、都市化というローカルな原因による気温上昇の発生にも、注意を払う必要がある。

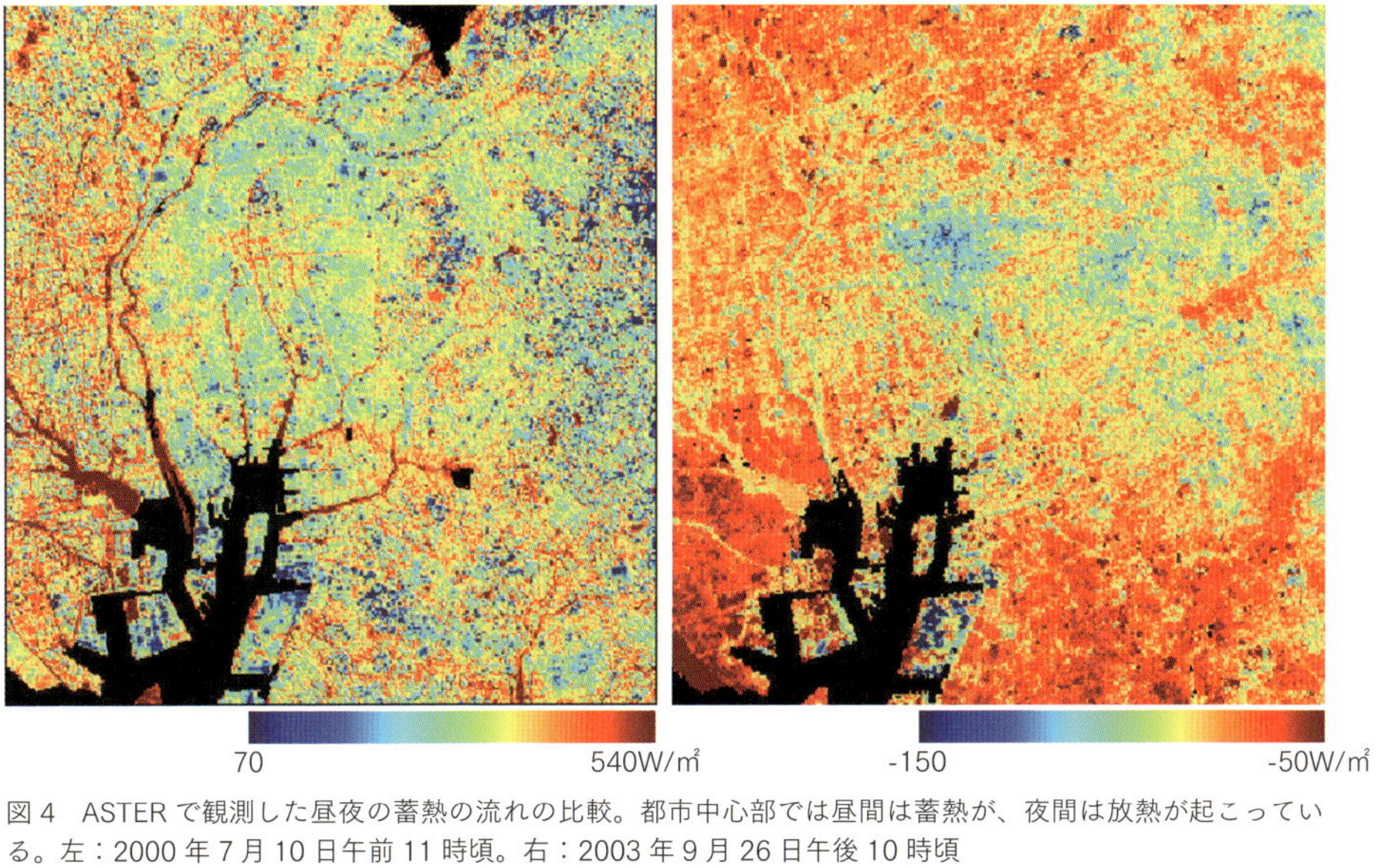

図４　ASTER で観測した昼夜の蓄熱の流れの比較。都市中心部では昼間は蓄熱が、夜間は放熱が起こっている。左：2000 年 7 月 10 日午前 11 時頃。右：2003 年 9 月 26 日午後 10 時頃

名古屋を俯瞰する

描かれた「大名古屋」

吉田初三郎の名古屋鳥瞰図を読む

堀田典裕

名古屋周辺で描かれた初三郎の都市鳥瞰図

吉田初三郎（1884－1955）は、大正中頃から昭和20年代までのおよそ30年間に1600枚を越えると言われる鳥瞰図を描いた絵師である（図1）。同じ年に生まれた竹久夢二が「大正歌麿」と呼ばれたのに対して、初三郎は「大正広重」として名を馳せた。この希代の鳥瞰図絵師は、実は名古屋周辺の地域と縁が深い。話は1923年（大正12）9月1日、関東大震災の日に遡る。

その日、初三郎は南紀白浜の写生旅行のために大阪にいた。危うく難を逃れたものの、2年前に京都から上京して、鮫洲に設けた画室の一切合切を失った。初三郎の画室存亡の危機を救ったのは、当時、名古屋鉄道株式会社専務で後に同社長となった上遠野富之助であった。上遠野

図１　吉田初三郎近影（昭和初年、長野電鉄株式会社所蔵）：志賀高原丸池方面への取材旅行中

は、愛知県犬山市の木曽川河畔にあった社員寮を初三郎に提供した。1929年（昭和4）年には、同じ犬山の不老滝に隣接する料亭錦水楼に移住して、「蘇江画室」と名づけるとともに「観光社」を設立した（図2）。「観光社」は、鳥瞰図出版の傍らで、『観光』、『旅と名所』、『観光春秋』という機関誌を相次いで発行した。1930年には、「蘇江画室」の上流にある栗栖村に桃太郎神社を創建した。北原白秋は、ライン下りの船上から見える「蘇江画室」について文章を残している。「「ほれ、あの屋根が鳥瞰図を描くYさんのお宅ですよ」幽邃な繁りである。（中略）船は走る、五色の日本ライン鳥瞰図が私の手にある」（北原白秋『日本八景――十六大家執筆』大阪毎日新聞社・東京日々新聞社、1928年）。初三郎は、ここを足掛かりにして、1936年に八戸種差海岸の「潮観荘」に活動の拠点を移すまで、数多くの鳥瞰図を創出するとともに、後に続く絵師を何人も育てた。

図2　吉田初三郎「蘇江新画室」（『古地図研究』No.307、日本古地図学会、2000年3月）

　鳥瞰図の依頼主は、鉄道を中心とした企業家や地方自治体が中心であったが、昭和天皇にも引き立てを受けた。1927年に愛知県で陸軍特別大演習が開催された際、名古屋城内に設けられた昭和天皇の御座所には、初三郎が絹地に岩絵の具で描いた『愛知県鳥瞰図』が飾られたと言われている。以後、陸軍特別大演習の御座所には、こうした初三郎の絹本鳥瞰図が掲額されるようになり、演習後に同じ構図の鳥瞰図が印刷折本として出版された。天皇の巡行による「聖蹟」とともに描かれたのは、陸軍特別大演習の名の下に地方都市において整備された道路や橋梁であった。この慣例は、名古屋から始められたのである。

　同じ頃、初三郎の鳥瞰図の印刷折本は、「吉田初三郎頒布会」を通じて販売されるようになり、昭和初年には、すでに相当な人気を博するようになっていた。名古屋では、1930年11月に、小川文太郎（旭映、1899‐1982）らの初三郎鳥瞰図収集家によって「初名会」が興され、座談会と交換会を目的とした

図3　陸田ビル：小出録一郎設計、1926年竣工

集会が毎月おこなわれていたことが知られている。こうした人気に応えるように、犬山から八戸へ転居する前年の1935年5月頃に、初三郎は「観光社」を「名古屋に進出し東新町陸田ビル二階に事務所を開設」した（『大阪朝日新聞』1935年5月10日）。ちなみに、後述する『名古屋市／名古屋市鳥瞰図』（1936）の発行編集者の欄にも、「名古屋市中区県庁前陸田ビル内観光社岡地主税」と記されている。この広小路東新町交差点南西角地にあった小出録一郎（1919−1964）の設計による「陸田ビル（通称ムツビル）」は、1926年に建てられたRC造5階建ての貸事務所ビルであり、その上にセセッション様式の塔屋を備えた北東に向けたファサードは、市街地におけるランドマークとなっていた（図3）。このビルの1階には愛知銀行が入居し、上階には小出自身の設計事務所の他に、彼の恩師にあたり広小路通り沿いの数多くの近代建築を設計した鈴木禎次（名古屋高等工業学校教授、1870−1940）の設計事務所等も入っていた。初三郎と同じ2階には、名古屋高等工業学校卒業生のための「名古屋工業倶楽部」が入居しており、1943年5月からは、建物全体が名古屋帝国大学医学部附属医院分院として使用され、戦災復興事業のために1961年9月に取り壊されている。

現在、大多数の出版社は、東京に本社を構える。初三郎も一度は東京に画室を構えたが、関東大震災以降、二度と東京に近づくことはなかったし、彼が都市鳥瞰図として描いた東京は、単色で描かれた『東京大絵図／東京全市鳥瞰図』（1929）の1枚だけである。犬山と八戸をはじめとする地方都市に画室を構えて、膨大な数の全国各地の地方都市に関する都市鳥瞰図を描いたことは、東京から情報を受け取ることに慣れてしまった現在から振り返ってみると、驚嘆に値する作業である。これから紹介する名古屋の鳥瞰図も、そうした地方都市の眼差しを基にして描かれたものである。

「大名古屋」の方位観と構図

地形を大きく折り曲げて描く初三郎の鳥瞰図は、江戸末期に描かれた

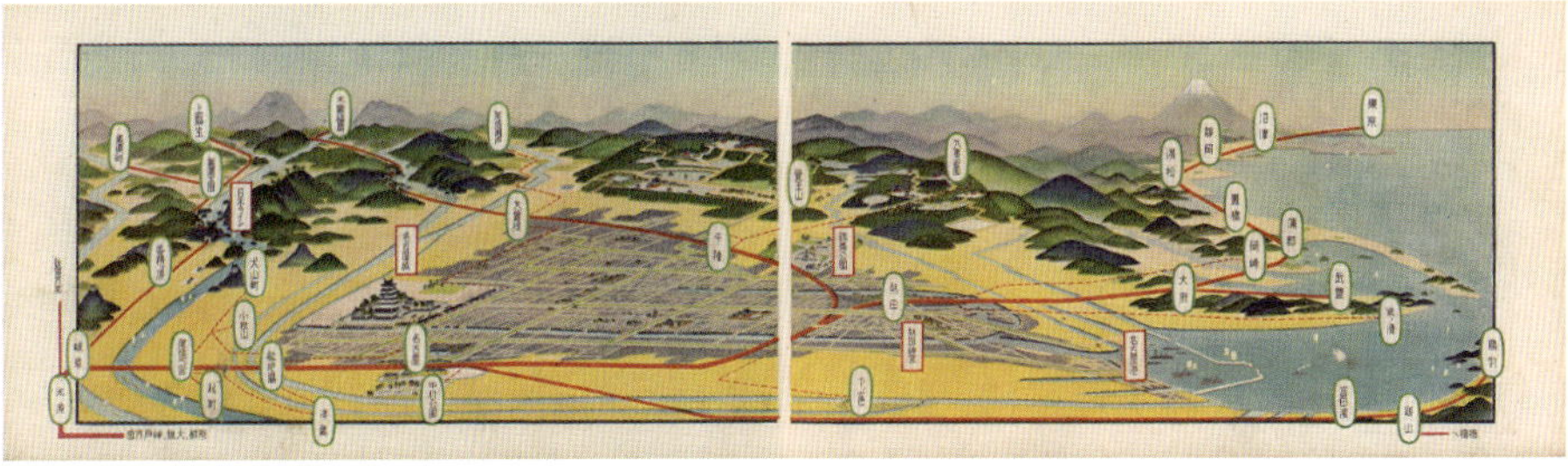

図４　吉田初三郎「東京〜岐阜（名古屋）」、『鉄道旅行案内』、鉄道省、1924 年

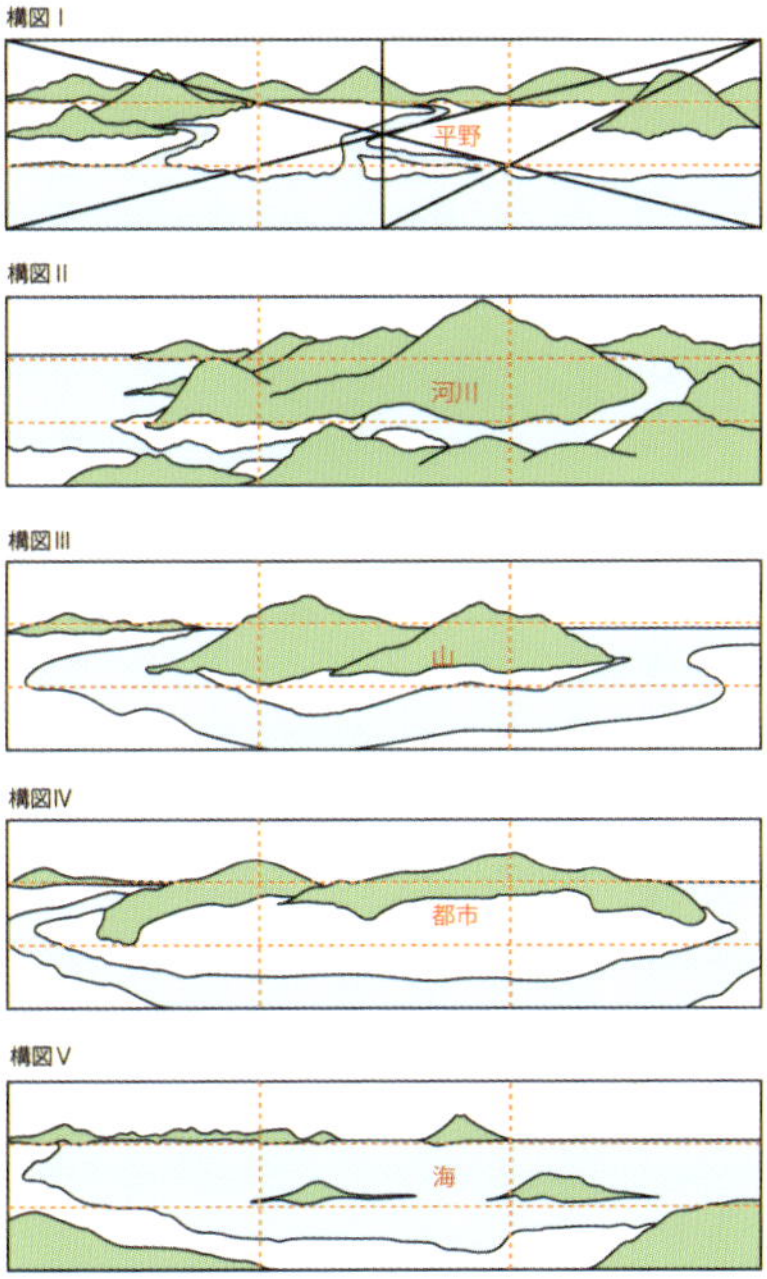

図５『鉄道旅行案内（1921/1924）』の挿絵に見られる５つの構図（拙著『吉田初三郎の鳥瞰図を読む：描かれた近代日本の風景』）：構図（Ⅰ）画面上段に描かれた遠景となる山並みと下段に描かれた近景となる水面が平野を挟み込む、構図（Ⅱ）画面中段上部に描かれた遠景となる山並みと下段に描かれた近景となる山並みが特定の河川を挟み込む、構図（Ⅲ）特定の山・半島・島が画面中央中段から上段にかけて描かれる、構図（Ⅳ）特定の盆地または平野が画面中段から上段に描かれた遠景となる山並みと下段に描かれた近景となる水面によって囲い込むように描かれる、構図（Ⅴ）特定の湾または湖が画面中央中段から上段にかけて描かれる

鍬形恵斎の『日本名所の絵』や、喜齊立祥の『大日本名所一覧』のように、遠く離れた土地があたかもすぐそこにあるように描かれ、画面上の名勝は実際よりも何倍も大きく誇張される。この地図の投影法と絵画の遠近法の両方をすっかり無視することで成り立つ独自の画法を、自ら「初三郎式鳥瞰図」と呼んだ。

「初三郎式鳥瞰図」は、大正期に出版された『鉄道旅行案内（1921／1924）』の挿絵を制作する中に完成されたもので（図4）、大きく5つに分けることができる（図5）（拙著『吉田初三郎の鳥瞰図を読む――描かれた近代日本の風景』河出書房新社、2009年）。画面上段に描かれた遠景となる山並みと、下段に描かれた近景となる水面が平野を挟み込む構図（Ⅰ）、画面中段上部に描かれた遠景となる山並みと、下段に描かれた近景となる山並みが、特定の河川を挟み込む構図（Ⅱ）、

特定の山・半島・島が、画面中央中段から上段にかけて描かれる構図(Ⅲ)、特定の盆地または平野が、画面中段から上段に描かれた遠景となる山並みと、下段に描かれた近景となる水面によって囲い込むように描かれる構図(Ⅳ)、特定の湾または湖が、画面中央中段から上段にかけて描かれる構図(Ⅴ)である。

初三郎が近代都市名古屋の全体像を描いた印刷折本は、『観光の名古屋市とその附近/大名古屋名勝交通鳥瞰図(1933)』(図6)、『名古屋市/名古屋市鳥瞰図(1936)』(図7)、『名古屋市交通鳥瞰図(1937)』の3点が挙げられるが、これらは、いずれも初三郎が都市を描くためにしばしば用いる構図Ⅳに相当する。なお、これら以外の初三郎による近代都市名古屋に関する鳥瞰図は、『汎太平洋平和博覧会鳥瞰図(1936)』、〝NAGOYA(1937)〟、『名古屋港(1937)』

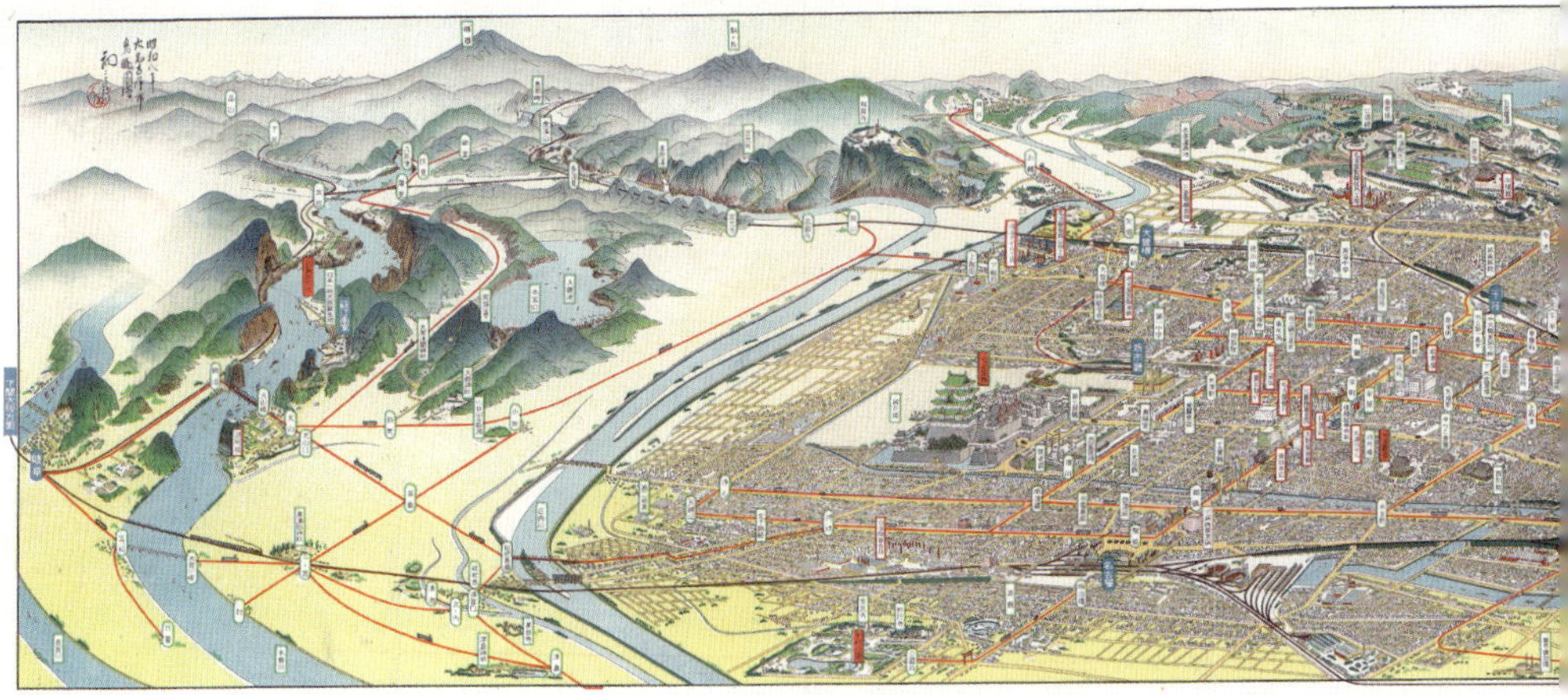

図6　吉田初三郎『観光の名古屋市とその附近／大名古屋名勝交通鳥瞰図』名古屋勧業協会、1933年

を挙げることができるが、前二点は同版であるうえ、それぞれ博覧会と港という主題に従う局所的な描写が誇張されており、都市の全体像を描いた鳥瞰図として考えるには、不十分である。ここでは、初三郎による近代名古屋描写の到達点でもあった『名古屋市／名古屋市鳥瞰図（1936）』を取り上げて見てみたい。

名古屋の街は、遠景から中景にかけて逆U字型に曲げられた山並みと、近景から遠景にかけてU字型に曲げられた水面の囲い込みによって限定された平野に描かれている。しかも、街の西側上空から「東山」方面を望むこの構図は、大正10年版の『鉄道旅行案内』の挿絵から少しも変わるものではない。背景に山並みを負い、左右を丘陵で限り、前方に水系を擁する風景は、「蔵風徳水」と呼ばれ、我が国の平野部にある都市を描写する典型的な手法であり、初三郎に限ったものではな

図7　吉田初三郎『名古屋市／名古屋市鳥瞰図』名古屋市役所、1936年

い。しかしながら、名古屋という濃尾平野の真ん中に位置する都市の背景となる山並みは、谷文晁に描かれた多度山や、当時「北勢アルプス」と呼ばれるようになっていた鈴鹿山脈の青垣としての山並みの方が適切ではないだろうか。描写された方位についても、近世名古屋の街は、『名護屋図』（1748－1763頃）をはじめとして、伊勢湾（南）から名古屋城（北）を向けて描かれて来たが、初三郎が描いた都市鳥瞰図はいずれも西から東を向けて描かれている。名古屋に限らず、初三郎の都市鳥瞰図には、それまでの絵図の慣習的な方位を裏切る方向に向けて描かれていることが多いが、初三郎は何故、高々50mの標高に過ぎない「東山」を背景とする方位を、近代都市名古屋のための構図として採用したのであろうか？

この理由は、近世名古屋が、名古屋城と熱田を結ぶ南北軸を中心にして発展してきたのに対して、近代名古屋は、名古屋駅と東山を結ぶ東西軸が都市発展の原動力となっていたことに起因するのではないだろうか。「広ブラ」と呼ばれた広小路通りのモガとモボがそぞろ歩きは、こうした東西軸の象徴であり、このような方位を設定することは、通り沿いに建ち並ぶビル群を描写する上で有効であった。

ところで、「やまと絵」に代表される伝統的な奥行方向の表現は、画面上の水平方向と斜め方向の平行線だけで「斜投影図」という図法で作図される。その際、絵巻物などでは、画幅の右から左へ向かうように物語が設定されるために、建物などの右上がりの斜線を用いた構図を「順勝手」、左上がりの斜線を用いた構図が「逆勝手」と呼ばれ、場面展開に応じて両者が使い分けられる。今日、事情が異なることを指して「勝手が違う」と表現することを思えば、こうした描写方向による場面転換は大いに首肯できるであろう。初三郎の鳥瞰図は絵巻物ではない。もちろん、タイトルが画幅右欄外に書いてあることや、この構図が『鉄道旅行案内』の中で東京から京都へ向かう東海道線沿線の風景を描いた挿絵の切売りであったことからすれば、絵巻物のように捉えることができなくもない。しかしながら、初三郎による一連の近代都市名古屋の全体像を描いた印刷折本を、特定の都市を描いた鳥瞰図として考えれば、絵巻物よりもむしろ中世京都の街を鳥瞰図として描いた『洛中洛外図屏風』の方が近似する。この場合、絵巻物とは逆に左から右へ時間が推移し画面が展開するために、左上がりの斜線を用いた構図を「順勝手」、右上がりの斜線を用いた構図が「逆勝手」と呼ばれている。

こうした「勝手」の表現を通して『名古屋市鳥瞰図』を見てみると、

さまざまな工夫が凝らされていることが見て取れる。まず、画面中央で街路を描く「勝手」の方向が逆になっていることに気づくであろう。名古屋城が描かれた画面左手においては「逆勝手」によって、名古屋港が描かれた画面右手においては「順勝手」によって描かれており、これら二つの勝手を画面中央で結ぶことによって、あたかも「東山」の周辺に焦点があるように描かれているのである。この時、名古屋城から熱田に至る旧市街の建物群は、街路に追従するように「逆勝手」として描かれており、さきほど述べた広小路通りのビル群の描写もこの「勝手」に従って描かれている。一方、港湾周辺の建物は「順勝手」として描かれているため、両者は熱田神宮周辺で対峙することになる。この結果、熱田神宮の周辺では、旧市街のグリッド・パターンから外れた街路パターンが「順勝手」の表現に吸収される一方で、熱田神宮の社殿を中心とする建物群は旧市街の一部として「逆勝手」で描かれることによって、異なる「勝手」が衝突する際に生じる歪みが調停されているのである。

異版に見られる「大名古屋」の描写

初三郎の鳥瞰図では、同じ構図の鳥瞰図の描写内容を、ほんの少しだけ違えて発行されている版に出会うことがある。このことが１６００枚を越えるという初三郎の鳥瞰図出版点数を増やすことになっていることは間違いないが、こうした同一構図による異版を比較することで、版を変える間に生じた都市空間の変容を見出すことができる。

名古屋においても、『観光の名古屋市とその附近／大名古屋名勝交通鳥瞰図』（１９３３）と『名古屋市／名古屋市鳥瞰図』（１９３６）を比較してみたいと思う。最初に気づくのは、１９３６年（昭和11）の鳥瞰図が、１９３３年の版よりも、より浅い描写角度で描かれている一方で、背景となる山並みの描写面積と描写内容がともに増加していることであろう。試しに、画面中央に据えられた「東山」の描写を見てみよう。猫ヶ洞池に代表される東山に散在していた溜め池の描写を浅くするとともに、背景となる山並みをいっそう盛り上げて描くことによって得られた水平方向の隙間に、１９３５年4月に開園した「東山公園」周辺の新たな施設群の描写を挿入することに成功している。「美和ガ崗分譲地」の描写は、別売用に描かれた『美和が崗／美和ガ崗分譲地案内図』（１９３４）の構図が、まったく逆方向から描かれているにもかかわらず、そっくりそのまま挿入されているのである（図8）。描写の角度を浅くすることで、描写要素を幾重にも重ねて画面の情報量が増やさ

図 8　吉田初三郎『美和が崗／美和ガ崗分譲地案内図』大野殖産部、1934 年：「美和ガ崗分譲地」は、1940 年（昭和 15）に「防空緑地」の一部に取り込まれたために、住宅分譲地としての開発は頓挫し、1957 年（昭和 32）に「牧野ヶ池緑地」として公開された。画面中央に描かれた池は、1646 年（正保 3）に灌漑用の溜め池として設けられた「牧野池」である。

図 9　吉田初三郎『名古屋港』名古屋港港務所、1937 年：「危険物取扱所」のある第 9 号地と「貯木場」のある第 8 号地の直ぐ南側に海水浴場が見て取れる (愛知県図書館所蔵)

れるとともに、地図に近い描写から奥行きを感じる鳥瞰図へ近づける。初三郎の巧妙な描写手法の鍵は、ここにある。こうした丘陵地の描写面積が拡大していることは、昭和初年までに形成された八事から覚王山にかけて広がる東部丘陵地を示す「大東山」という概念が、1935年頃には「東山公園」以東にまで拡大したことに重なる。関東大震災後の名古屋の街は、東京の被災人口を受け入れることで、その数を飛躍的に伸ばし、東京と大阪に次ぐ三大都市の仲間入りを果たした。都市計画愛知地方委員会を中心に創出された広大な郊外住宅地を擁する近代地方都市は、「大名古屋」と呼ばれた。初三郎によって描かれた「東山」には、道路だけが敷かれた郊外住宅地開発の様子を見て取ることができる。

　山並みだけではない。1936年の鳥瞰図では、知多半島の描写が追加されている。しかしながら、知多半島に関する鳥瞰図は、知多自動車の創立メンバーであった内田佐七の依頼によって描かれた『天下の絶勝南知多遊覧交通名所図会／知多遊覧交通名所図会』が、1925年（大正14）に出版されているので、1933年の鳥瞰図では意図的に描かなかったものと考えられる。海岸に円弧を描いて立てられている三角旗は、そこが海水浴場であることを示すものである。海水浴場を辿って見ていった時に興味深いのは、初三郎が1936年の鳥瞰図においても、『名古屋港』（1937）においても（図9）、名古屋港第四期拡張工事において地続きとなった「危険物取扱所」のある第9号地と「貯木場」のある第8号地の直ぐ南側に、海水浴場を描いていることである。都市計画愛知地方委員会技師であった石川栄耀《ひであき》（1893－1955）は、『田園都市』（Garden City, 1898）を提唱したE・ハワード（Ebenezer Howard, 1850-1928）が1913年に設立した国際住宅都市計画連合（International Federation for Housing and Planning）の会長を務めていたR・アンウィン（Raymond Unwin, 1863-1940）に、自らが手掛けた「大名古屋」の都市計画を見せて、次のような指摘を受けた。「名古屋の都市計画は海岸を皆工業地域にしたが、此は野蛮である。海岸は市民生活をエンジョイする大切な場所である。少なくともその三分の二は公園にすべきである。都市計画の技術家は都市が結局ライフのための施設であり産業等云うものはその基礎工であることを知らなくてはならぬ」（『都市公論』第14巻第9号）。泰斗アンウィンの言葉は、若い石川に重く響いたであろうが、名古屋港周辺は必ずしもアンウィンの想像通りにはならなかった。名古屋港の海水浴場という「ライフ」は、決して計画された結果ではなく、アンウィンの予想を遥かに超え出た出来事であった。それは、いずれも重工業という産業組織そのものが駆け出しの時代であったからこそ、有り得た偶発的な混在であったに過ぎないが、水際の「ライフ」は想像以上に身近な存在であった。

街の中心部に目を転じてみよう。低層の家並について見てみると、1933年の鳥瞰図では、屋根は白色のままであるが、輪郭描写が細線によって仔細に表現され、建物の形状から棟の方向に至るまでとても丁寧に描かれていることが見て取れる。この場合、街の「地」となる家並が白っぽい背景となり、着彩された「名勝」としての建造物や都市を巡る「交通」である路面電車の路線が、「図」として浮かび上がるように見えるのである。一方、1936年の鳥瞰図では、家並の屋根は黒く着彩されているが、その描写軒数が減少しているだけでなく、描写方法も簡略化されているのである。しかしながら、全体色調としては、こちらの方が落ち着いており、家並が簡略化され主要な通り沿いに連続して描かれることによって、それらの通りが認識しやすくなっていることがうかがえる。ちなみに名所や地名を示す名札の中で、小判型のものは路面電車の停車場名と鉄道駅の駅名であり、単なる名所を示す矩形の描写と書き分けられていることは理解できるが、枠の中が青色・赤色に塗り潰されたものや、枠のみが着色されているものに特定のルールを見出すことはできない。

最後に、施設の描写を見てみたい。寺社の屋根は、両方の鳥瞰図を通じて、誇張される一方で精確な描写である。今でこそビルの谷間に埋もれているが、寺社の屋根は、建ち並ぶ家並から抜きん出た「お山」であり、ランドマークであったろう。寺社とともに目立つのは、工場の煙突や壁面だけが、赤く塗られていることである。当時の工場の多くがレンガ造であった影響かもしれないが、工場の集積が誇示されているようにも見える。

描かれなかった塔屋のあるビル

ところで、1933年（昭和8）の鳥瞰図には、名古屋城の右上に竣工間もない市庁舎（1933年竣工）が描かれているが、県庁舎（1938年竣工）は未だ栄町と東新町の間に描かれている。広小路通り沿いのビル群の描写については、1933年の鳥瞰図は主版の線が細く表現も繊細であり、各ビルのファサードが描き分けられている。1936年の鳥瞰図では、それぞれのビルの描写は曖昧であるが、名所の名札となって軒を連ねる。

ここで気づくのは初三郎が画室を八戸に移してから事務所を置いた広小路通り沿いの「陸田ビル」が、描かれていないことである。栄周辺の名所や地名を示す名札によって、ビルが隠されている。前述した通り、大正末年に建てられセセッション様式の塔屋を備えたこのビルは、当時、中心市街地におけるランドマークとなっていた。昭和初年の名古屋名所絵葉書に必ず組み入れられた風景であったことからもわかるように、それは、初三郎にとって描かなければならない近代建築のひとつであったはずである。にもかかわらず、初三郎は1933年と1936年の二度に及んで描かなかった。綿密な「実地踏査」の結果として、知り得たことのすべてを描こうとした彼が、画面左端の木曽川畔に自らの画室「蘇江画室」を描くという彼が、将来、事務所を構えるほど気に入ったこのビルを描かなかったのである。絵としてだけではない。名札としてすら描かれていないうえに、

図 11　大阪朝日新聞名古屋支社ビル
石川純一郎設計、1935 年竣工

図 10　中日会館：土屋純一設計、1936 年竣工

鳥瞰図裏面の名所案内にさえ、その記述は見当たらないのである。このことは、作画上の問題や失念などという言葉で片づけられる出来事ではない。

「陸田ビル」は、当時、東海道線名古屋駅からも中央線鶴舞駅からも路面電車1本で辿り着くことができた。1年間のほとんどが旅の中にあったという彼の生活を考えれば、その場所の選択を駅からの利便性において説明することもできるであろう。しかしながら、名古屋の家並を描くためにこの塔屋に登ったことが契機にあったように思えてならず、二度にわたって描いた場所を伏せたと考える方が納得しやすい。さらに言えば、「陸田ビル」は広小路沿いに建てられたビル群の東端にあり、東北向きにファサードを構えていた。『鉄道旅行案内』の挿絵に携わる中で構図がすでに決まっていたとは言え、初三郎が「東山」に向けた構図を丹念に描けたのは、ここから見える風景があったように思われる。

昭和初期の名古屋には、「陸田ビル」の他に少なくとも3つの屋上に棟を備えたビルが、建てられていたことが知られている。ひとつは、RC造5階建ての上にスパニッシュ瓦の中華屋根を載せた塔屋を備えた「名古屋市庁舎（平林金吾設計、1933年竣工）」、もうひとつは、中区西川端町（現在の久屋通りと若宮通りの交差点付近）にあったRC造4階建ての上にJ・ホフマン（Josef Hoffmann, 1870-1956）のストックレー邸（1911年）の塔屋を模した航空灯台を備えていた「中日会館（土屋純一設計、1936年竣工）」（図10）、最後のひとつは、納屋橋の東側にあったロシア構成主義の影響を受けた意匠の「大阪朝日新聞名古屋支社ビル（石川純一郎設計、1935年竣工）」（図11）である。いずれも旧市街地の東西南北外縁部に、結界を張るように建てられ、それぞれの塔屋から眺める拡張する「大名古屋」は、絶景であったに違いない。問題は、名古屋市役所を除く2つのビルが、「陸田ビル」と同様に描かれていないことである。鳥瞰図のクライアントであった名古屋市役所が、描かれたことは当然であるが、残るビルが描かれていないことは理解に苦しむ。竣工時期に照らして考えれば、「中日会館」と「大阪朝日新聞名古屋支社ビル」が、1933年版の鳥瞰図に描かれていないのは当然であるが、1936年にも同様に描写されていないことは不思議である。一方で、初三郎が塔屋を描写すること自体を避けたわけではない。「八事興正寺」の五重塔、「七ツ寺」の三重塔、「日泰寺」の奉安塔や忠魂塔などはもちろんのこと、「中川運河松重閘門」の尖塔、「東山水道配水池」の給水塔、「桶狭間放送所」の電波塔など近代都市を形成するさまざまな塔から工場群の煙突に至るまで、あらゆる垂直要素の描写が積極的におこなわれているにもかかわらず、上記ビルの描写が、まったくされていないのである。

初三郎は、自身の鳥瞰図の描き方について、興味深い一文を残している。「常に中心を定めて、是れに基礎を置き、更に部分的のスケッチを幾百枚となく集め、是れを全交通にあてはめて、始めて山水の布置がせられるのである」(「旅と名所」第22号、観光社、1928年8月)。ここで言う「中心」とは、どこを指しているのだろうか? 一般に「中心」は、地図や絵図であれば画面の真ん中のことであろうし、遠近法という描写の基点として考えれば消失点であろう。しかしながら、これらはいずれも「初三郎式鳥瞰図」には当てはまらない。むしろ、初三郎の「中心」とは、想像力を巡らせるために身体を置くための高い場所のことだったのではないだろうか。このように考える時、「陸田ビル」に代表される塔屋を備えたビルは、近代名古屋を描くために初三郎が見出し、後に伏せられた「中心」であったのではないだろうか。

「大名古屋」という「地方都市」の風景

さて、我々が初三郎の鳥瞰図を眺めた時に最初におこなうことは、自らの縁ある場所を探り出すことではないだろうか。この時、地図を確認する場合と異なるのは、「初三郎式鳥瞰図」が、風景という全体の中で自らの場所を確認させてくれることである。別の言い方をすれば、自らの場所を取り囲む風景が描かれていると言って過言でなかろう。こうした認識は、「大名古屋」を巡る都市鳥瞰図において、山並みと水面に

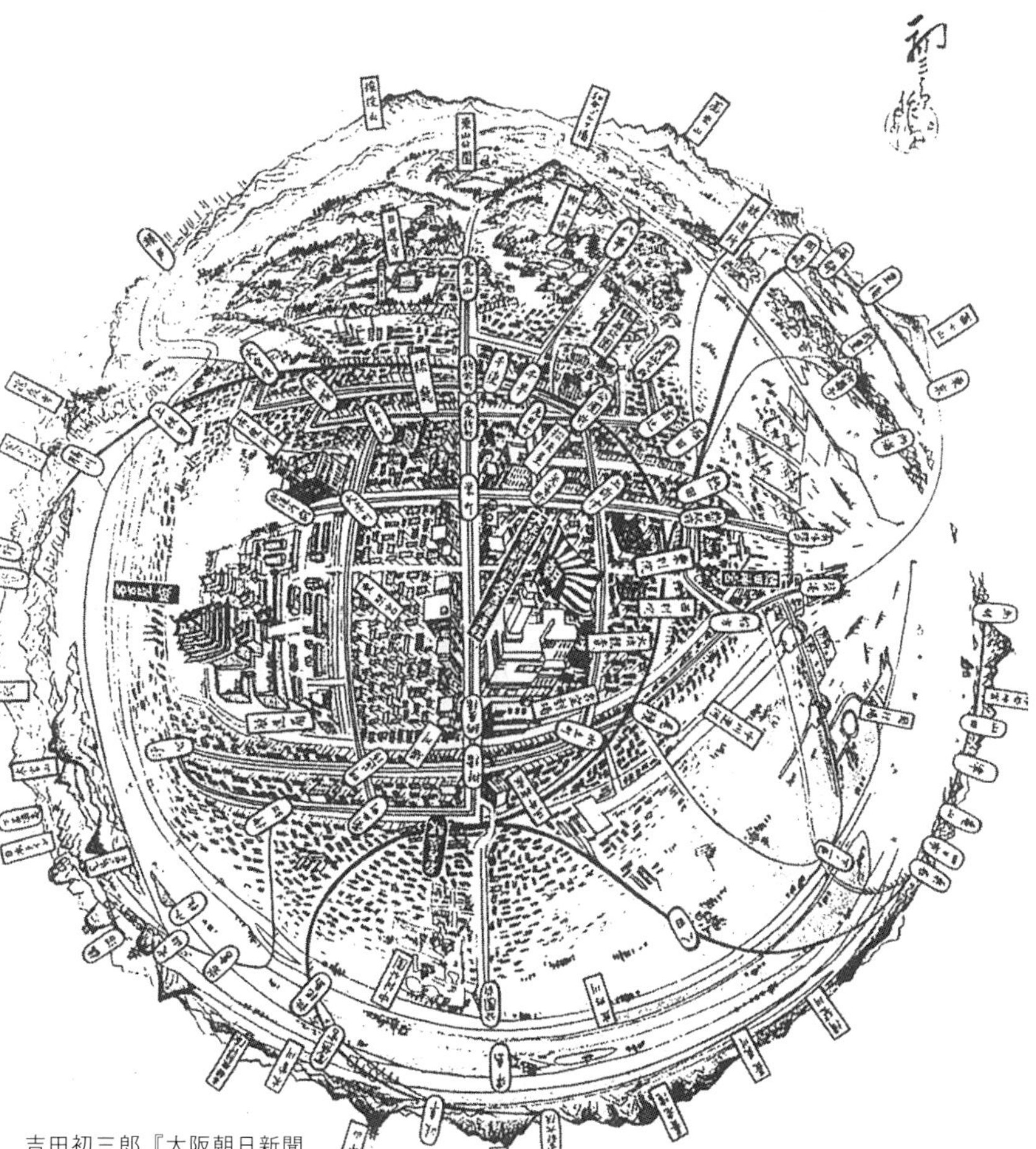

図12　吉田初三郎『大阪朝日新聞名古屋支社ビル設立記念鳥瞰図』（1935年、個人蔵）

よって囲い込まれた同心円構造として、初三郎が描出した風景であり、「郷土」や「地方」というひとまとまりのイメージをかえす孵卵器とも言える構図であった。こうした同心円構造を最も明確に表現した鳥瞰図は、前述の描かれなかった塔屋を備えた「大阪朝日新聞名古屋支社ビル」の上空から描かれたものであった（図12）。周囲に描かれた山並みは、名古屋城天守閣からの眺望を描いた『尾張絵図（江戸時代後期）』、『蓬左遷府記稿（1817）』、『金城温古録（1860）』を下敷きに描かれたと考えられるが（本書9ページを参照）、ここでも東を上にして広小路通りを中心とした都心部が東山の方向へ延伸する様子が描かれている。自身が依って立つ都市の全体像を明らかにすると同時に、そこから世界を一望しようとする視線は、新聞社という近代メディアによっておこなわれた「大名古屋」という

「地方都市」の国見であったと言えまいか。

一方、「地方都市」という概念は、東京・横浜・名古屋・京都・大阪・神戸からなる六大都市に都市計画地方委員会が設置され、「都市計画法」と「市街地建築物法」が適用されるようになった1920年（大正9）から、両法律が全国津々浦々の市町村に適用されるようになった1933年（昭和8）の間に、徐々に醸成されていったものである。この時間は、「御大典奉祝記念事業」、「陸軍特別大演習」、各種博覧会等を契機として、「地方都市」の近代化と市域拡張が施行されるための猶予期間であった。この時期に登場する「大名古屋」という呼称の「大」の字は、そうしたインフラストラクチュアを中心とした都市空間の近代化に対する賞賛と、拡張された未知の領域に対する期待が込められた接頭辞として理解する必要があろう。

この猶予期間は、「初三郎式鳥瞰図」の構図が確立したと言われる1921年から、画室の主な画工達が独立した1936年までの初三郎の全盛期にほぼ重なる。周辺町村が統合されて「都市計画法」という法的拘束を受けた都市は、その全体像が問われるとともに、都市計画道路などの具体的な整備内容について、常に図として把握することが求められ、初三郎がひとまとまりの風景として描いた鳥瞰図は、こうした認識をおこなううえで打って付けのメディアであったのである。

「大名古屋」の想定人口は、現在の名古屋とほぼ同じ200万人である。初三郎が描いたこの絵の中にすっかり収まる計画であった。翻って、現在、市域と人口の広がりは、初三郎がひとまとまりと風景として捉えた東山も庄内川を越え出ている。当時は十分に想定できなかった交通手段の発達と、生活スタイルの変容は、蒼蒼とした山林として描かれた東山や、黄金色の田園が広がる庄内川流域の風景を一変させ、黒々とした勾配屋根を載せた家並を、百花繚乱の造形に取って変えた。もはや、この時代の風景を取り戻そうとすることは手遅れだろうが、都市の始まりの姿を念頭に次の世紀を夢想することは重要なのかもしれない。

クローズアップ名古屋1

名古屋城

溝口常俊

名古屋全体の図の変容については Part1 で示した通りであるが、スペースの関係で地図上の文字まで判読できず、詳細な検討はできなかった。ここでは、その点を少しでもカバーするために、一例として名古屋城城内に焦点をあてて、1865～66年（慶応元～2）、1895年（明治28）、1919年（大正8）、1940年（昭和15）、1946年、1955年、および2002年の地図をクローズアップして明治時代以降現在に至るまでの土地利用の変化を辿ってみたい。

図1 「名古屋城下図（名古屋旧図）」1865～66年
名古屋市博物館所蔵

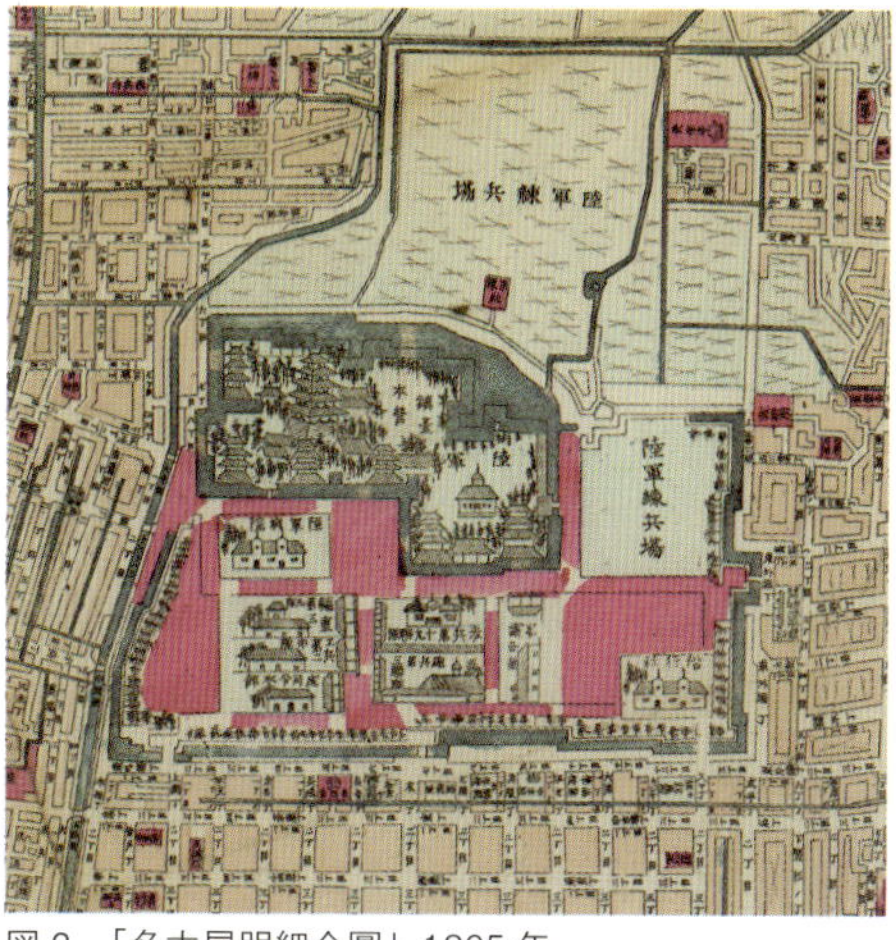

図2 「名古屋明細全圖」1895年
国際日本文化研究センター所蔵

江戸時代：幕末、1865年（慶応元）の絵図（図1）では、内堀に囲まれた中の中央に「御本丸」があり、その北西に「御深井丸」、東に「二ノ御丸」が配備されていた。その南の内堀と外堀にはさまれた三之丸地区には志水、成瀬、竹腰家をはじめとする上級武士の屋敷地が並んでいる。

明治時代：江戸幕府が崩壊し尾張藩も無くなり、明治時代に入ると、名古屋城内には軍事施設が設営された。1895年の名古屋明細全圖（図2）では、内堀内に陸軍の鎮台本管が置かれ、三之丸地区の西部には陸軍病院、輜重第

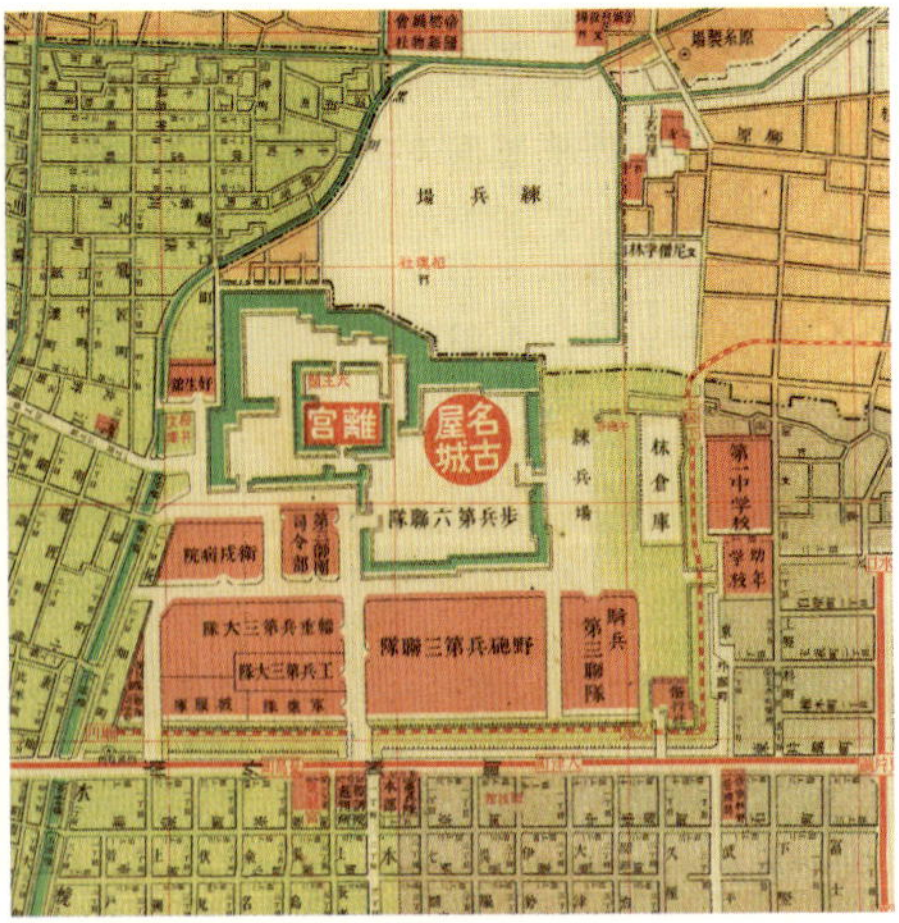

図３　「名古屋市街新地圖」1919 年
国際日本文化研究センター所蔵

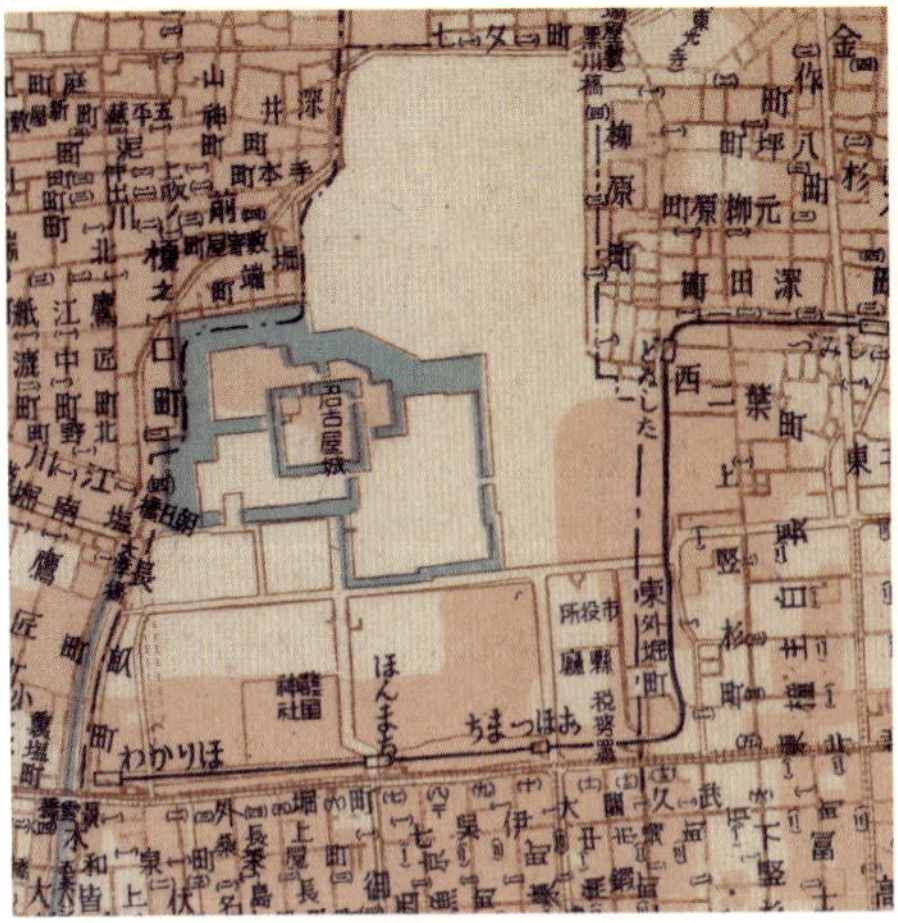

図５　「名古屋市燒失區域圖」1946 年
紙久図や京極堂古地図 CD-ROM

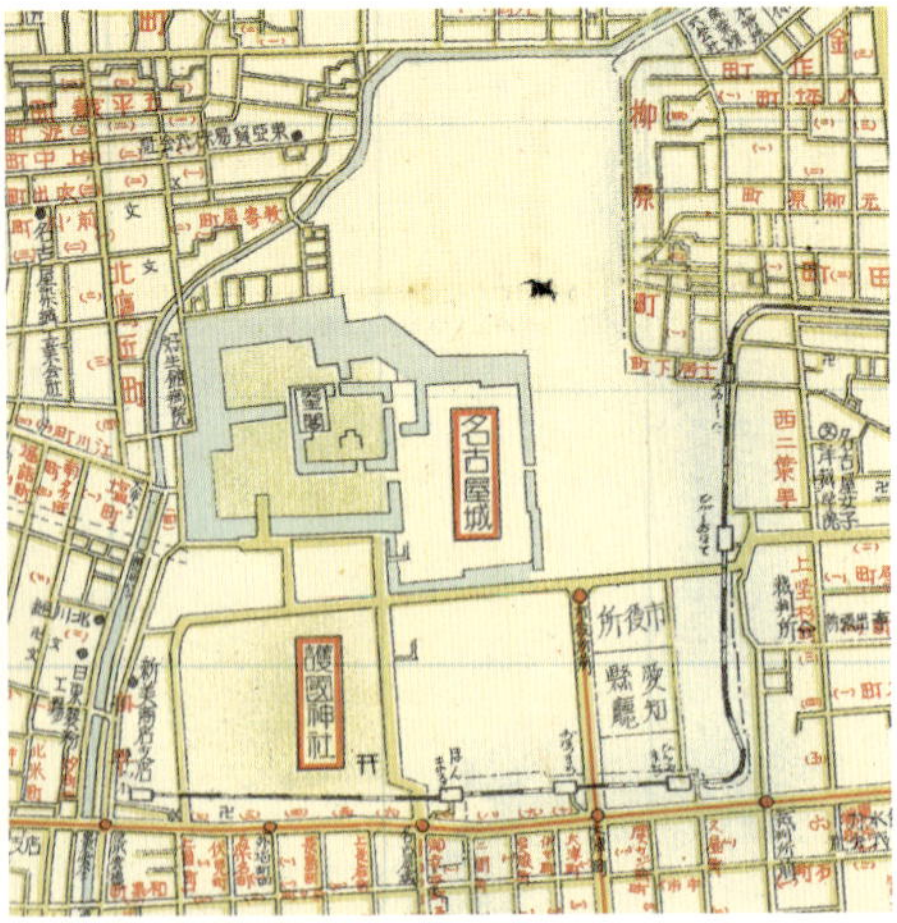

図４　「大名古屋市」1940 年
前田栄作氏所蔵

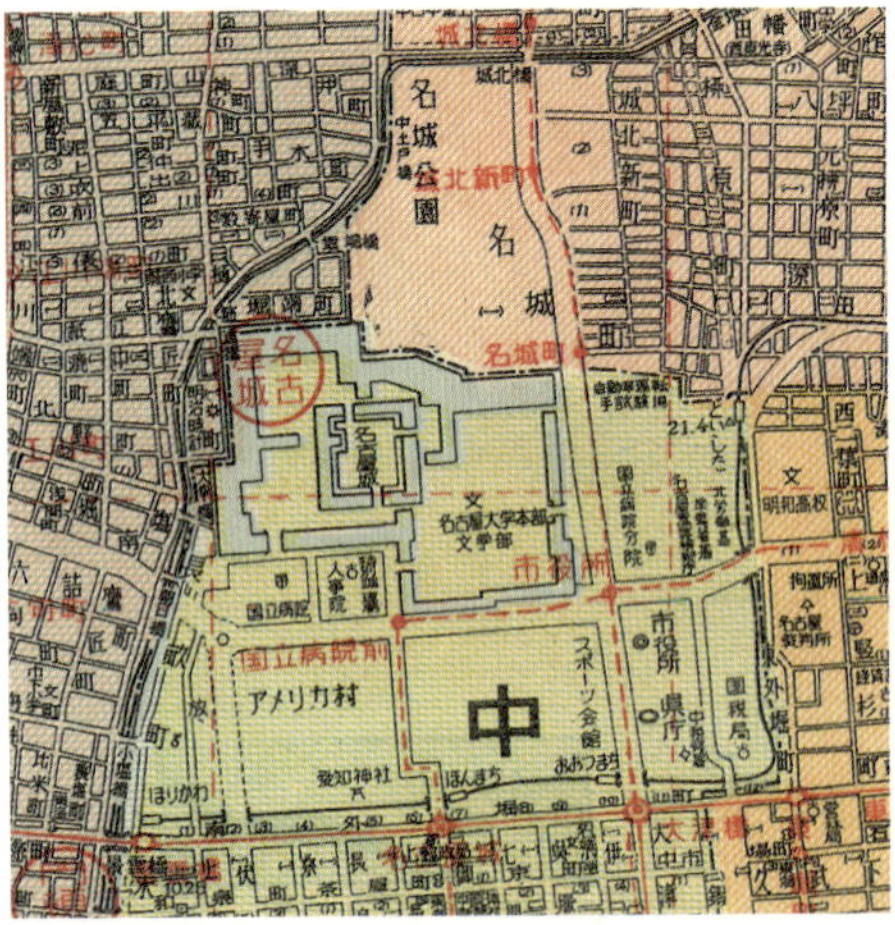

図６　「大名古屋市新地圖」1955 年
個人所蔵

三小隊、工兵第二中隊、成司令本部が、中央部には歩兵第十九連隊、砲兵第三連隊、騎兵中隊、そして東部と北部には陸軍練兵場が設けられていた。

大正時代：1919年の名古屋市街新地圖（図3）には、軍事施設は拡充され詳細に記されていた。内堀の中の二之丸に歩兵第六連隊が配備され、三之丸地区の1895年の図では赤く塗られて未利用だったスペースに、第三師団司令部、騎兵第三連隊が新たに設けられ、成司令本部のあった場所に軍楽隊、被服庫が置かれた。また、練兵場には、射的場、午砲台があったことが示され、招魂社と称する神社までつくられていた。

昭和戦前：第二次世界大戦直前の1938年の名古屋新区制地図までは、明治・大正時代と同様軍事施設が置かれていた。しかしその2年後、大戦直前の1940年の地図（図4）では、ただ名古屋城と記されているのみで、軍事施設は一切消されてしまっていた。大変な時期に入ったのだなと空白な地図が物語っている。1946年の名古屋市焼失區域圖（図5）では軍事施設のみならず名古屋城まで炎上焼失してしまった。

昭和戦後：終戦後10年経った1955年の大名古屋市新地圖（図6）では、占領下の名残としてのアメリカ村が三之丸地区に記されてはいたものの、二之丸には名古屋大学文学部が入り、北の練兵場だったところは名城公園になり平和な時代に入っていった。

兵舎は現在明治村に移築されて見学することができる。図8は兵舎玄関で99年8月に、講師時代にこの建物で講義をされていた井関弘太郎地理学講座教授とともに写したものである。兵舎の案内板には次のように記されていた。「明治四年、東北から九州を四分割し、各区域に鎮台が置かれ同六年には広島と名古屋にも鎮台が設けられた。この建物には名古屋城内に当時建てられた歩兵第六連帯第十中隊の兵舎で戦後は、名古屋大学の施設として用いられていた。建築当時、日本陸軍はフランスの兵制に学んでおり建物の形や造り方もフランス流である。創建当時の施工者は、竹中藤右衛門氏である」

平成時代：現在の名古屋城内はどうだろうか。国土地理院の2万5000分の1「名古屋北部」によると、二の丸が庭園と愛知県体育館になり、三の丸が官公庁の庁舎に生まれ変わっている。三の丸東部地区の愛知県庁、名古屋市役所は1955年の地図にすでに記されていたが、南部地区には県警本部、裁判所合同庁舎、中日新聞社などがあり、その他に各種古地図が保管されている愛知県立図書館、愛知県のほぼ全村の明治17、18年地籍図が閲覧できる県自治センタービルもある。

外堀を走る瀬戸電は廃止されてしまったが、代わりに地下鉄名城線が二の丸と三の丸を南北に貫き、「市役所」駅から名古屋城に簡単にいけるようになった。

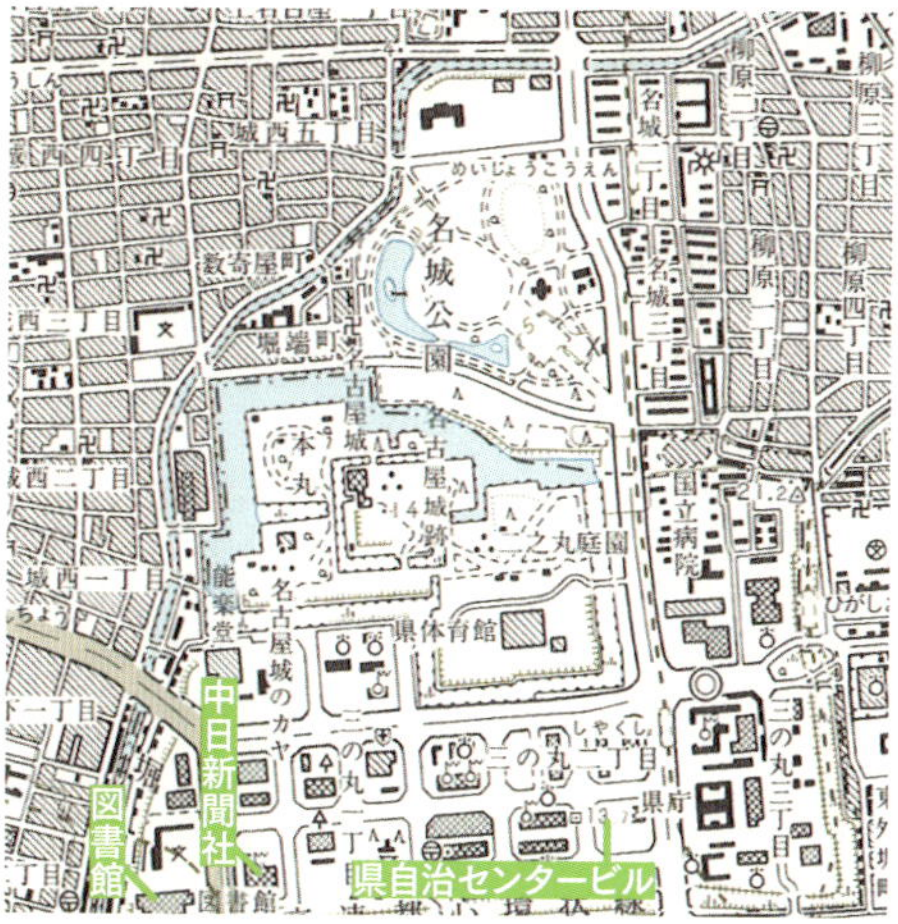

図7　2万5千分の1地形図「名古屋北部」2002年

図8　明治村に移築された兵舎

クローズアップ名古屋2

熱田神宮界隈

溝口常俊

1919年（大正8）、東海道線熱田駅の東部地区一帯は軍事工場で占められていた（図1）。広大な敷地に、北から大阪砲兵工廠熱田兵器製造所、東京砲兵工廠名古屋支廠、日本車両会社があった。それが第2次大戦開戦前年の1940年（昭和15）には真っ白に（図2）。無くなったのではなく地図上から消されたのである。1946年の地図では、空襲で焼失したことが示され、実際に地上から消されてしまった。10年経ってやっと復興の兆しがみられ、大阪砲兵工廠のあった敷地に名古屋大学工学部が設けられた（図3）。現在はショッピングモール、倉庫、神宮東公園に生まれ変わっている。

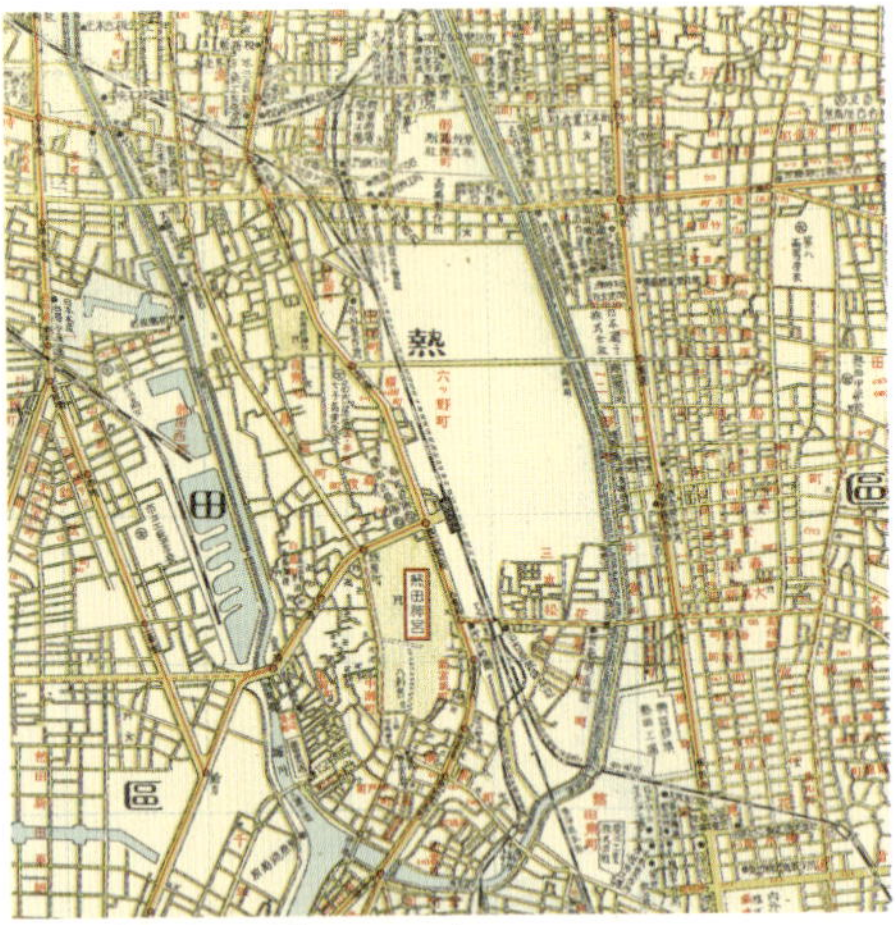

図2 「大名古屋市」1940年
前田栄作氏所蔵

かつて軍事工場のあった地にはショッピングモールができた（線路の向こう側）

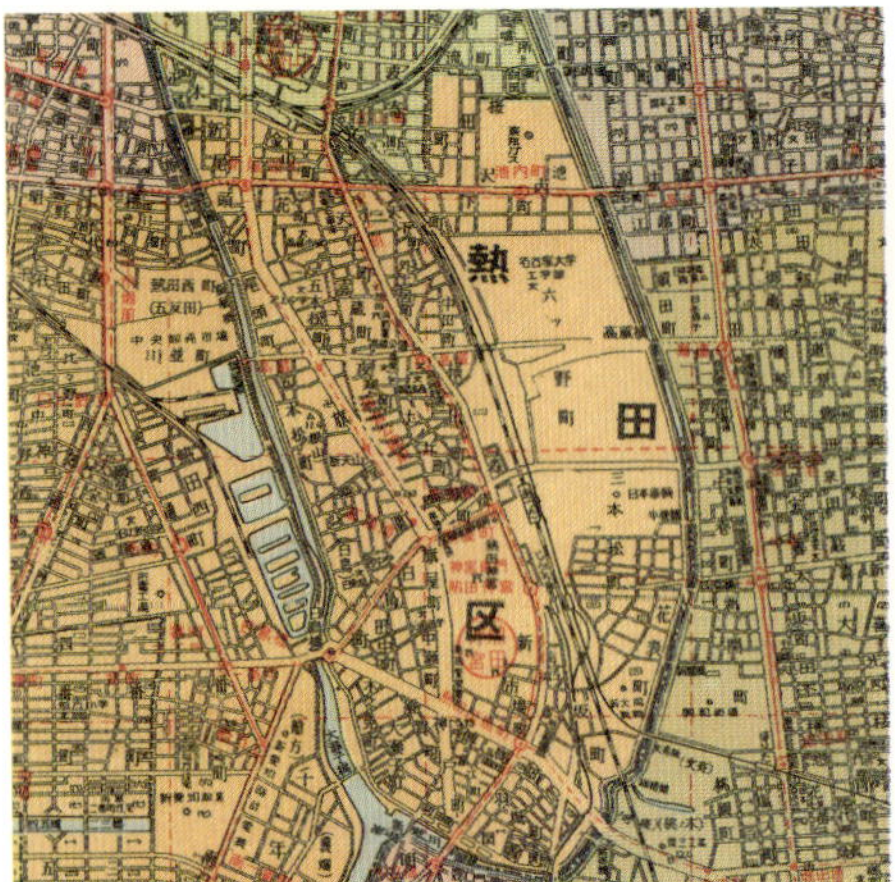

図3 「大名古屋市新地圖」
1955年 前田栄作氏所蔵

図1 「名古屋市街新地圖」1919年
国際日本文化研究センター所蔵

クローズアップ名古屋3

ナゴヤ球場界隈

溝口常俊

ナゴヤ球場のある町「露橋」の変化を江戸時代後期の絵図2枚と、明治以降の5万分の1地形図6枚を並べて、探索してみよう。一通りの変化を読み取りつつ、本書の趣旨「地図を持って歩こう」の実践を「親子で町歩き」する際のチェック事項を記し、実際に歩いてみての「発見」を示すことにする。

この試みの成果は、露橋小学校開校100周年記念事業で編まれた『地図でみる露橋の歴史——親子でみつけるつゆはしのあゆみ』で小学生にわかりやすく記されており、ここで紹介するのはその要点である。編集委員が露橋小学校OBの内田郁夫（横堀町）、小出見了（柳島町）、渡辺銹之（前並町）で、溝口が顧問として加わった。地元で育ってきた地元の人たちが自らの手で郷土の歴史を、地図をもって子どもたちに伝えていく、それが郷土史作成の原点であると思う。

1 「露橋」村の成立

露橋村は、江戸時代の初めの慶長年間（1596-1614）にはすでに誕生していた。尾張藩が作成した村勢一覧『寛文村々覚書』（1672年〔寛文12〕）にその名前があり、村説明の冒頭に「元高三百四拾五石九斗三升内壱石六斗七升備前帳ニ過」とある。この「元高」は1609年（慶長14）、伊奈備前守の検地による村高のことであるからである。さらに、「露橋村」の肩書きに「名古屋之庄」と記されているので、その起源は中世にさかのぼるといえる。

その後しばらくして1645年（正保2）の「四ツならし」という税制改革により、村高表示は631石9斗6升7合に変えられ、その値が幕末まで続いた。田畑面積30町8反6畝（田26町6反4畝9歩、畑4町2反1畝21歩）も変わることがなかった（『尾張徇行記』1822年〔文政3〕）。

2 村の形がわかる「尾張志付図」↓図1

尾張藩の地誌『尾張志』（1844年〔天保14〕）に付けられた尾張8郡ごとの地図の特徴は、第1に村の境界線がはっきり描かれていることである。その村域の中での居住部分が黄色で囲われて図示されていることも特徴で、当時このあたりの村は集村形態であったことがわかる。これら集落を結ぶ道路および用排水を兼ねた小河川が詳細に描かれていることから水陸両者のネットワークにより集落間の結びつきが明らかになる。

【チェックポイント】①村の名前をさがして。黒い線は村の境。②川をさがして。↓庄内川の中にある赤い◎は渡し場。③佐屋街道をさがして。今の八幡本通。

【発見】①名古屋城築城の際、露橋村は近隣の村ととも

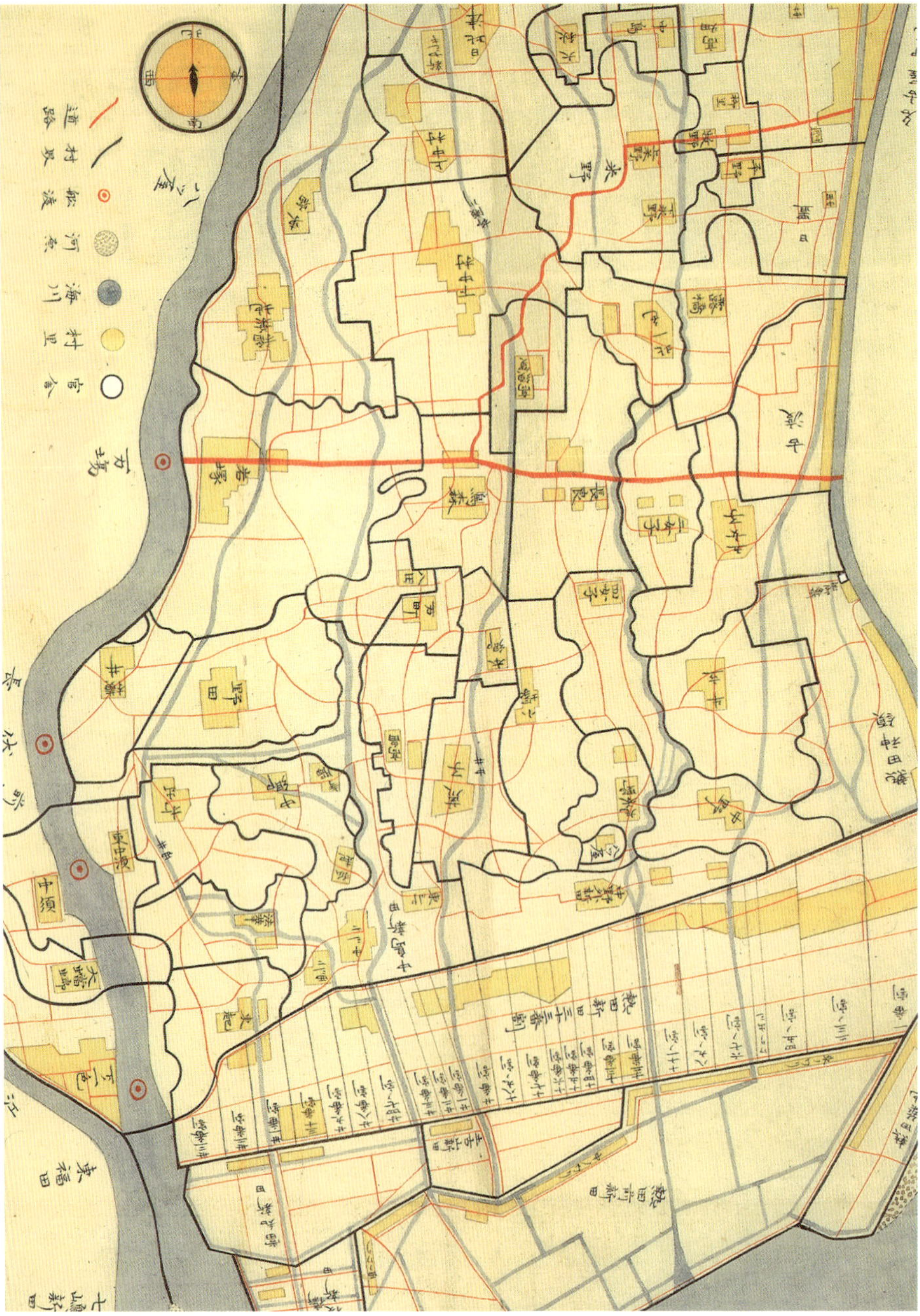

図１　「尾張志付図」（天保年間：1830-1844）名古屋市蓬左文庫所蔵（部分）

に、石材の加工場となっていた。それは水運に便利だったからである。当時の作業責任者の刻印がついた石が、観音寺に残っていた。②佐屋街道を参勤交代の大名、3代将軍家光、14代将軍家茂、オランダ高官シーボルトなどが利用していた。佐屋街道には手伝い人足、熱田宿には寄付人馬を出していた。

3 村の様子が見える「村絵図」↓図2

先に示した尾張志付図と同時代に村ごとの絵図も藩の指示によって作られていた。露橋村では1847年（弘化4）に庄屋の平助と善左衛門のサイン入りで藩に提出された。村高、村全体の田畑面積が図面の右端に記されており、図中には字名と字ごとの田畑面積、道通、川筋、御蔵入、橋、杁、筧、さらには家の印が1軒1軒書かれている。

【チェックポイント】①露橋村の家の数を数えて。家のないところは田畑。②江川、笈瀬川、三軒杁筋の広い川から引かれている用水路をさがして。みつけたら「杁《いり》」や「筧《かけひ》」を使った昔の人の工夫の跡をたどって。↓「杁」：土手の下に樋《とい》を埋め、用水、不用水を通した場所、水門。「筧」：竹や木で地上に架設して水を通す樋。③「前並」をさがして。見つけたら読んで。↓「田畑貳町七反貳畝」田畑の面積がわかる。④神明社を探して↓今の場所にある。

【発見】①小字を見ると「田」の付く地名が多かった。そのなかで「塩田」なんてあると、海岸線に近かったと想像される。②東西に走る三間杁筋は埋め立てられて、現在は山王通りになっている。③伝承によると、八事の興正寺にまつられている観音様は笈瀬川に浮き沈みしていた木像だった。

4 初めて作られた5万分の1地図↓図3

5万分の1の地図は、軍事目的のために陸軍が作成を始めた。やがて内務省に引き継がれ、戦後は総務庁国土地理院が担当した。人口の大部分が農村部であった昭和の初期までは、集落の位置や距離、途中の地形等を知るのに大変便利であった。現在は遠足やハイキング、登山によく使われている。

【チェックポイント】①村の名前を探して。見つけたら赤色で囲んで。②田の記号（‖）を探して。見つけたら緑色でぬって、③堀川より西側の建物（集落）を探して。見つけたら赤色でぬって。③東海道線と停車場（今の名古屋駅）を探して。見つけたら鉄道線の記号を書いて。

【発見】①集落の回り一面が水田に覆われていた。②露橋を南北に横切る鉄道は東海道線で、まだ工事中の表記だが、実際には1886年（明治19）に完成していた。③珍しい地名「四女子村」が気になり、調べてみたら、江戸時代の『尾張名所図会』に「かの片輪の里の豊饒のひと、七人の女子を七所に配して、一女子より七女子までの村名のこれりといへる伝説…」と書かれていた。一女子は古渡村の旧名という説があり、三女子と六女子は不明、二女子と五女子は1878年（明治11）に八熊村に併合した。七女子は江戸時代まで牛立村の南にあったが、現在はなくなっている。いずれも「〇にょうし」と発音する。

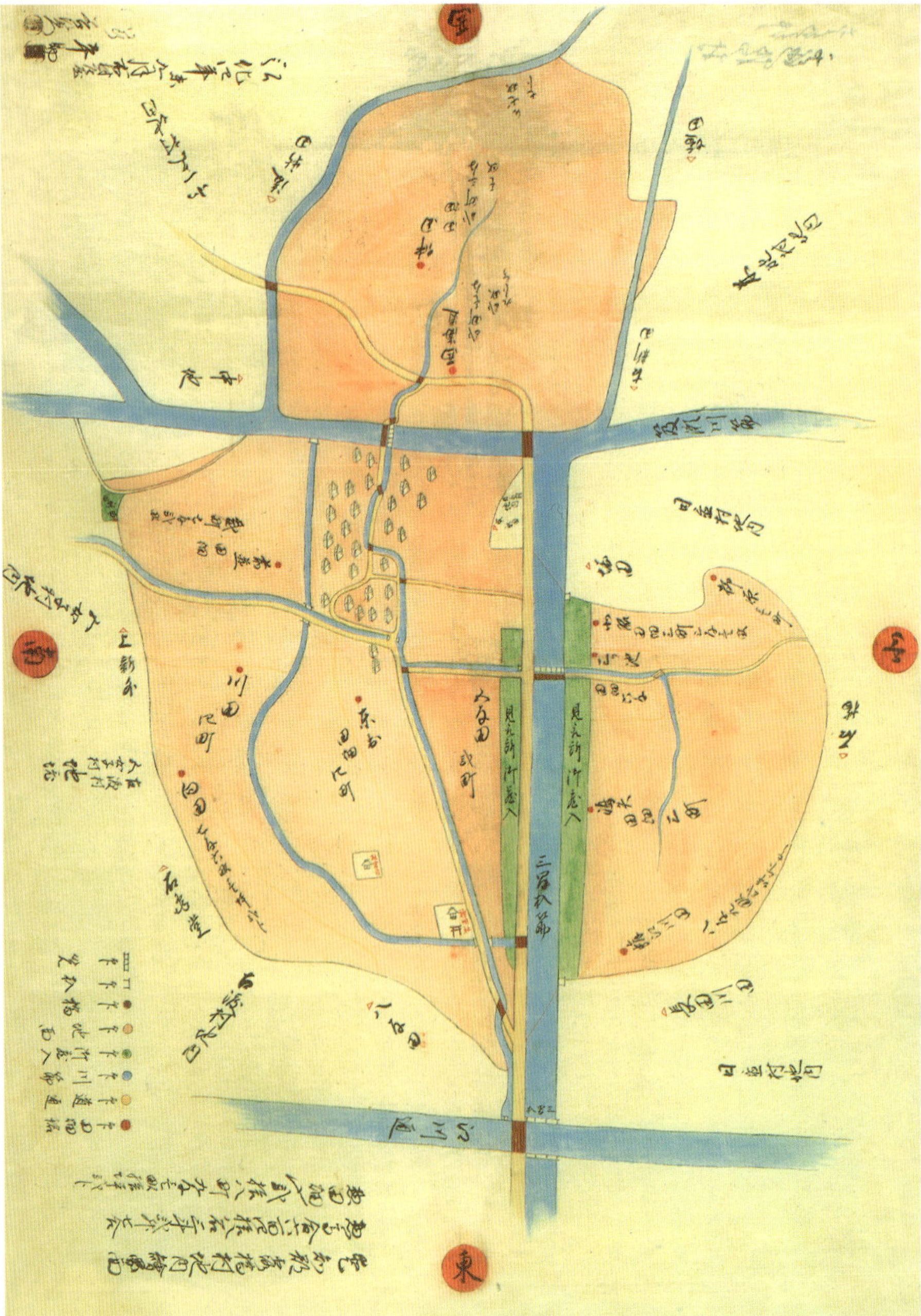

図 2 「愛知郡露橋地内絵図」（1847 年〔弘化 4〕） 徳川林政史研究所所蔵

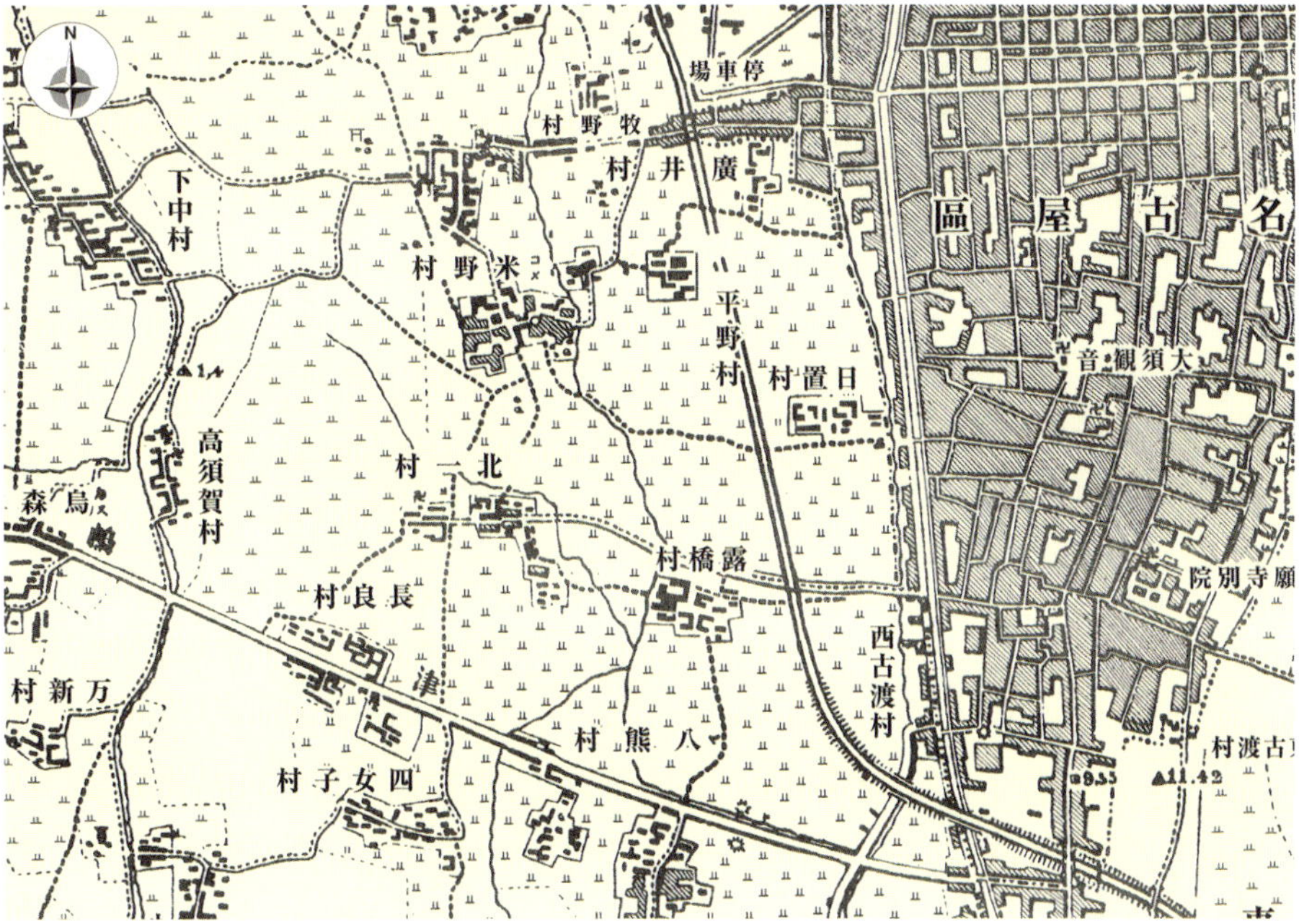

図3 「名古屋近傍図」第3師団参謀部（1888年〔明治21〕）　0　500m　1000m

5 交通が便利になってきたころの地図→図4

1889年（明治22）に、それまで露橋の属していた愛知郡第8小区の6村：牧野、米野、平野、日置、北一色、露橋が町村合併して笈瀬村となり、旧村は大字で呼ばれるようになった。役場（○印）は米野に置かれた。

大正時代に入って、交通の発達によって露橋は大きく変化していった。1895年に関西鉄道が完成、1912年に名古屋電鉄の市内線である江川線が山王橋・古渡橋間が開通し、山王橋から店や住宅が西のほうに延びていった。1913年（大正2）には下之一色電気鉄道の尾頭橋・下之一色間が開通した。

【チェックポイント】毎回チェックすべき、町名、田畑、建物（集落）に加えて、①一色街道、下之一色電車軌道をさがして。どちらも下之一色に向かっていた。②工場の記号をさがして。みつけたら黄色でかこんで。↓今のナゴヤ球場のあたりに名古屋紡績の工場ができた。③学校の記号をさがして。↓露橋と北一色の間の記号が露橋小学校の前身の愛知第三小学校。

【発見】①露橋小学校の校歌にもうたわれた、露橋のシンボルだった「大松」の根っこが中村家の庭に残っていた。

6 中川運河のできたころの地図→図5

中川運河の完成（1928年〔昭和3〕）によって、露橋付近は農村から都市へと変わった。黒ハッチや斜線でぬられた宅地が増え、市街地化が進んでいることがわかる。

【チェックポイント】①中川運河、横堀、堀川を探して。みつけたら水色でぬって。↓

図 4 「名古屋南部」（1920 年〔大正 9〕） 大日本帝国陸地測量部

0 500m 1000m

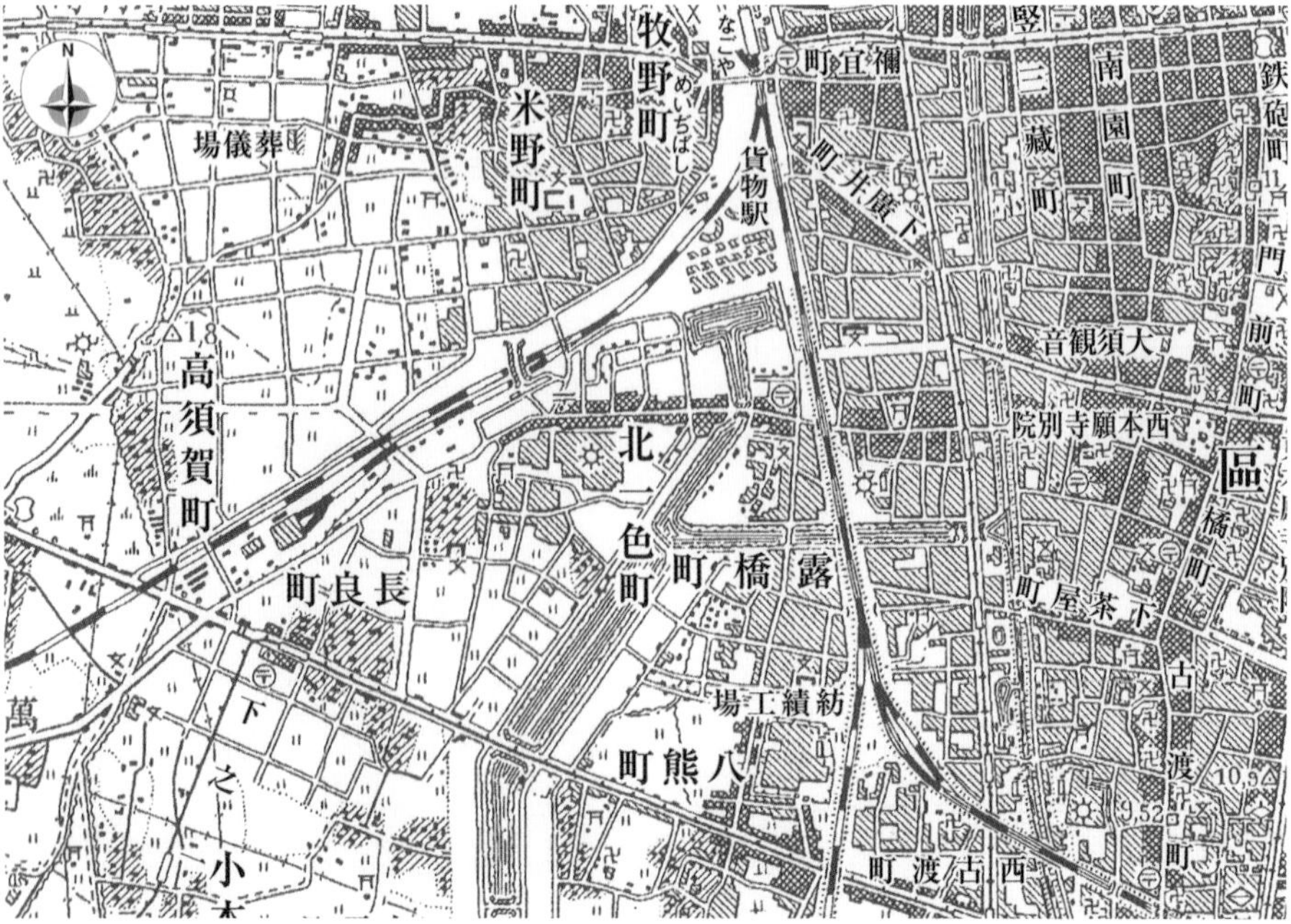

図 5 「名古屋南部」（1932 年〔昭和 7〕） 大日本帝国陸地測量部

0 500m 1000m

横堀は中川運河と堀川をつなぐ水路。↓水位を調整する松重閘門が堀川との結節地点に残っている。②露橋町にある学校の記号をさがして。↓露橋尋常高等小学校である。

【発見】お年寄りからの聞き取りによって、昭和10年代の商店・工場の配置図を作成したら、生活必需品の店以外に、玉突き、射的、カフェー、蛇屋などの珍しい店があった。製造業では木工、下駄や桶の製造、合板、製材等木材を使う工場が多く、運河沿いには運輸業、倉庫業、石炭関連産業、染色業などがあり、活気にあふれていた。

7 学校が空襲で焼けたころの地図↓図6

この8月、太平洋戦争が終わる。露橋は3月の空襲で向町、西宮町、横堀町などが焼けた。小学校も焼失したため、その年の卒業式はできなかった。地図で空白のところが焼失した地域で、小学校の記号もなくなっている。戦争の終わった8月15日以後、縁故疎開の児童が徐々に帰ってきたが、1学年10人以下であった。観音寺や説教所を借り、寺子屋のような授業だった。

【チェックポイント】①露橋の近くで白くなっている所をさがして。↓空襲で燃えたところ。名古屋駅や大須観音の近くも焼けた。

【発見】①横堀運河北側にある下水処理施設跡から不発弾が出てきた。②露橋小学校は、集団疎開地に岐阜県美濃町を選び、1944年4月に出発し、4～6年生が学年別にお寺に泊まり、美濃町小学校の校舎を借りて勉強した。1945年4月に入ると戦局がさらに悪化。3年生以下も疎開し、町内別の編成となった。

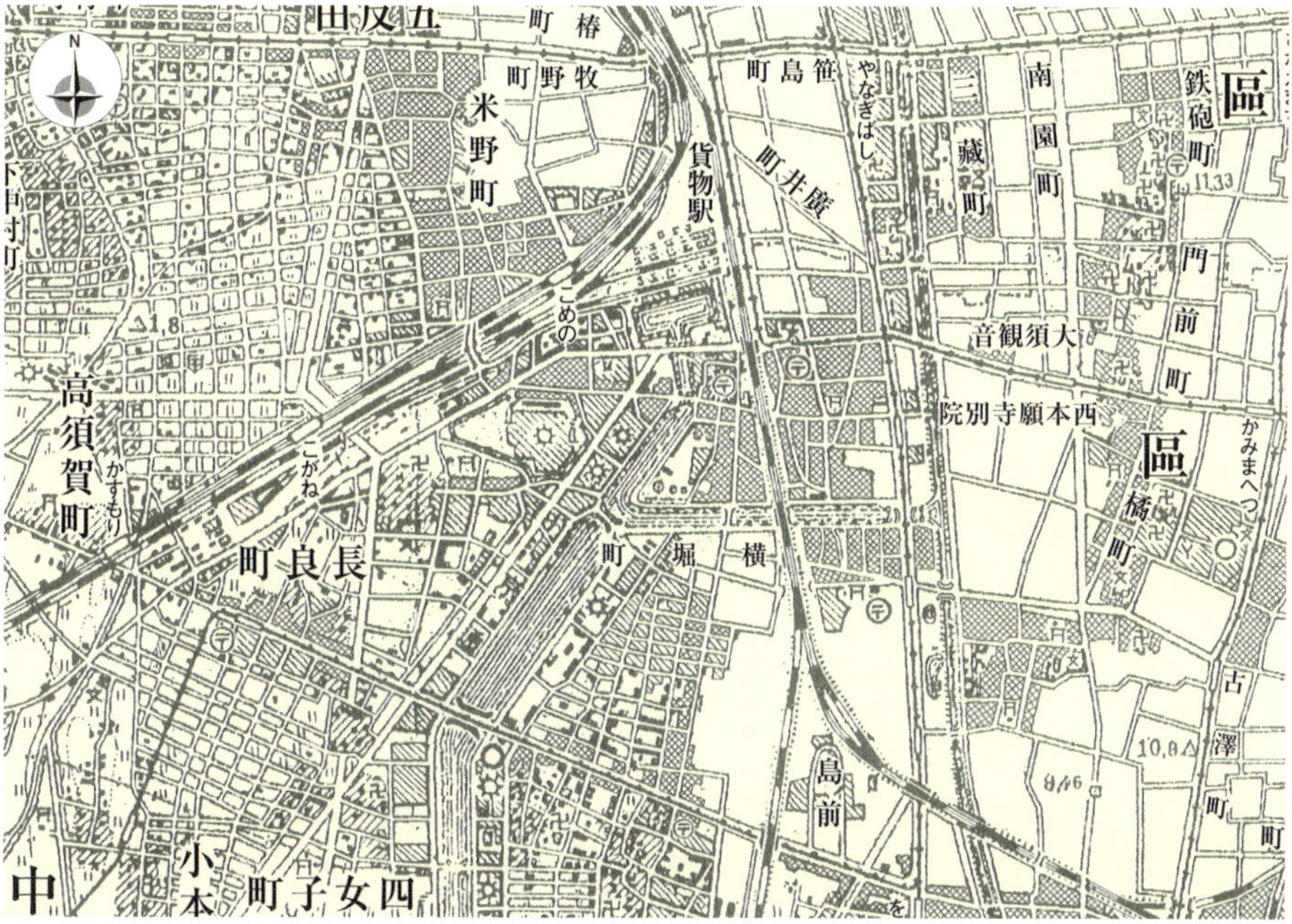

図6 「名古屋南部」（1945年〔昭和20〕） 内務省地理調査所
0 500m 1000m

8 「露橋の森」が作られたころの地図→図7

戦後37年もたっているので、大変化をとげた。地図上でもっとも目立つのがナゴヤ球場の誕生である。名古屋紡績のあった場所で、その工業が空襲で焼失した跡地に、1948年（昭和23）12月、鉄骨木造で完成。1951年、試合中に火災で焼失。再建後、1953年ナイター開始で名鉄山王駅が夜もにぎわう。その後駅名は「ナゴヤ球場前」に変わり、ドラゴンズのホーム球場がナゴヤドームに変わるまでその駅名で親しまれたが、現在は当初の山王駅にもどっている。

「露橋の森」は露橋小学校とナゴヤ球場の間の空き地に1983年にできた公園で、自然観察園やふれあい体験ランドが整備され、その後木々が森になり、子ども達が花や生き物と触れ合いながら四季を体感できるオアシスになっている。

【チェックポイント】①露橋小学校、山王中学校、ナゴヤ球場をさがして。②田や畑の記号をさがして。↓ほとんど見当たらなくなった。③市電の下之一色線をさがして。↓見つからなかった。1969年に廃線。

【発見】近鉄線の駅名に「こめの（米野）」、「こがね（黄金）」とあって、この地がかつては豊かな稲作の土地であったことが想像できた。その次の駅名が「かすもり（烏森）」とあることから、鳥にとっても居心地のいい環境であったことであろう。②通り名に「太閤通」、「千成通」、「黄金通」とあることから、この地が豊臣秀吉のゆかりの地であることがわかった。

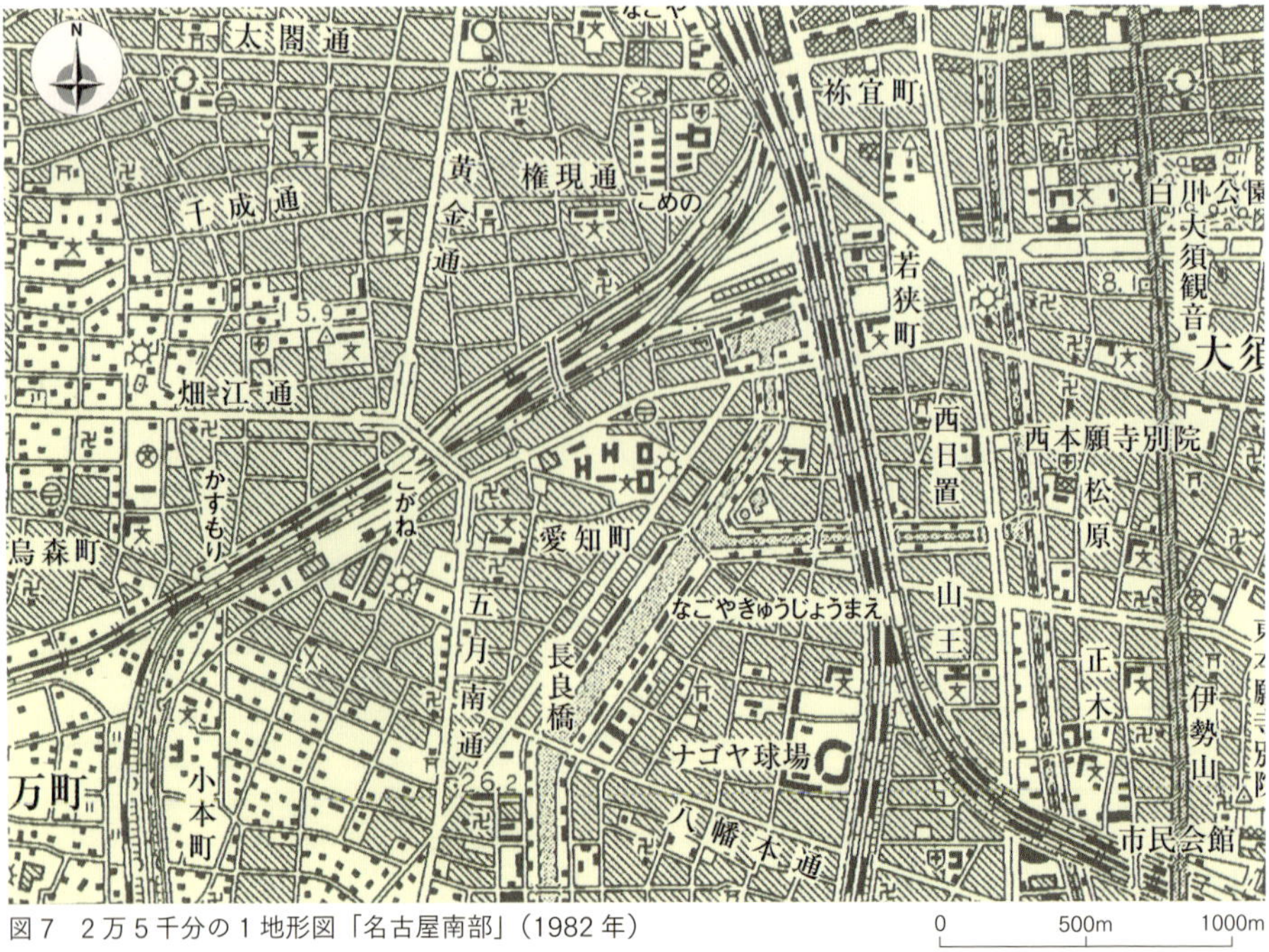

図7 2万5千分の1地形図「名古屋南部」（1982年）

Part3

なごや歴史幻視行——地図を読む　地図で歩く

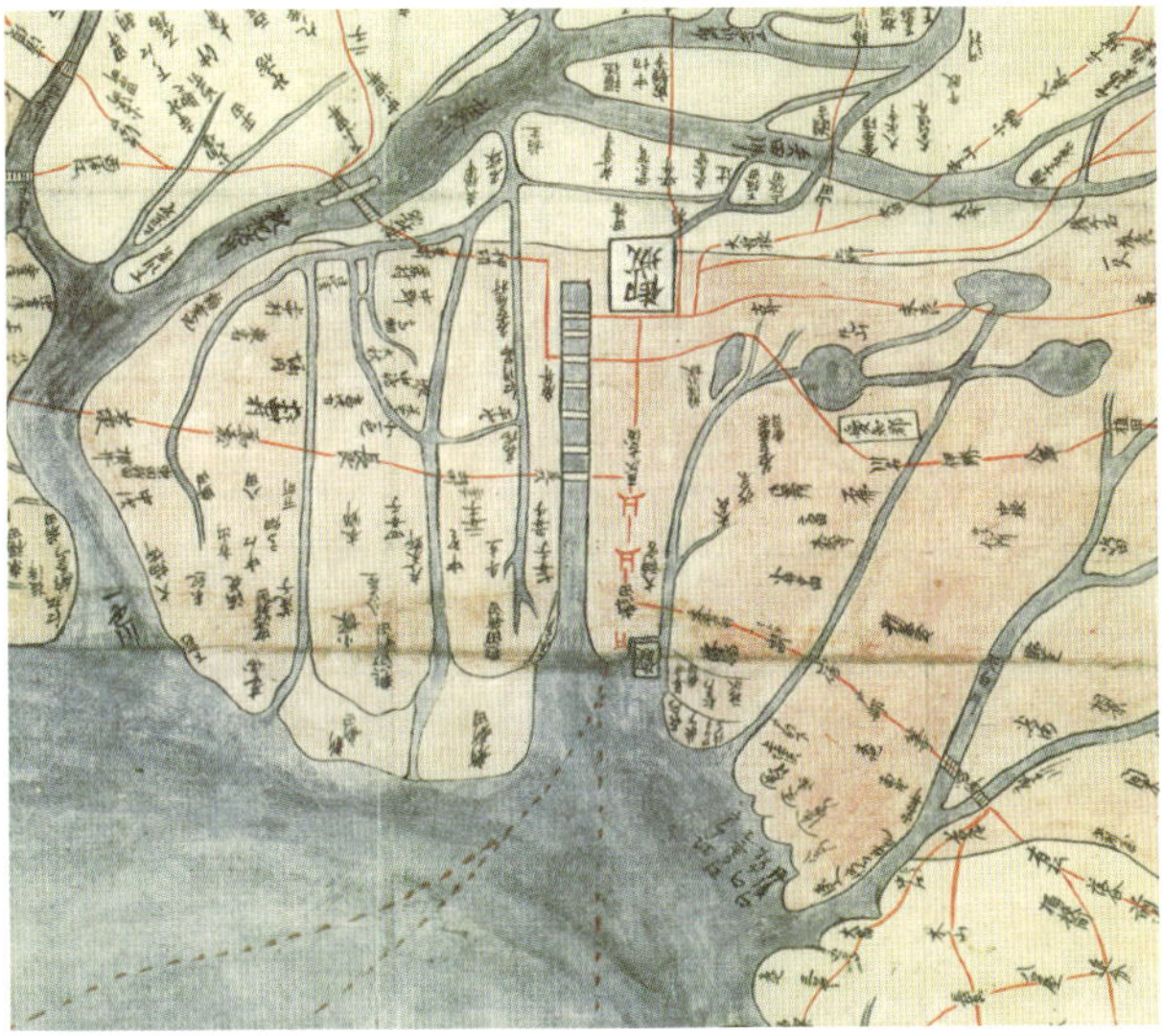

寛政・享和年間（1789～1804）の堀川（「尾張八郡図」の部分を拡大）
名古屋市蓬左文庫所蔵

まちの賑わい、まちの凹凸

享元絵巻を歩く　江戸から平成へ

名古屋城で享元絵巻を見る

徳川宗春時代の名古屋のメインストリートを思い浮かべながら通りを歩いてみよう

溝口常俊

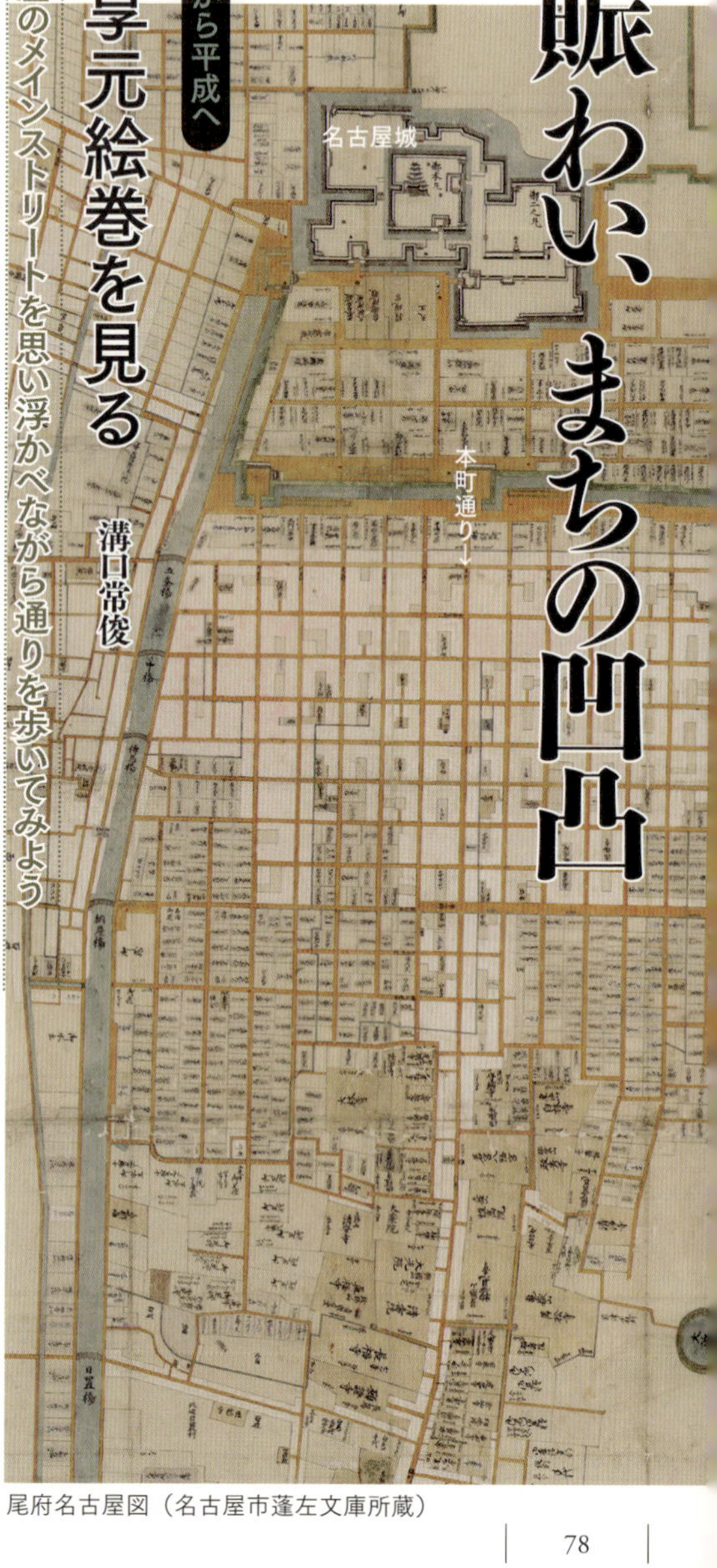

尾府名古屋図（名古屋市蓬左文庫所蔵）

おそらく名古屋の歴史の中で燦然と輝いていた時代は、尾張藩七代藩主徳川宗春の世（1703~39）の「享元絵巻」の時代であろう。この絵巻に描かれたメインストリートが本町通りである。その絵巻が名古屋城の5階に展示してあるので、それをしっかりと目に焼き付け、280年後の現在の本町通りを歩いてみよう、という講義を名古屋大学でおこなった。名古屋城での学生さんたちの「名古屋城見学」、「『享元絵巻』鑑賞」、それと各自が再訪して見聞した「本町通り歩き」についての観察記録の一部を載せておこう。

その前に、名古屋城の見学自体が初めての学生も多かったので、本丸の城に入る前の二の丸散策時の彼らの印象をいくつか載せておきたい。（カッコ内は溝口の補足）

名古屋城見学

「本当にここはいつも暮らしているなごやなのか」、「二之丸内にあった旧歩兵第六聯隊兵舎は1948年から63年に東山キャンパスができるまで文学部が使用していた歴史もある。名古屋大学とのつながりがそんなところにあったのは驚きだ。そのままにしていれば私たちも名古屋城で勉強していたのか（旧歩兵第六聯隊兵舎は明治村に移され健在です。本書67ページ参照)」、「ガイドのおじさんは本当に物知りで楽しそうに語ってくれ、それはこちらの興味をどんどん駆り立ててくれた。(おもてなし武将隊も女子大生に親切だった)」、「初めての人にも、外国人にも、車イスの人にもやさしい名古屋城!」、「普通の草木だけではなく薬草までもが育てられていた(御深井御薬園)」、「暗渠式排水路の出口があった。そんな昔から下水設備が整えられていたのには驚きであった」、「城内の石垣は、各外様大名がそれぞれの領地から運んできて積み上げてできたものである。石一つ一つに刻紋をつけた(図1)」、「近くにあったスピーカーから流れていた音楽が気になった。自分の思っていた城のイメージとまったくちがった曲だったので気になって聞いていると、『煌めきの未来へ』という本丸御殿復元のイメージソングだということがわかった。復元工事現場を左手に見て名古屋城本丸に向かった」(図2)。(図3は完成後の本丸御殿)「私はなにを隠そう群馬県出身ということもあって、名古屋城そのものが驚きの的であった。……名古屋にはいい点が多い。……私は名古屋の地域性を知ることを一つの目標にここに来た。だから、是非とも今回のフィールドワークを皮切りに、もっともっと地域を知るということの楽しみをかみしめていけたらと思う」、「また、きしめんを食べてみたいと思いました(名古屋名物きしめんの由来の説明板があり、それによると、築城時、打ちうどんに雉子の肉を入れていたのが広まり、雉子が少なくなって油揚に代わった、という)」

図1　石垣に大名の家紋

図2　名古屋城

図3　復元された本丸御殿・玄関

「享元絵巻」を鑑賞する

名古屋城内に入り、エレベーターで一気に「享元絵巻」の展示されている5階に向かう。

「享元絵巻」(図4)には何百人もの人が描かれている。

『享元絵巻』を解読する

1典型的な武士：刀を差して、はおりを着て、編み笠を被る。

2曲芸師

3典型的な町人：着物をきて、丸頭の後ろで髷を結う。

4誘惑する女性

5典型的な女性：着物に帯を締め、髪を結う。

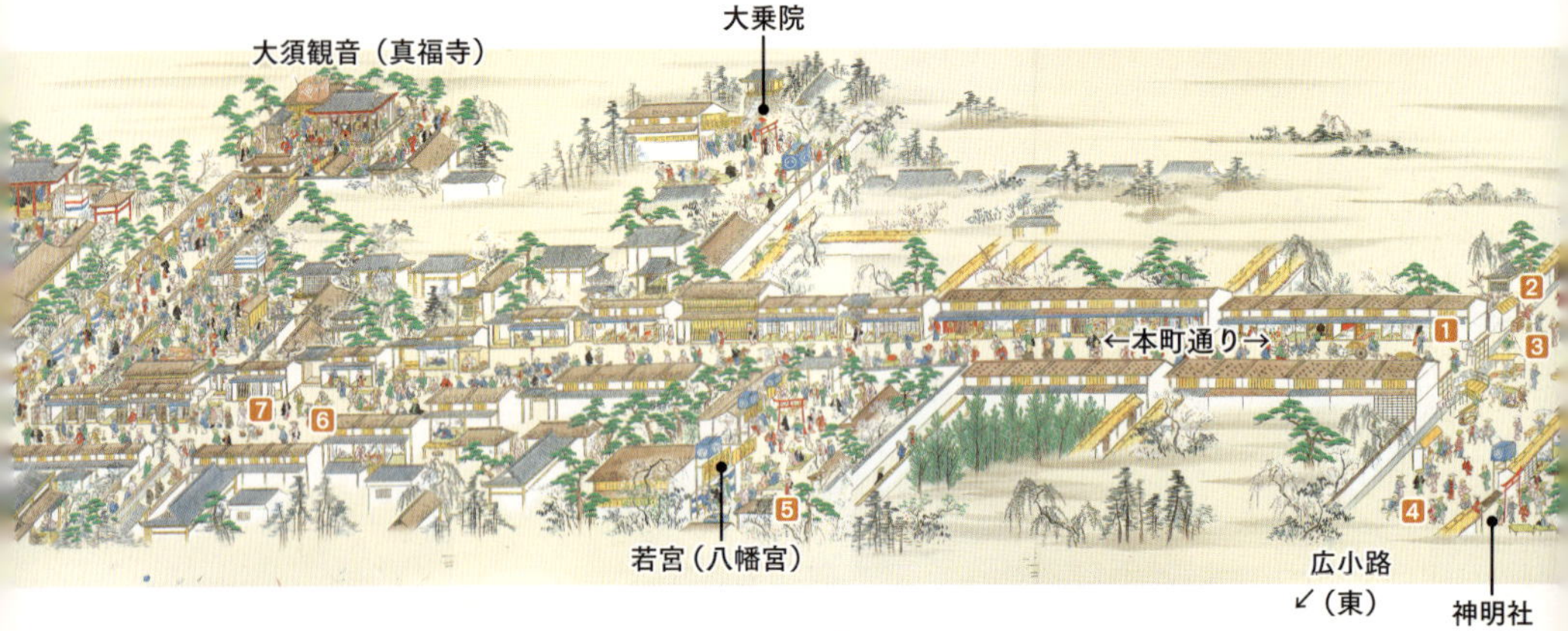

6四輪車で移動

7赤福餅の店（右）
芝居弁当の店（左）

＊大須観音でお参りしたあとは、赤福もちと弁当を買って、芝居見物をして、そして遊郭へ足をのばした。武士も町人も、こんな人が多かったのでは、と思う。

◉鳥の目になって、絵巻全体を眺めてみた

①季節が右＝北（広小路と本町通りの交差点）から左＝南（葛町の端）に行くにつれて春から秋に移っていた。春は桜、秋は紅葉でわかる。松は通して描かれていた。

②本町通りと交差する各道路に「木戸」があり、城下町の各所の出入りがチェックされていた。

③寺院と神社が各所に配置されているのと、やぐらでの太鼓たたきも各所にあり、信仰と芸能が共存していた。

◉虫の目になって、絵巻の中の全登場人物を数えてみた

①総人数 1275 人で、内、男性 982 人、女性 291 人 (23%)、不明 2 人であった。

②男性 982 人の中で、武士（帯刀者）は 85 人、武士か町人（はおり着用者）498 人、町人は 264 人、僧侶は 22 人、その他（商人、職人など）113 人であった。

③その他の内訳：かご担ぎ 30 人、天秤棒 14 人、片棒荷物担ぎ 11 人、太鼓たたき 16 人、出店 8 人、荷車運び 6 人、背負子箱 4 人、曲芸師 5 人、三味線弾き 2 人、物作り 4 人、獅子舞 3 人、牛引き 3 人、馬引き 2 人、風車売り 1 人、巡礼者 1 人、足不自由者小車乗り 2 人、物乞い 1 人

10 芝居呼び込みの太鼓たたき。㊇マークの布囲い

8 母に風車をおねだりする子ども

9 物乞い

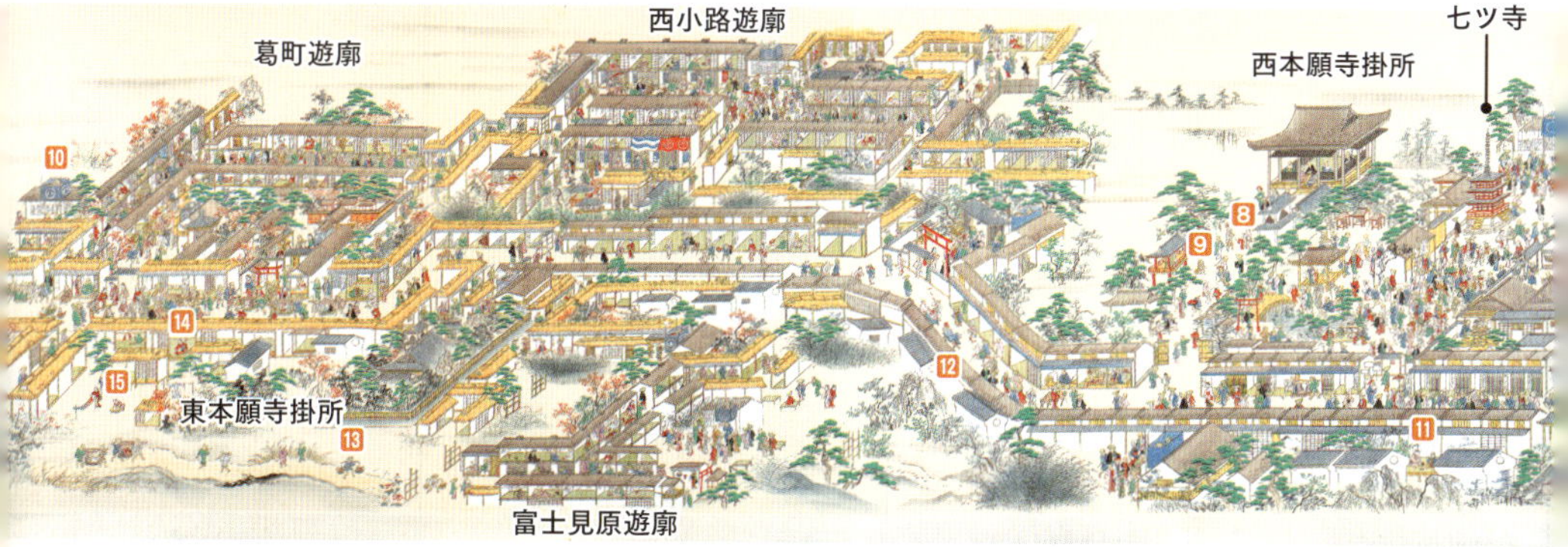

図 4　享元絵巻（復元模写）　名古屋城振興協会所蔵

12 獅子舞

13 天秤棒での魚（鯛）売り

14 三味線をひく女性

15 洗濯をする女性

11 おもてなしをする女性

◉女性 291 人に注目してみよう

①絵巻を北部 (広小路、若宮、大乗院地区)、中部（大須観音、七ツ寺、西本願寺掛所地区）、および南部（西小路・葛町・富士見原遊郭、東本願寺掛所地区）に分けて、男女比をみると、北部 239 人中 49 人 (21%)、中部 543 人中 127 人 (23%)、南部 493 人中 115 人 (23%) となり、遊郭のある南部に集中して現れていた、というより、全地区に女性が描かれていた。

②頭に注目すると髪を結っていたから女性とわかったが、そのうちの 81 人 (28%) が編み笠を被り、30 人 (10%) が白地の布で頬被りをしていた。ちなみに男性は編み笠被りの人が女性よりも多く 520 人（41%)、そのうち武士 (帯刀者) は 6 割 50 人 (59%) が被っていた。

武士、町人、お坊さん、それに天秤棒を担いだ魚売り、芝居寄せの太鼓叩き、物乞いも出てくる。遊郭の各部屋を覗くと、舞をする人、三味線を弾く人、茶を飲む人、煙草のみの相手をする人等々女郎さん達たちの多様な振る舞いが見て取れる。

学生さんたちの率直な印象を聞く前に、近年「享元絵巻」に関する専門的な研究が進んでいるので、その代表作である林董一編著『近世名古屋 享元絵巻の世界』の一部を紹介しておこう。

歴史家の小池富雄は「享元絵巻を読み解く」と題して、尾張徳川家七代宗春の時代の名古屋の賑わいと景観を詳細に語っている。まず、京都の「洛中洛外図屏風」や江戸の「江戸図屏風」に匹敵する近世都市の風俗画であるとその価値を評価し、右から左へ進行する巻物形式の画面にあって、右端の神明社には春の梅が描かれ、左端の三廓には赤く色付いた紅葉が描き込まれており、一巻の中に春から秋への季節の移ろいを示す大和絵の手法が用いられていると、絵画史的評価が加えられている。「この絵巻の最大の特徴は、芝居看板を中心として店先の商品や屋号など微細な文字が豊富に描き込まれている点である」として、看板数が30カ所あったと数えている。また女性描写についても「当時の流行である髪形で後ろを長く伸ばした髱《たぼ》が描かれている」とか「帯を前で大きく結ぶ婦人や、茶屋の女であろうか前掛けを前に結ぶ姿も描かれている」という具合である。

建築史家の小寺武久は、「享元絵巻」に描かれた建物について詳しく批判的に検討している。町屋、御物見《おものみ》、遊郭、芝居小屋、寺院の6項目に分け、その描かれ方の特徴を記した上で、問題点を指摘するといった形で述べられている。一例を芝居小屋ついてあげれば、「芝居小屋は一般に妻入りであるが、ここでは若宮八幡社のものなど少数の例を除いてはすべて平入りのように見える。平面が分からないので何ともいえないが、舞台と客席の関係がどのようになっていたのか、疑問である。幅の狭い絵巻という制限のなかで、芝居小屋の多さと繁栄ぶりを描こうとするには、建物に正確さは望めないであろう。実際にはもっと大きく、奥行きのある建物であったにちがいない」という具合である。

次に、専門家の考察とは異なって、はじめてこの絵巻物を見学した大学生たちの声をあげておこう。

「ピースサインをしている人がいました。江戸時代にこのようなとても今風のポーズをしていること、得意げな表情、振り返った時の身体と首の角度、これら全てが絶妙でとてもおもしろい」、「上半身裸の人が3人いました」、「きれいな服装の人も多かったが、一方で端の方を見ると質素な服装の人も多く、当時貧富の差があったことが感じ取れた」、「鳥居や塔など宗教的な施設が多数存在していて、この時代は宗教施設と庶民の娯楽のための施設が一体化していたのではと考えた」、「享元絵巻の作者の苦労を、身をもって感じた気がする。全ての情報を絵の中に収めるのは大変なことだと思った。建物の大きさやバランス、どこまで細かく書き込むか考えなければならないとわかった」

「本ブラ」——本町通り歩き

江戸の面影は今も通り名に残っている

溝口常俊

図1　本町橋と産業貿易会館

図2　堤乗馬靴店（1907年〔明治40〕創業、左端）の入ってる古いビル

図3　本町通り　昭和初期の東照宮の祭礼　右奥の建物は図2のビルである（名古屋市市政資料館所蔵）

名古屋城5階で見学した280年前の「享元絵巻」を頭に入れた後で、「本ブラ」をしてみよう（大正時代から東京の銀座をブラブラする意味で使われた銀ブラに倣って、広小路を散策することを広ブラというが〔後述〕、本町通り歩きも「本ブラ」と名づけてみたい）。

名古屋城正門を出て、三の丸の官庁街の一画（愛知県警本部、名古屋貯金事務センター）を抜けたところに外堀があり、そこに架かっている本町橋（図1）を起点として大須まで南下する道が本町通りである。通りの両側には各種事業所の高層ビルが延々とつづき、人通りは少なく、賑やかさの点で東端を走る久屋大通りと西端を走る伏見通りに主役の座を譲っている。

そんな本町通りでも本ブラしてみると、交差する通り名に城下町時代の面影を感じたり、しゃれたお店を発見したりする。

出発点の本町橋からお堀を覗き、かつてお堀の中を瀬戸電が走っていたのかと昭和初期の時代を思い出し、交差する外堀通りの真上に名古屋高速都心環状線が通っているのを見上げ、その変化に感じ入る。目を前方にやると県の産業貿易会館の本館と西館が本町通りの両側に立っている。産業県愛知のシンボルともいえる貿易会館が本町通りの起点にあることを記憶にとどめておこう。

会館の南に、これぞ大正・昭和の店といった乗馬用品販売店の堤靴店があった。Let's try riding horse. なんて書かれた横文字を見ると、ハイカラなんだが古めかしい感じがした（図2、図3）。

ここで昭和初期の住宅地図を出しておくと、産業貿易会館本館の前身は名古屋憲兵隊の本部・分隊であったこと、その南に「堤」家があったこと、西ブロックには「八重垣倶楽部」という劇場、松坂屋の創

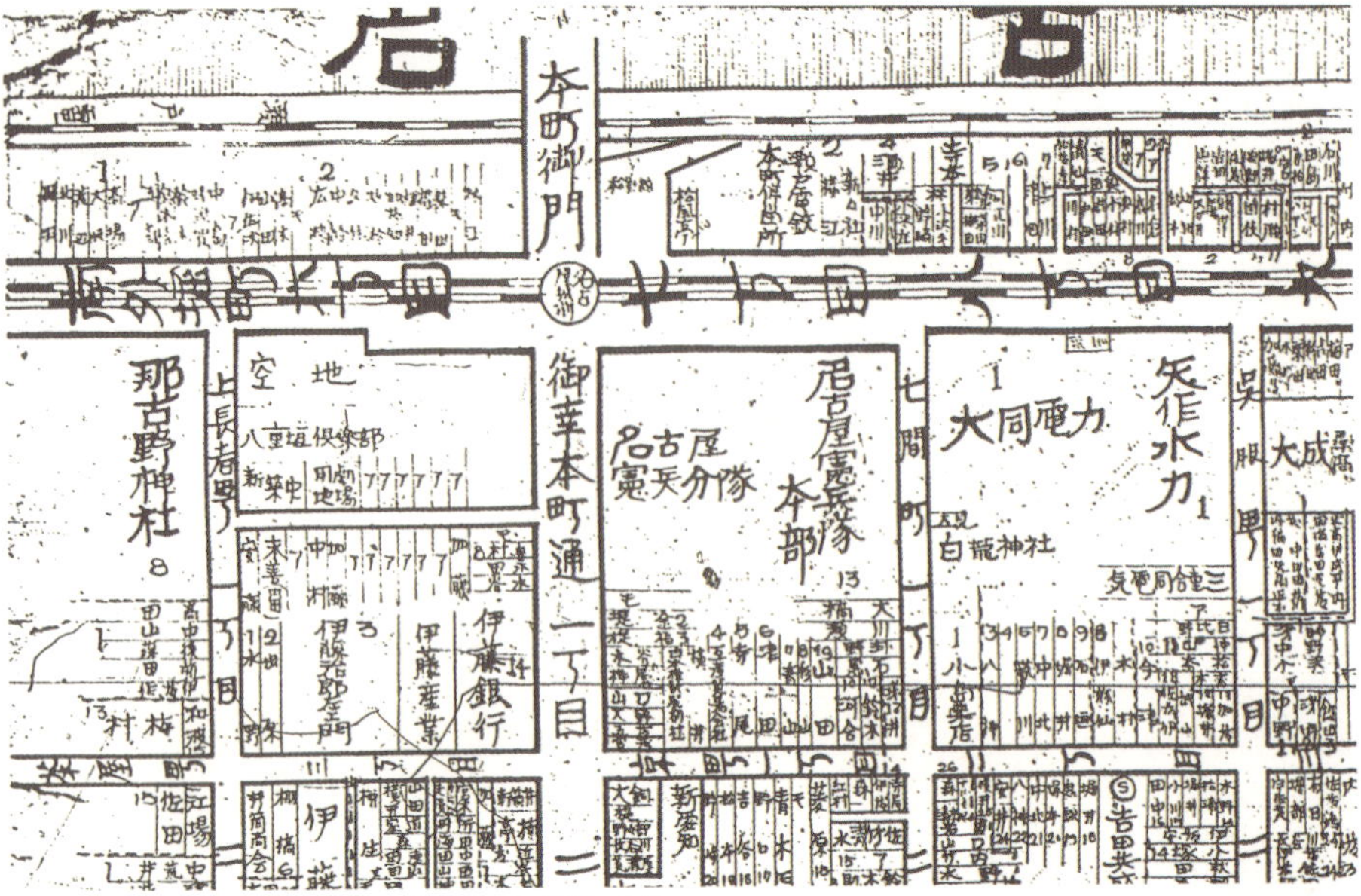

図5　御幸本町通1丁目周辺の住宅地図（昭和4年～5年）原図は松山昌平氏提供（明倫会 伊藤宗太郎編集『続・続名古屋碁盤割』から）

図6　昭和2年冬　娯楽園の遊園地　名古屋城南外堀の空掘内に動物園と遊園地があった。柵の先に外堀内を走る瀬戸電の線路が見える。写真は大橋悠紀子氏所蔵（明倫会 伊藤宗太郎編集『続・続名古屋碁盤割』から）

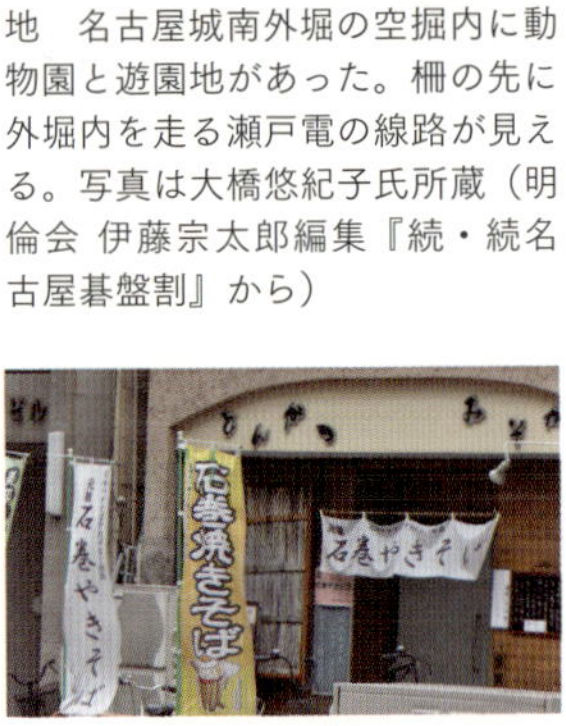

図7　石巻やきそば店

設者伊藤次郎左衛門邸もあったことがわかる（図5）。さらに地図には示されていないが瀬戸電の走っていたお堀には「娯楽園」という子供向けの遊園地と動物園があった（図6）。

　しばらく歩いて行くと右手に「石巻やきそば」店があった。のれんの左下の黒板に「頑張ろう東北　石巻やきそば　麺石巻直送」と書いてあった（図7）ので、てっきり石巻出身の方かと思ったが、後日再訪時にお尋ねしたところ、3・11の東日本大震災後に店名を変えたという。石巻の方に喜んでいただいているし、お客さんも増えたそうだ。

　ここで南北に走る本町通りと直行する東西の道を北から順にあげておこう。「外堀通り」の次が「京町通り」で、以下「魚ノ棚（永安寺町）通り」（図8）「杉ノ町通り」「桜ノ町通り（現在の桜通り）」「伝馬町通り」「袋町通り」「本重町通り」「蒲焼町通り（現在の錦通り）」と続き、そして「堀切通り／広小路通り」となる。

「魚ノ棚通り」なんてあると、全国の城下町でも魚町がお城近くにあったように、名古屋

の武士の食生活も「魚」が重要で貴重であったことがわかる。「伝馬町通り」との交差点

図8　通り名に江戸の痕跡が残る

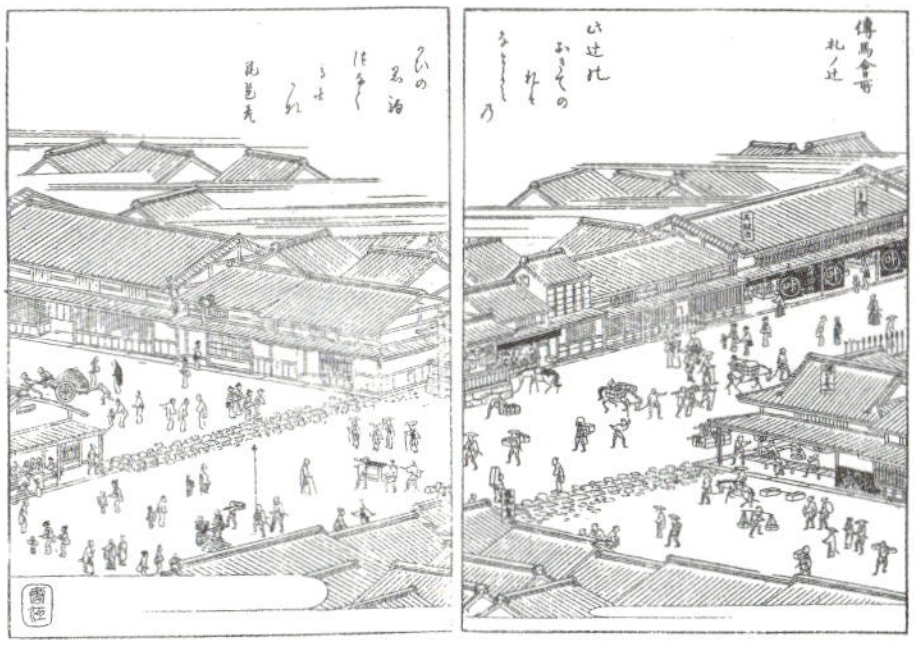
図9　札の辻（『尾張名所図会』）

が「札の辻」（図9）で、城下町名古屋の交通の基点であった。ここには人馬の継ぎたてをおこなった伝馬会所や駄賃や法令を掲げた高札場も設置されていた。

広小路通りとの交差点から本町通りを南方に見たのが図10である。この交差点が「亨元絵巻」で描かれた本町通りの出発点である。

図10　本町通り（広小路交差点より南方をみる）

時代を少し遡って、1928年〔昭和3〕にこの位置から北の方向を見た写真ものせておこう（図11）。

図11　1928年の昭和天皇行幸の際、本町通は御幸本町通と呼ばれるようになった（名古屋市市政資料館所蔵）

江戸時代はどうだったか。『尾張名所図会』に「廣小路夜《よ》見世《みせ》」と題して描かれているので載せておこう（図12）。説明書きには次のように記されている。「馬琴が羇旅漫遊録に亥の日納涼の地は広小路　柳薬師前之数十軒出茶店見世物芝居笠何りて甚賑へり　柳の薬師より廣小路の景色江戸両国薬研堀に髣髴たり　云々」

江戸の両国薬研堀が引き合いに出されるまでもなく、図会にアリのように人が書かれていることから、その賑わいぶりがわかる。広小路に用水があり、そこに橋がかかっていたことにも注目しておこう。

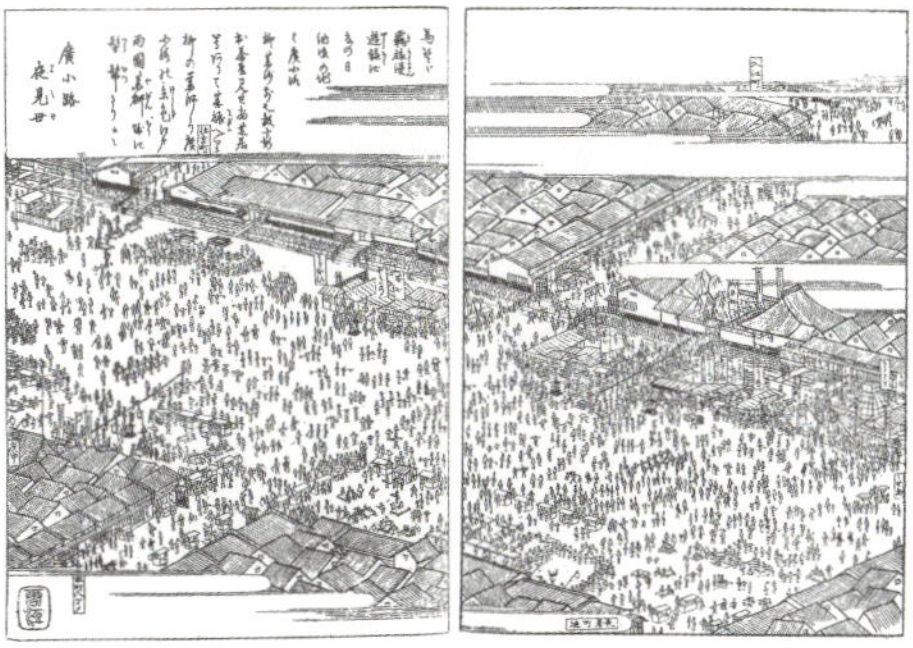
図12　廣小路夜見世（『尾張名所図会』）

ここからは学生さんたちの「本ブラ」体験と発見文をいくつか記しておこう。

「このスケッチは担当道路の対面の歩道（ホンマチビル前）で座って描いたのだが、ホンマチビルは各階を風俗店に貸していた。私がスケッチしていると不審に思ったのかビルから店の人が出てきて職質されてしまった。事情を話して理解してもらったが、今度は店に寄っていくように勧められ店の紹介も頼まれた」、「この辺りの錦三丁目の商店街では、錦三商店街協同組合が面白いアピールをしていて、三匹の錦鯉が手（ヒレ）をつないで『にしきにこい』と訴えているポスターのようなものがいたるところにありました」、「この通りには『旧道路元標』というものがありました。道路元標は、国・県道の起終点を示すもので、大正8年に制定された旧道路法によって各市町村に一個を置くとされました」、「私のスケッチしたブロックは、異様とも思えるほどに細長い建物がこれでもかというほど密集している場所であった。そういった建物が並ぶ中、一つまったく雰囲気を異にして極楽寺というお寺があった。ひっそりと、物静かにたたずんでいて、少し奇妙な感じがした（図13）」、「スケッチに描いている『Nタオル株式会社』は別の場所に移転したらしいが、大きな企業にはさまれながらも頑張って営業を続けてきた小さな会社を見て思わず心の中で『頑張れ！生き残れ！』とエールを送りたくなってしまうような、そんな区域である。この区域の人はとても親しみやすい。私が1人で立ってスケッチを描いていると、通りがかりの人に『頑張ってね！』と声を掛けられたり、お店の人に『うちの店をしっかり描いて行ってね！』と話しかけられたりした（図14）」

さて、「大須の信号をはさんで雰囲気が極端に変わります（図15）。北側は人通りが多く賑やかですが、南側は道路の両側に仏壇店が二十店舗ぐらい立ち並んでいるのです。どうしてでしょう。ある仏壇店の人に尋ねてみました。昔から寺が多く仏具の需要が多いそうです。元禄時代には尾張藩が仏壇造りを保護し、この地域に発展したそうです。「仏」に手を合わせてから更に南下していくと「神」の世界（熱田神宮）にたどり着く。「本ブラ」は信仰の道でもある。

図13　平成絵巻の一コマ、極楽寺界隈

図14　Nタオル株式会社界隈

図15　本町通りの仏壇街

名古屋本町、本の町

かつて名古屋は京、江戸、大坂に次ぐ出版文化発信の地だった

塩村 耕

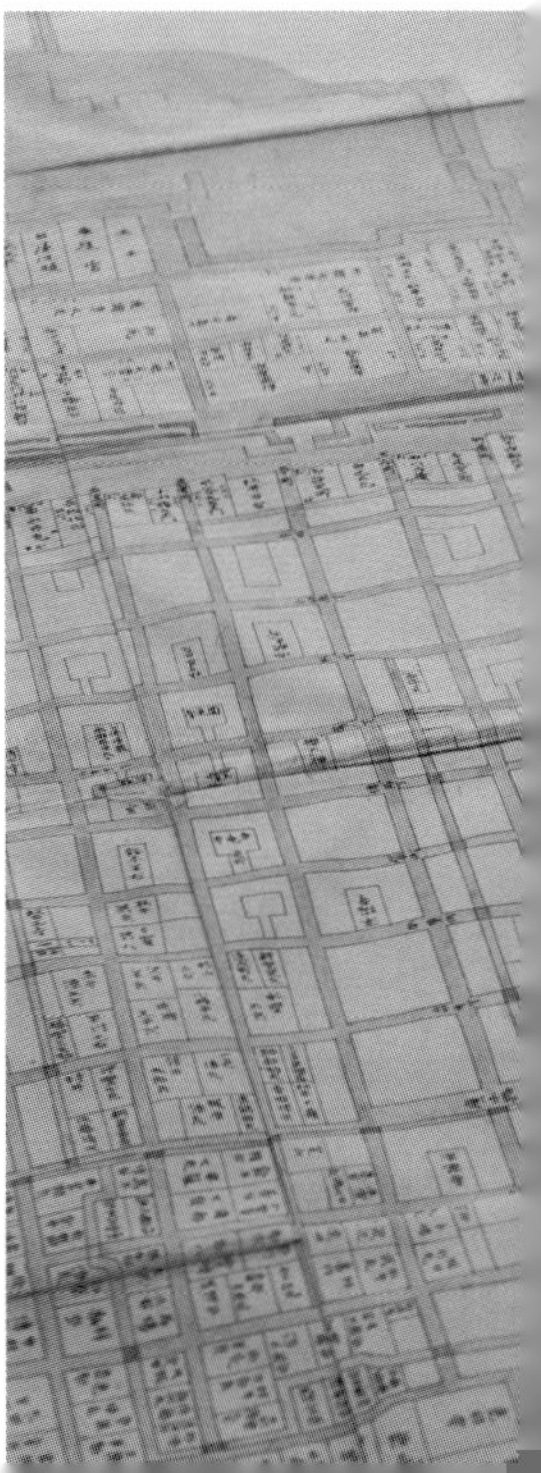

江戸時代の本屋さんは、本好きにとってパラダイスそのものだった。まず、多くは出版書肆という文化事業家だった。自家だけでなく、他店の刊行物をも手広く扱う新刊書店だった。新本のみならず、古書をもふつうに扱った。損料を払えば貸本もやってくれた。入手しにくい本については、所蔵先を聞き出して、時に写本を拵えてくれたりもした。書物をはじめ、各分野の学者や文人に関する情報を得られる場でもあった。岩波書店や小学館といえども、こんな総合的サービスは期待できない。

本屋は基本的に都会のもので、特に出版は原則として京、江戸、大坂の「三都」のみでおこなわれた。出版のもつ政治的な潜在力を熟知していた幕府は、本屋仲間を通して管理ができる直轄地以外での出版を好まなかったからだ。それが、1794年（寛政6）に名古屋でも本屋仲間の結成が許され、以後、三都に次ぐ存在として本格的な出版がおこなわれるようになった。

そして、名古屋の本屋が集中していたのが本町筋だった。彼らの活躍を偲ぶべく、ざっとその名前を挙げておくと、まず一丁目には風月堂孫助、木村理兵衛、本屋勘右衛門、菱屋利兵衛、二丁目に木村五郎兵衛と六右衛門（両替町角）、三丁目に伊勢屋忠兵衛、菱屋久八郎（後に伝馬町に移転）、菱屋藤兵衛、本屋忠三郎、四丁目に晴月堂卯兵衛、五丁目に三星屋茂助、本屋重兵衛、六丁目に藤屋伝兵衛、美濃屋東八、七丁目に永楽屋東四郎、沢吉兵衛、藤屋吉兵衛、藤屋武八郎、九丁目に木村久兵衛、永楽堂和助、角屋市左衛門、菱屋久兵衛、十丁目に菱屋平兵衛、松屋善兵衛、美濃屋清七、十一丁目に津田久兵衛、美濃屋文次郎、万屋東平、井筒屋正衛門、十二丁目に久兵衛、玉栄堂、角屋治兵衛、勝村屋東助、十三丁目に金網屋米蔵など。これらは江戸期の刊行物の刊記に見える本屋さんたちだ。

むろん、これらは時代を度外視して列挙したもので、同時にこれだけ軒を並べていたわけではない。それでも、刊行物の知られない者や出版をしなかった本屋も外にあっただろうから、相当な数の本屋が集中していたことは確かだ。これは全国的に見ても壮観で、本町は日本中に文化を発信する、まさに「本の町」だった。城下町の真ん中を南北に貫く最も重要な中心街路が「本の町」でもあったことを、名古屋の人たちは誇りにすべきだろう。そんな町をこそ、文化都市と呼ぶべきだからだ。そ

書林風月堂（『尾張名陽図会』巻之1）
国会図書館近代デジタルライブラリー

して、「本の町」が永遠に喪われてしまったことを悲しむべきだろう。

　さて、数ある名古屋の本屋さんの中で最も盛業を誇ったのは、本町七丁目、現在の錦通と本重町通との間の西側にあった永楽屋東四郎だ。江戸に出店もあり、全国にその名を轟かせた。が、名古屋の本屋を象徴する老舗中の老舗といえば、それは風月堂孫助だ。1687年（貞享4）十二月、笈の小文の旅で名古屋を訪れた芭蕉が、風月堂の店頭に立寄り、「いざ出む雪見にころぶ所まで」（再案では初句「いざ行む」）の句を詠んだことでも知られている。この句は、名古屋ではやや珍しい積雪に興じた、少年らしい、はずんだ気分があらわれているが、その背景には、本好きが旅先の本屋を訪ねた嬉しさがあるように感ぜられる。また、元禄期には、かの『鸚鵡籠中記』を残した奇人、名古屋藩士の朝日重章も懇意で、役所の帰りに風月堂方で酒食を楽しんだりもしている。重章は相当な学者肌だったから、風月堂はお気に入りの場所だったにちがいない。

　時代が下って本屋仲間成立期になると、伊勢長島藩儒で、何でもこなす器用な文人だった十時梅厓が風月堂に出入りし、梅厓の周旋で『国朝画徴録』や『茶史』といった日本で未刊の珍しい漢籍を翻刻刊行している。『御家正統書札文海』など、梅厓自身が筆を揮った新作の往来物（手習いの教科書）も出している。新興の名古屋出版界は、三都の既刊書にない新しいコンテンツを求めていたから、梅厓は便利な存在だったろう。梅厓が風月堂との関係を深めたのは本町の地縁で、梅厓のパトロン的存在だった富豪の駒屋源兵衛こと内田蘭渚が、風月堂のすぐ隣りに住んでいたことによる。風月堂のある本町一丁目界隈はお城にほど近く、すぐ近所の茶屋町に伊藤次郎左衛門家が店を構えるなど、歴々の町人の住む一等地だった。

　ところが、風月堂はその後急速に家運を傾け、本屋の財産というべき版木を、新興の永楽屋などに続々と移転させ、本屋として衰微してゆく。家宝だった「いざ出む」句の芭蕉自筆懐紙も、伊藤次郎左衛門家に譲渡した（現在は名古屋市博物館蔵）。世にあるならいとはいえ、歴史ある老舗の没

今は中日病院の駐車場になっている風月堂跡地と「風月が辻」

落は寂しい。

　風月堂の店は、本町筋と京町筋が交差する四つ角の東南角にあった。今は数年前に移転してきた中日病院の駐車場となっている。かつて豊かだった名古屋の書物文化を象徴する聖地のような場所に思われるが、そのことを示す石碑も、芭蕉の句碑も何もない。高力猿猴庵の残した『尾張名陽図会』には、『見聞雑録』なる書を引いて、「御城下、本町、風月が辻は日本城下の絶景と云々。子細は東西は高山を見はらし、南は海辺つづきてはてなく、北は名城をひかへ金の鯱朝日にかがやき、風景いふばかりなし」とある。「風月が辻」と呼んでいるのは本町筋と京町筋の交差点だ。今は東西南北、ほとんど何も見えない。

享元絵巻を歩く　江戸から平成へ

大須はいつから大須なのか？

名古屋随一の繁華街・大須の成り立ちをさぐる

寺西功一

大須には、いつも人がいっぱいである。昭和40年代から50年代はとくに寂れた時代もあったが、大須大道町人祭をはじめ、いろんなイベントのおかげもあって賑わいをとりもどした（図1）。

　ところで、かつて「大須とは？」と問われたとき、「名古屋の浅草」と表現することがあった。一番の共通点は、観音様があるところだろう。

　大須の由来は、尾張国中島郡大須庄（現・岐阜県羽島市）にあった大須観音（北野山真福寺宝生院）が徳川家康によって名古屋に移転させられたことによる。1600年代初頭、家康は名古屋城築城と城下町の建設にとりかかり、周縁には寺町を配置した。そのとき大須は、名古屋城下町の南端につくられたのである。現在も残る名古屋城から南へのびる本町通りを行き、通称100メートル通りとして知られる若宮大通を越えたところが大須である。

　大須観音があるから大須。庶民の信仰の対象である観音様があることから、人が集まり、それを目当てに店ができ、興行がうたれ、名古屋有数の

図1　正月の大須万松寺通り

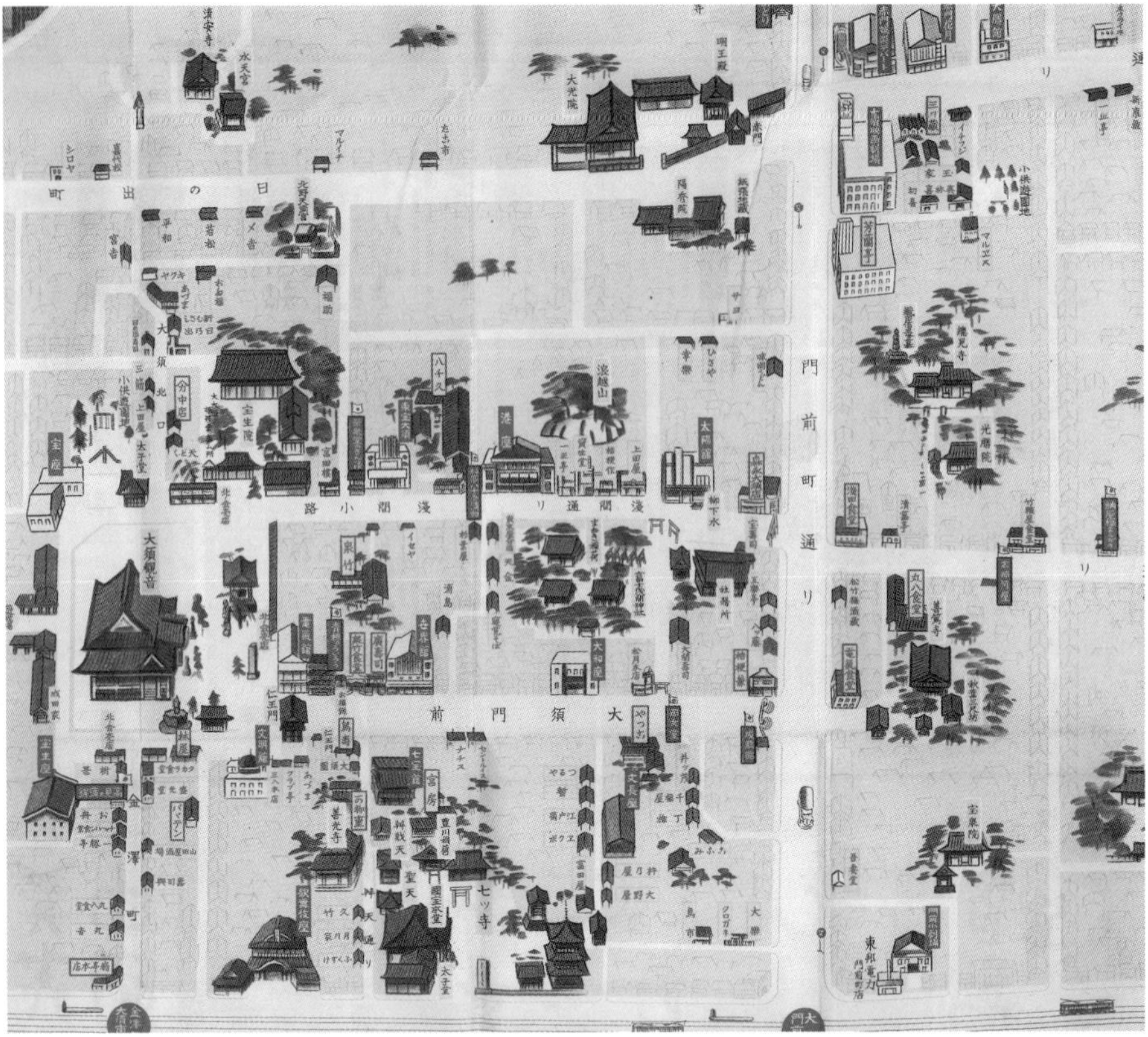

図２　日本の大須（部分、門前町通り〔本町通り〕を中心に）　1939年頃発行　52.8 × 76.7cm（寺西功一所蔵）

もともと大須とは、大須観音周辺を指す通称であった。「日本の大須」は昭和10年代に大大須振興会（商店街組織）が発行した印刷物のタイトル。冊子、折本形式、ポケットサイズの折りたたみ式地図など数種類刊行された。図２は、そのうちの折りたたみ式地図（18 × 10㎝）。「観光と味覚の案内」というサブタイトルがある。表側は３色刷の記事と広告、裏がカラーで詳細なイラストによる地図がある。左端に大須観音本堂、中央やや下に右から読む「大須門前」とは現在の仁王門通りである。当時、劇場・映画館が20館ほどあった。空襲で焼失する以前の最盛期の町の様子が見てとれる。

繁華街が誕生した。

しかし、大須とはどの区域を指すのだろうかと問われると、意外に説明できない人も多いのではないか。

実は、町名としての大須の範囲は広い。東は新堀川から西は堀川まで、北は若宮大通りから南は大須通りまで実に東西１・６㎞、南北０・６㎞に及ぶ。そこを一丁目から四丁目まで区画されている。そのなかでも繁華街としての部分は二丁目から三丁目までである。

門前町から大須へ

今でこそ大須は町名として正式に使われているが、それは１９６９年（昭和44）の住居表示の実施からで、それまでは大須二丁目・三丁目の区域に約10町内ほどあった。

その中でも大きい町が門前《もんぜん》

図3　大須観音　左が東向きの旧本堂　右が現在の本堂　1970年（松山昌平氏提供）

町《ちょう》と、裏門前町《うらもんぜんちょう》。大雑把であるが本町通りから東と西で分かれる。その基準になったのが、信長の菩提を弔うため再興した総見寺（大須三丁目）ともいわれている（図2）。

　本町通りの東は、総見寺や万松寺という禅宗の大寺院がある。万松寺というと商店街の中の寺として知られているが、かつては広大な境内に諸堂が点在する静寂な場所であり、大正時代から開発が進み現在に至る。

本堂の変遷

　今、大須観音を眺めると本堂は南向きである。現在の本堂は1970年に建てられた。その前に建っていた本堂は、東向きであった（図3）。これは戦後すぐに建てられた本堂の建て替えの際、既存の本堂をさけて北側に建てられたからである。江戸時代から第二次大戦後まで、火事や戦災があるたびに本堂を建築したがそれはみな東向きであった。

　これは大須観音以外の寺院にも当てはまる。江戸時代に出版された『尾張名所図会』をみるとよくわかるのだが、本堂の配置が、本町通りより西にある寺院は東向き、東にある寺院は南向きであった。これはかなり正確に守られていた。寺社仏閣が、東向きや南向きで建てられるのは至極当然であるが、これが本町通りを基準にはっきり分かれるのはおもしろい。ひとつの理由として、大須の寺院は参道が本町通りから接続しているからであろう。東向きなら本町通りから真正面に本堂を拝むことができる。

　こんなことからも家康による都市計画の手法を垣間見ることができる。

広小路の歴史を歩く

広ブラ――江戸時代の広小路

今も昔の名古屋随一の繁華街で江戸の痕跡を探そう

溝口常俊

本町通りを南進するコースとは別に、本町通りと交差し東西に走る広小路を歩いてみることにした。栄方面へ明治屋栄ビルまで歩いてUターン。地下鉄伏見駅までの「広ブラ」である。

図1　大正～1973年（昭和48）広小路の屋台

広小路通りの南側と北側の歩道の随所に名古屋市作成の歴史地理的観光掲示板「広ぶら、芸ぶらHISTORY」があり、その1つ「大正～昭和48年（1973）広小路の屋台」に「広ブラ」の説明があった。「大正から昭和初期にかけて、広小路通りを散策することを銀ブラになぞらえて広ブラと称していた。昭和の中期まで広小路にはたくさんの屋台が立ち並んでいた（図1）。最盛期には400軒以上の屋台がひしめき合い、広小路の灯りは朝まで消えなかった。しかし、都市の景観と道路事情により、昭和48年3月31日の夜を境に屋台は姿を消した」と解説されていた。

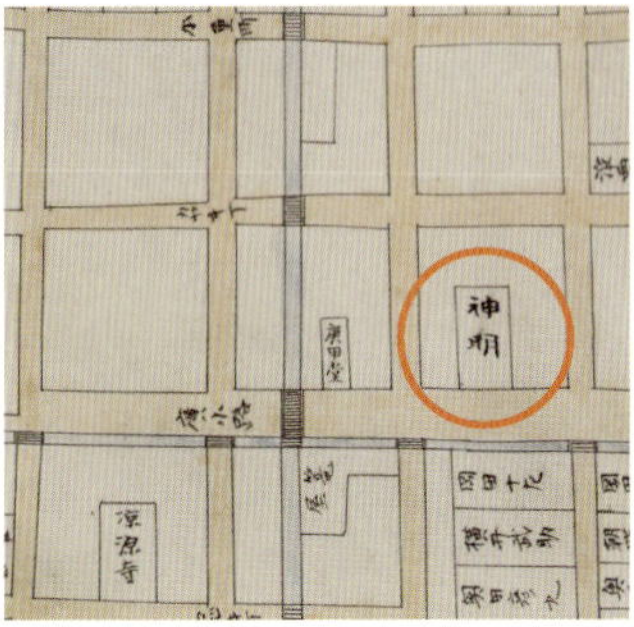

図2　広小路本町（「安政名古屋図」1828～37年〔文化11～天保8〕、名古屋市鶴舞中央図書館所蔵）

以下、歴史地理観光掲示板を紹介することによって、江戸時代に思いを馳せることにしたい。

安政の名古屋図（図2）に「神明」（丸印）とあった神社を探してみよう。本町通りから広小路を東へ少々いったところにこんもりした森があったので、そこの前に行ってみたら「朝日神社」とあった。コンクリート鳥居の前の石灯籠に「神明宮」と刻まれていたので、間違いない（図3）。

図3　朝日神社

名古屋の都心「栄」のど真ん中、それもビルとビルの谷間に江戸時代が残っている！これも「なごやの歴史発見」の一コマになりそうだ。明治時代にこのあたりの風景画が「歴史地理掲示板」にあった。中央奥が朝日神社である。ここではイラストの元になった

写真で紹介する（図4）

さて堀切通りの細い道がいつから広く、広小路になったのか。その答えも「歴史地理掲示板：広小路の誕生　万治元年（1660）」にあった（図5）。「万治の大火（1660年）の後、防火空間確保のために町屋を取り払い、堀切筋を3間から15間に拡張したことから「広小路」の名が生まれた。この道幅は現在もほぼ同じで、当時（江戸時代）はこの広い通りに、大道芸人、見世物小屋、茶屋、縁日が並び、庶民の楽しみの場として賑わったという。本町通り以東、堀切通り以北の町屋が全焼というすさまじい大火であった。

享保年間（1716～36）と元文年間（1736～41）の、いわゆる享元絵巻の時代の主役は尾張藩七代藩主の宗春であった。牛に乗ってのあでやかな姿も掲示版で紹介されている。

もう一つ、柳薬師の図を載せておこう（図6）。本町通りと広小路の交わるところにあり、「享元絵巻」の出発点にある風景が描かれている。「広ぶら」説明版には柳薬師の由緒が書かれているが、本書85ページの『尾張名所図会』では見えにくかった広小路に沿った用水路とそれに架かる橋を渡って参詣する人々の姿がはっきりとわかる。女性も子どもも広ブラを楽しんでいたようだ。

図4　明治の広小路の町並み。右隅の塔は日清戦役第一軍戦死者記念碑（現在は覚王山日泰寺近くに移設）。中央付近の森が朝日神社

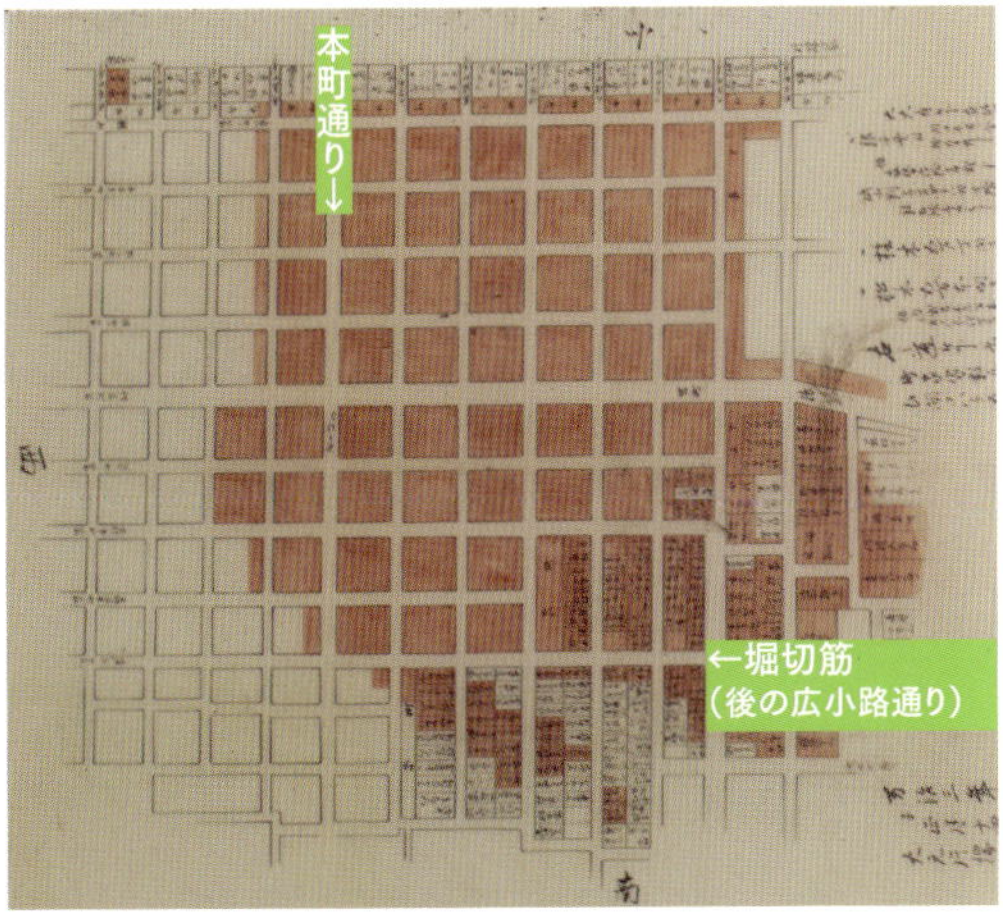

図5　広小路誕生　1660年（万治元）名古屋大火災
（「広ぶら、芸ぶらHISTORY」から）

図6　柳薬師団扇

広小路の近代

「大名古屋市」1940年（昭和15）から

本書28ページで紹介した「大名古屋市」の左上の手書き地図を拡大して掲載する。戦前の街並みには、まだ明治・大正の面影が残っている。

いとう呉服店（1910年〔明治43〕竣工。25年に現在の大津通り沿いに移転（松坂屋）。建物は栄屋が使用した。

十一屋呉服店から東を望んだ風景（大正時代）

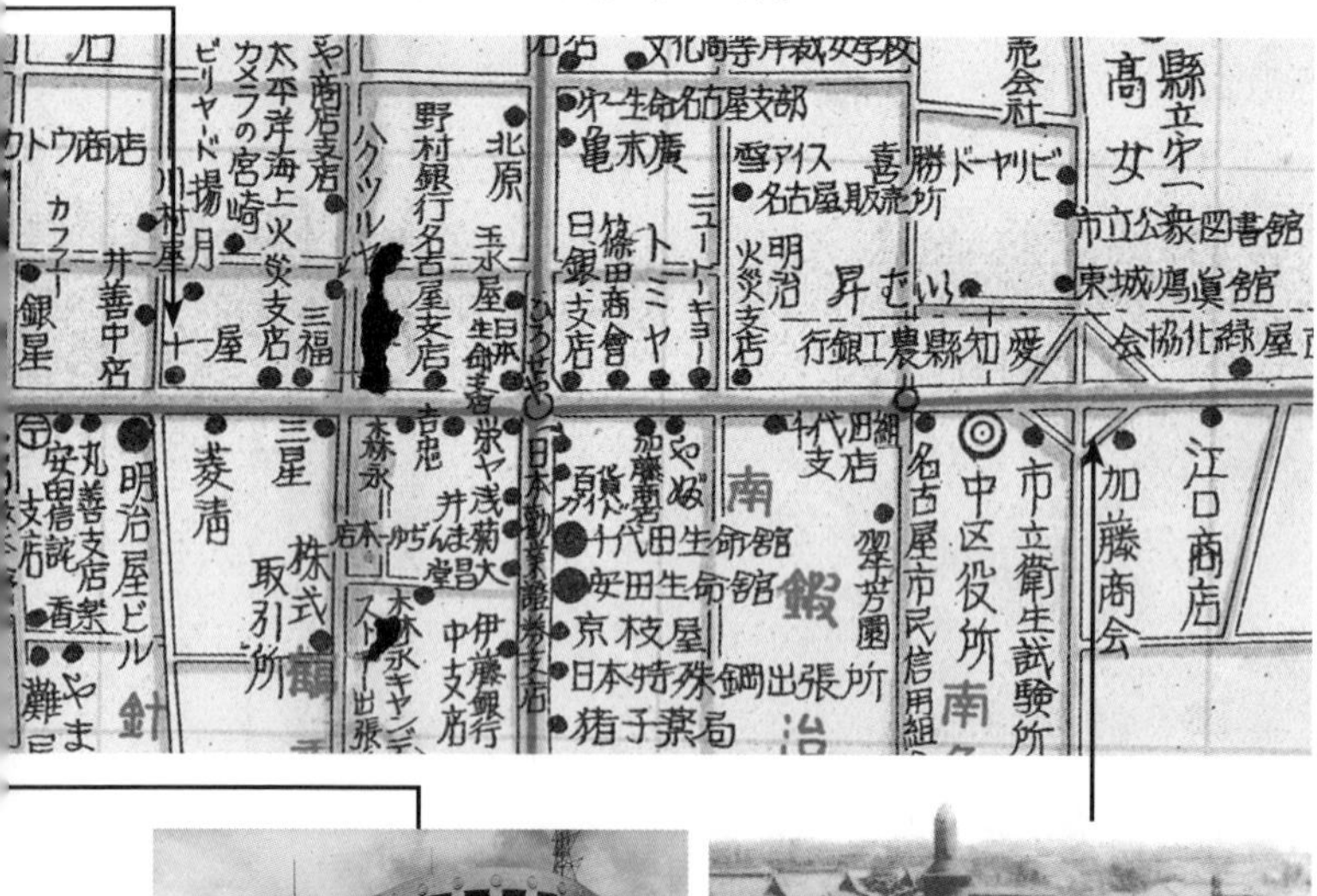

名古屋日本徴兵館（1939年〔昭和14〕竣工。

日清戦役第一軍戦死者記念碑（1920年〔大正9〕に覚王山に移転。地図では迂回していた市電の線路がまっすぐになっている）

現在、跡地に記念碑として残る外壁材

北浜銀行名古屋支店（1915年〔大正4〕竣工）別名八層閣

十一屋呉服店から西を望んだ風景（大正時代）

十一屋呉服店
1937年〔昭和12〕
地上7階に改築

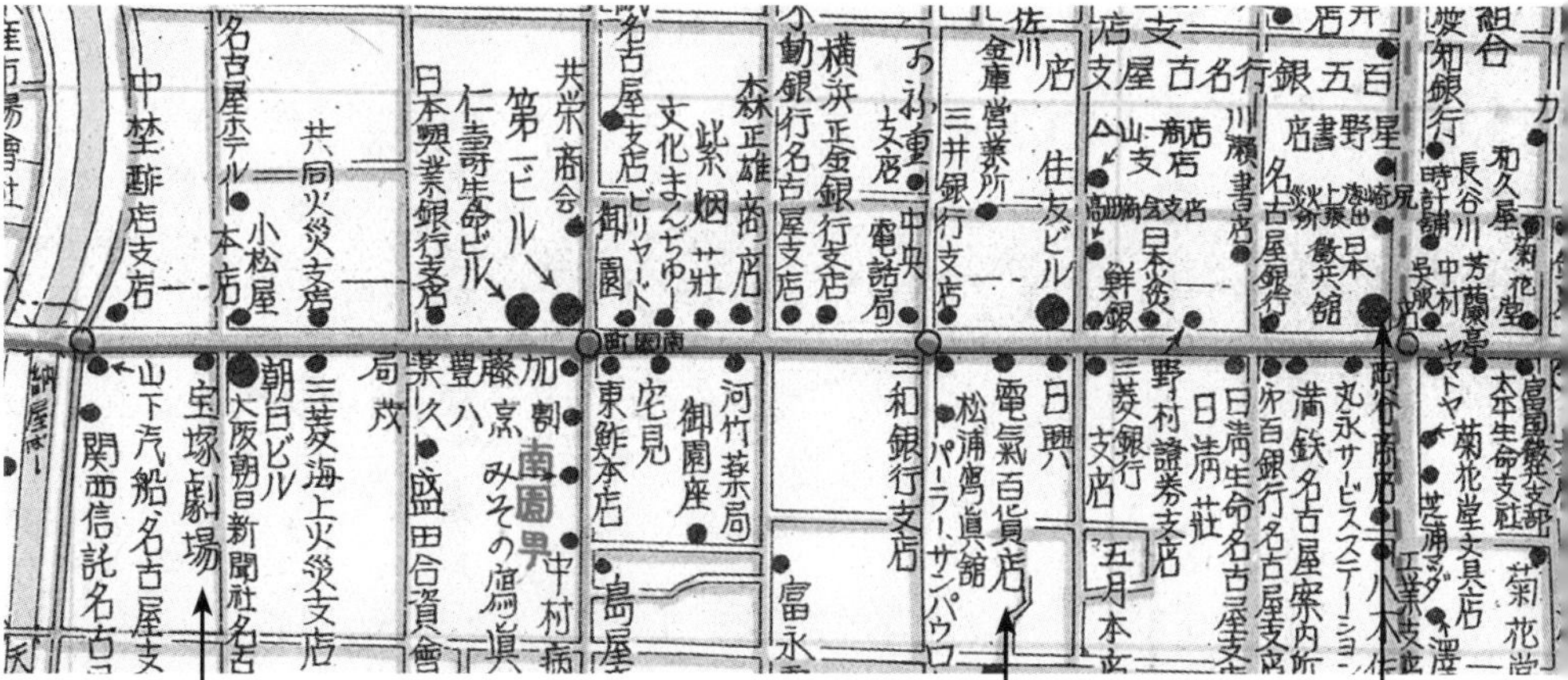

名古屋宝塚劇場
（1935年〔昭和10〕竣工）

電気百貨店
（1929年〔昭和4〕竣工、でんきの科学館所蔵）

手前のビルが住友銀行。その奥が三井銀行名古屋支店（1913年〔大正2〕竣工）。同じ位置に現存する三井住友銀行名古屋支店の建物は1935年（昭和10）竣工のもの

広小路の戦後
―「廣小路新地圖」1952年（昭和27）から

「名古屋タイムス」1952年（昭和27）10月27日号に掲載された「廣小路新地圖」。広小路伏見交差点から柳橋付近までのイラストマップを再録する。

広小路を栄方面から名古屋駅を見る（1953年〔昭和28〕、名古屋都市センター所蔵）

いまではすっかり様変わりしてしまったかつての街並みの記録。街角の靴磨き屋さん、公衆便所、公衆電話、空き地の野菜畑、通りを走る市電……地図を眺めるだけで、当時の街のざわめきが聞こえてくる……。（写真やキャプションで言及したお店などにはアミをかけた）

1936年開業の名古屋観光ホテル外観。第二次世界大戦後にGHQに接収された。1956年に接収を解除され、営業を再開。1972年に現在の建物に建て替わっている。

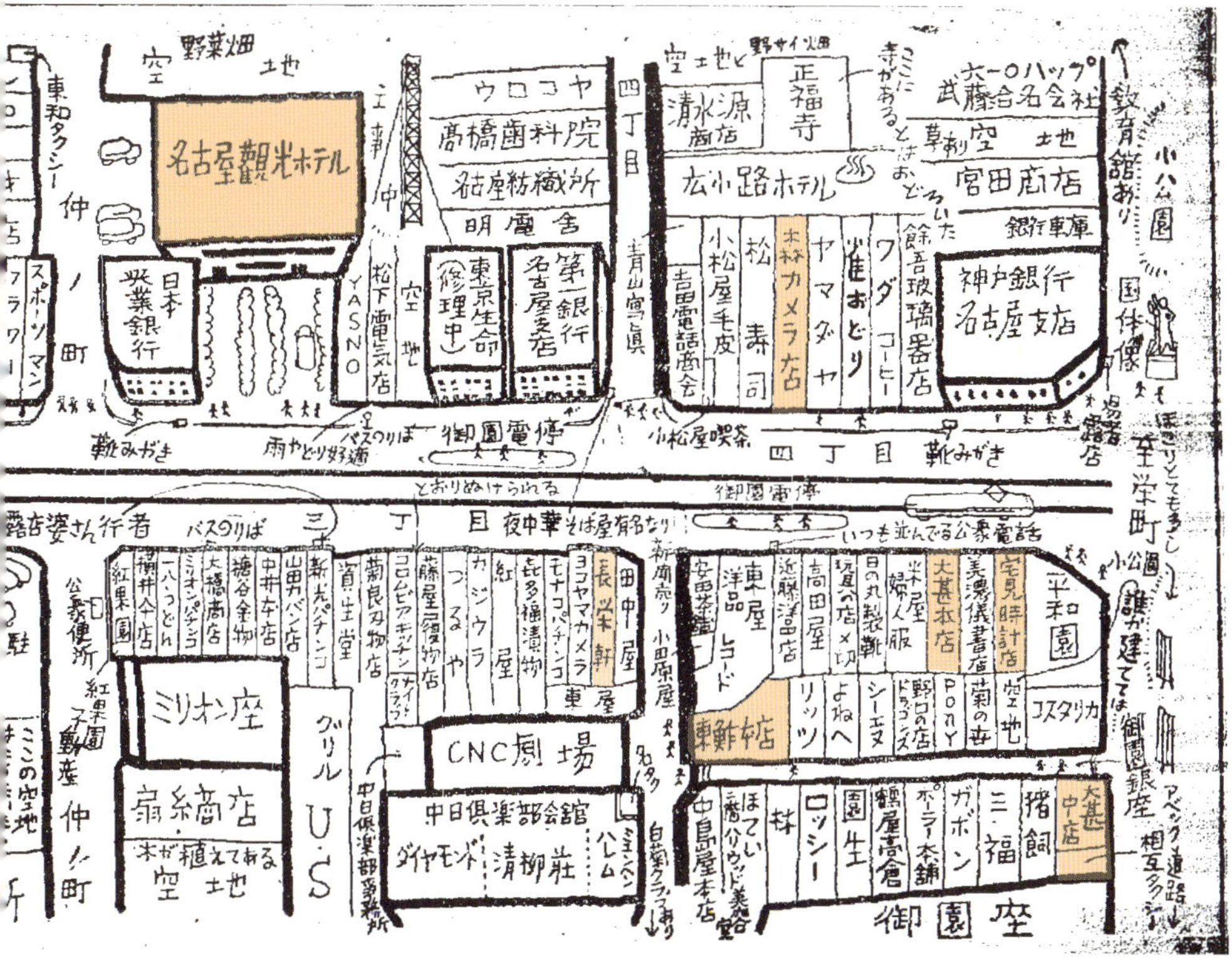

広小路通3丁目あった長栄軒の直営店（1929年〔昭和4〕、長栄軒所蔵）。ここで1970年までパン菓子の販売と喫茶レストランの営業が続けられた。現在の「森カメラ店」がある位置である。その森カメラ店は、通りを挟んで右斜め前にあった

新柳町通り商店街夜景（1935年〔昭和10〕、名古屋市市政資料館所蔵）。宅見時計店の看板が見える。戦災をへて、現在もほぼ同じ場所で営業中（新柳町通は広小路通の一部）

＊創業1869年（明治2）の東鮓本店、1907年（明治40）創業の老舗酒場、大甚（本店・中店）は、現在も同じ場所で営業中。

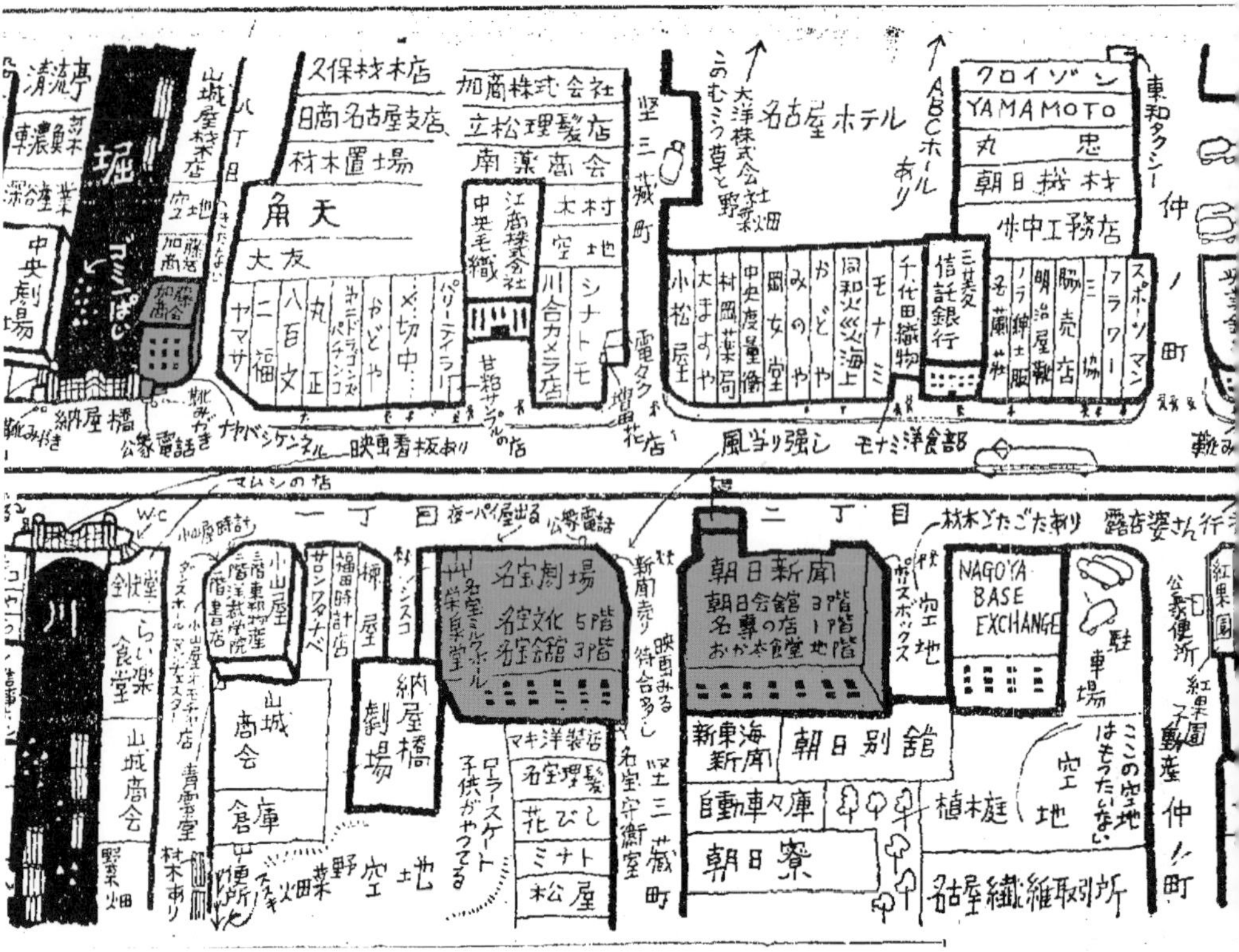

＊加藤商会ビルにはタイ料理レストラン「サイアムガーデン」が営業中。地下１階は堀川ギャラリー
＊「全快堂」は大須に移転して営業中
＊大阪朝日新聞名古屋支社ビルは本書 61 ページを参照

広小路祭りの風景

納屋橋でおこなわれていた川施餓鬼（地蔵流し）。後方は名宝会館（現在は名古屋東宝ビルに建て替わっている）

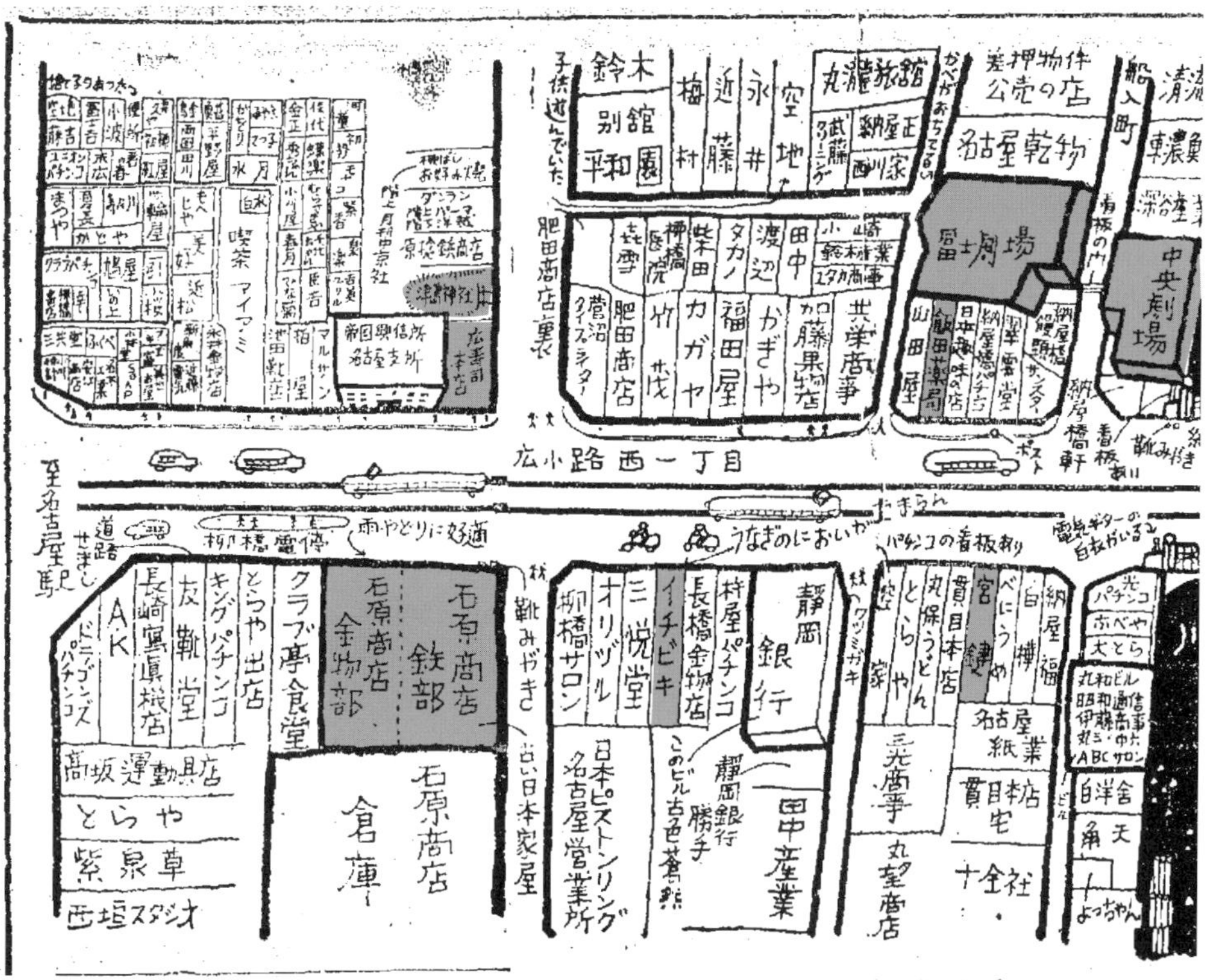

廣寿司本店。裏の津島神社はいまもそのまま

富士劇場と中央劇場の前の通りと看板。お正月に撮影されたと思われる。すごいにぎわい

石原商店

＊うなぎ・天ぷら・会席料理の店「イチビキ」、かしわ・うなぎ料理「宮鍵」、通り向かいの「飯田薬局」はいまも同じ位置で営業中

名古屋駅

池田誠一

明治時代

　名古屋駅は、1886年（明治19）に設置された。中山道を通る鉄道工事のための、武豊からの資材運搬線の臨時営業駅だったとされる。が、中山道鉄道の名古屋へのルート変更ではないかとの見解もある（当初は「名護屋駅」だった）。すぐ計画ルートは中山道から東海道に変更されたが、この変更には、当時の名古屋区長吉田禄在の働きが大きかったといわれる。

　駅位置は、図1（図中の丸印）にあるように、笹島交差点の西北である。当時の鉄道駅は、原則、街道との交点に計画されていた。しかし西に向かう街道の柳街道は狭隘だったため、吉田禄在は広小路の西部への拡幅延伸を提案した。そして予算不足から市民への寄付金を募集し、難航の末、駅開業の翌年に開通させている。

　開業直後の名古屋駅前は、線路築造の土取り跡が水溜りになって残る、寂しい所だった（図2）。そして5年後の1891年には濃尾地震によって駅舎が倒壊し、すぐ拡張した2代目の駅舎が建設された。

　城下から駅へのアクセスには、広小路通の他、碁盤割の中心、伝馬町通からも泥江町に延伸され、駅からは、V型のアクセスになっている（今の泥江町から笹島への斜めの道）。

　名古屋駅には、その後、1896年に関西鉄道（現・関西線）が入り、名古屋駅の南に、近代的な愛知駅がつくられた。

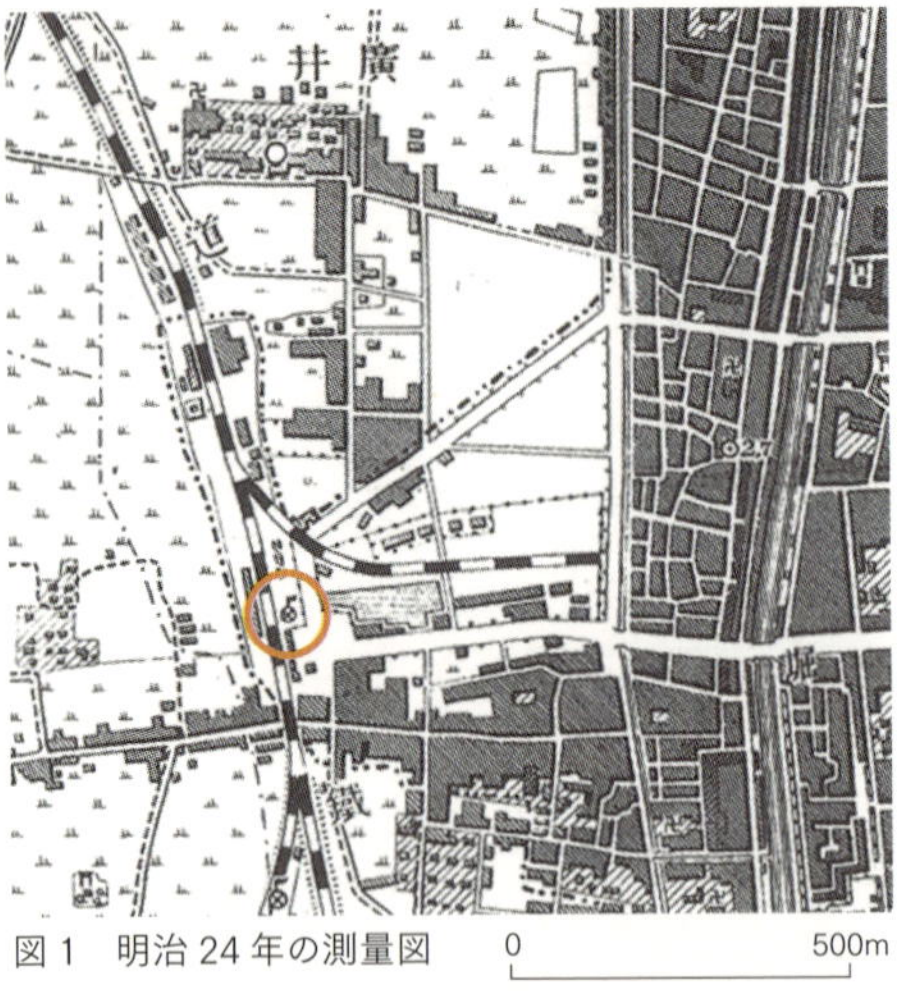

図1　明治24年の測量図

図2　開業直後の名古屋駅
（名古屋市鶴舞中央図書館所蔵）

また1898年には、駅前から広小路通に我国で2番目の路面電車が開業した。さらに1900年には中央線が乗り入れるなど、駅付近はどんどん変わっていった。

昭和時代初め

次に、名古屋駅前が大きく変わったのは、1937年（昭和12）の駅舎移転の時である。

1924年（大正13）、新しい都市計画制度によって、駅の北に24間（44m）幅の「広路」が計画された。今の桜通である。

新駅は、図3のように、線路を西側に移し、駅舎も北に200mほど移動させるという計画だった（図4）。またここでも、点線で東北に那古野町への道が書かれており、V型アクセス道路とされている。

新設された駅舎（3代目）は、当時東洋一とされ、開業を契機に、汎太平洋平和博覧会が計画されている。

そして、従前の空いた線路用地を使って、名古屋鉄道の名古屋駅への乗り入れが実現した。まず、1941年（昭和16）に北の枇杷島から新線ができ、地下駅が完成した。そして19年、軍事輸送の一環として南の神宮前からの乗り入れが完成し、南北がつながった。（図3では地下予定線になっている。）

戦後

戦後の名古屋駅は二つの転機があった。一つは戦後10年の昭和30年代。地下鉄（東山線）や地下街ができ、駅前のビル群が並んだ時である。いま一つはその後40年。地下鉄の桜通線が開通し、JRのツインタワー（第4代目の駅舎）に始まる高層ビル群への建替えである。

そして、さらに10数年後には、今度はリニア中央新幹線の完成で、また大きく変わろうとしている。

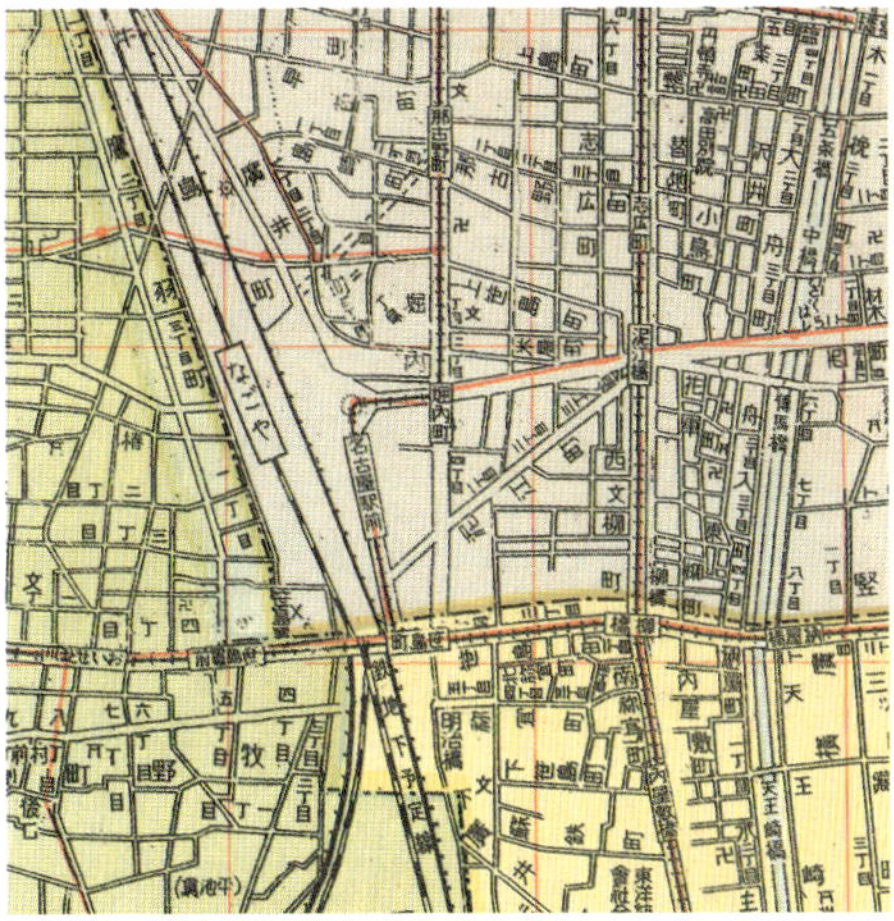

図3 「大名古屋新区制地図」1938年（前田栄作氏所蔵）

図4 名古屋駅前 1937年（『名古屋鉄道社史』）

遊廓の面影

モダン名古屋幻視行

かつて新興の盛り場だった大曽根界隈を歩く

加藤政洋

市の東北部の盛り場として日毎に面目を新にして行く大曽根の情感。十州楼横の広々した一廓に夜店もあり映画館もあり、新興の気を街一ぱいにぶちまけているのがこゝの特色。（稲川勝二郎『歓楽の名古屋』趣味春秋社）

モダン名古屋を代表する新興の盛り場のひとつ（新開地）として、大曽根の界隈を挙げることができる。この方面には、紡績会社の大工場や製陶会社をはじめとする中小の工場が立地し、そこに働く労働者の住宅、そして労働者とその家族を相手とする商店・飲食店も建ち並んで、近代の都市に特徴的な住・商・工の混在する地帯を形成したのだった。

私娼窟・城東園の誕生

昭和初年、新興の盛り場たる大曽根の周辺には、もうひとつ別の色が加わる。それはなんと、「私娼街」であった。たとえば、当時の名古屋

吉田初三郎『観光の名古屋市とその附近』1933 年

図1　魔窟大曽根風景（『犯罪公論』第2巻第1号から）

図2　下飯田魔窟の遠望（『犯罪公論』第2巻第1号から）

ナイトライフの手引書とでもいうべき島洋之助『百萬・名古屋』を開いてみると（名古屋文化協会）、わざわざ「私娼街」の項目を設けて、次のような説明がなされている。

> 瀬戸電森下停留所から……線路に沿ふて四五丁、同大曽根停留所迄〔、〕更に中央線のガアドをくゞつて、矢田から守山口迄延びてゐる線路を挟んで向ひ合つた家々は明りも取れやうが、小路露路に密集したのは、昼さへ暗きトンネルの感じだ。

この大曽根の私娼街は、1931年（昭和6）秋の取り締まりによって、一時は「完全に消滅した」ものの、その後すぐに復活している（図1）。注目すべきは、その間に、「忽然と、下飯田の原つぱの中に、長屋が立ち並」び、「名古屋の玉の井」が出現した、ということである（図2）。

『名古屋観光案内』にも、やはり「私娼街」の項目で、「名古屋の私娼街と云へば、まづ此処〔大曽根〕に指をおるであろう」こと、さらにはその大曽根から分離・独立したのが「下飯田」であるとし、「完全に一個の廓を形作つて、約百軒の店が軒をつらねてゐる」と紹介された（名古屋観光協会編『名古屋観光案内』名古屋観光協会）。

そしてわずか数年のうちに、この「私娼街」はその名も〈城東園〉と呼ばれて定着していたのである。

> 喫茶店、酒場、小料理屋、化粧品店、タバコ屋、自動車屋、射的等々に囲繞された不夜城の一廓、銘酒屋の数はしめて二百五十軒、客ひとたび内を覗へば、その艶なる誘惑は、神技に達すると言ふも過言ではありますまい（前掲『歓楽の名古屋』）。

記載された妓楼（銘酒屋）の数が正しいとすれば、倍以上の規模に発展していたことになる。

　こうした変化に目を向けたのは、なにもジャーナリストばかりではなかった。たとえば、戦前・戦後を通じて活躍した都市プランナーとして知られる石川栄耀《ひであき》も、「私娼窟」の発生に関心を示して、その立地条件を自ら考案した同心円状の都市発展モデルのなかで論じたのである（石川栄耀「人文地理的角度から——都市力学の演習」（『都市公論』第15巻第6月号、1932年）。

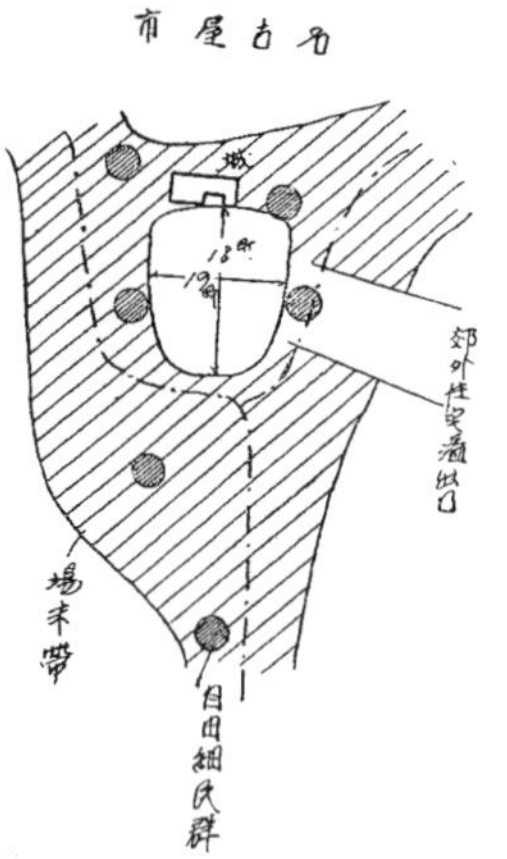

図３　石川栄耀の「場末帯」モデル

　彼のモデルの特色は、旧城下町の外延部に集積する工場、それら工場に雇用される労働者の住宅、そして居住者としての労働者を相手とする商店街、つまり住・商・工が混在する地帯を「場末帯」と称して明確に位置づけたことである（図3）。

　まさに大曽根は、この地帯に特徴的な地区であった。

　先づ自然的に頗る自由な形で顕はれたのが、いづれも中心地より三〇町の地点。北で大曽根の瀬戸電沿ひ（一〇〇戸三〇〇人）西で尾頭附近の堀川端。それが徹底的にうけた清掃のソノ効果を嘲笑するが如く、官憲の手の入つた、スグ後に出来たのが新亀戸と称する、上飯田の一廓で、現在四〇戸一三〇人、更に三〇戸増築中と云ふ、強大なものである。

　石川はこのように、「私娼窟」の成り立ちを一瞥し、それらを「恐らくは名古屋私娼時代の先駆を為す」ものと位置づけている。その上で、「面白いのは、是等の私娼窟が名古屋では必ず工場地帯とファンクションを為し、場末帯の外皮、新興労働者群の中に発生分布されてる事である」と、「場末帯」と「私娼窟」の立地の関わりを指摘したのだった。

紙上探訪してみよう

　さて、この〈城東園〉であるが、戦災で全焼したものの、戦後は元の地の南方に場所を移して再建されている。「花街復興 名古屋の巻」と題された記事によると（『旅』第25巻第5号、1951年）、「妓楼は百五十六軒、娼妓三百名と戦前並」であったというから、本格的に復興していたものとみてよい。ここで、戦後当時の〈城東園〉を紙上で探訪してみ

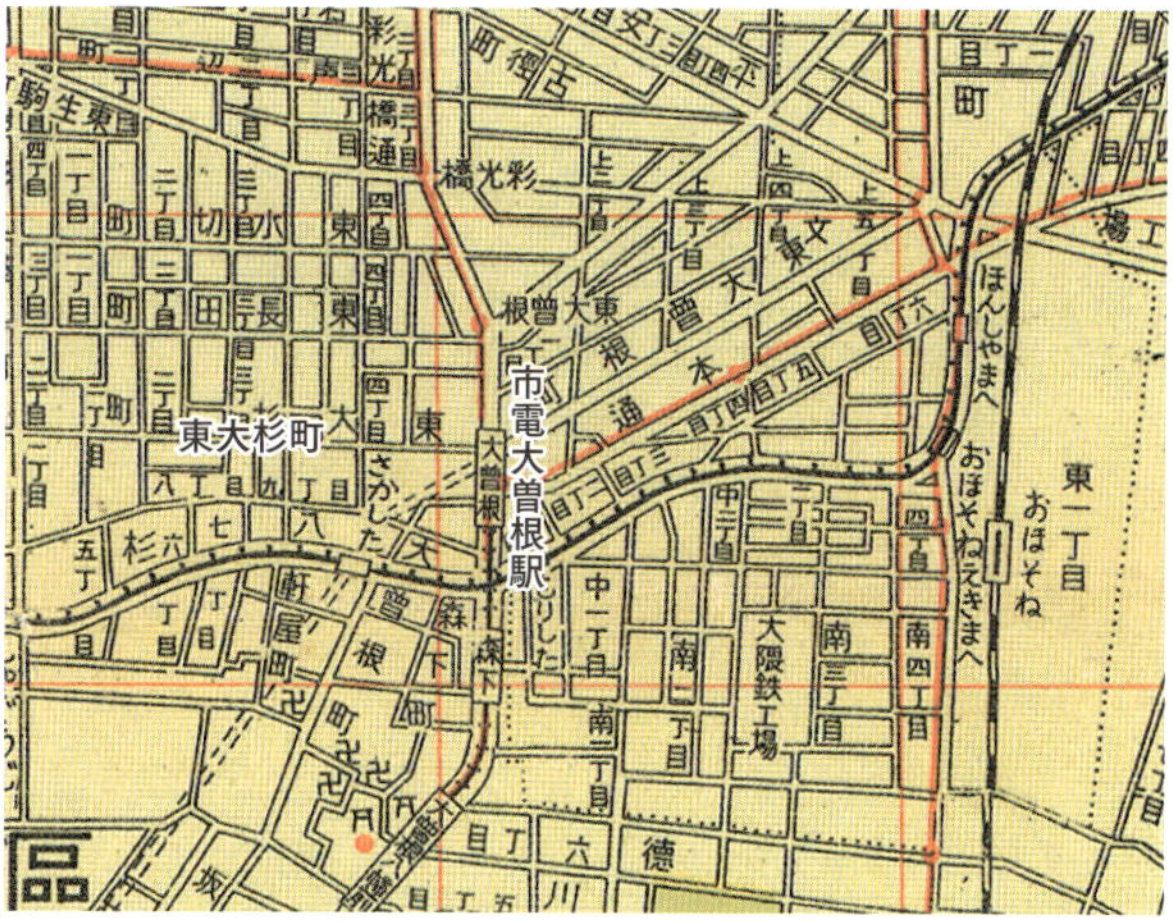

1938年の大曽根（「大名古屋区制地図」前田栄作氏所蔵）

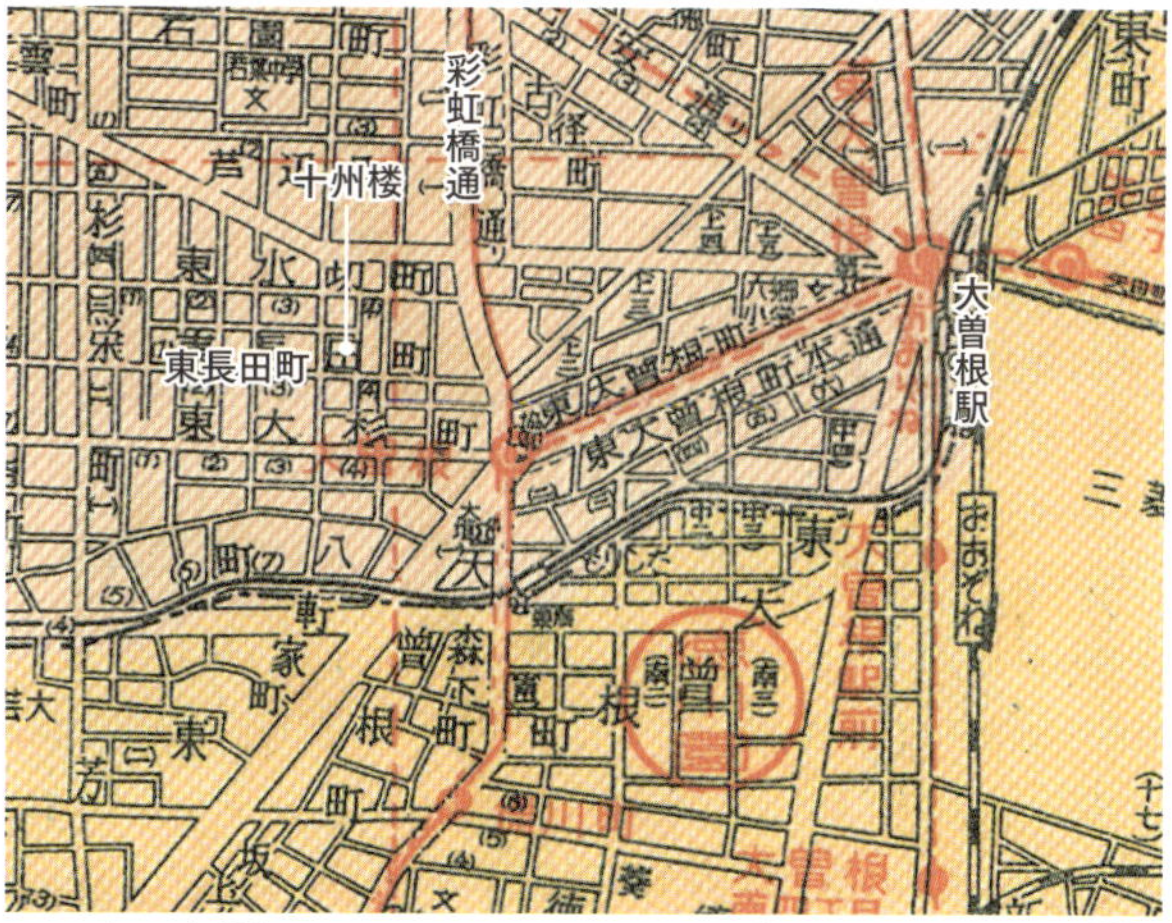

1955年の大曽根
（「大名古屋市新地圖」個人所蔵）

よう（以下の文章は、当時の城東園をルポした法善寺康雄「肉体の街 城東園の生態をのぞく」（『オール軟派』第3巻第3号、1948年）をアレンジして構成している）。

発達した市電網を利用し、新栄町の交差点から最終電車に乗って大曽根で下車する。夜の10時を過ぎても、停留所の周囲は戦後に叢生した「マーケット」の店々がまだ開いていて、酔客や行き交う遊歩者でにぎやかだ。整然と区画された街区を西へ一直線に延びる街路（東大杉町）を進む。現在は道路が拡幅されて当時の面影を見つけることはむつかしいが（現・スズラン通り）、当時は戦災をまぬかれて建ち並ぶ商店のなかに、中華料理店や汁粉屋、そして喫茶店に一杯飲み屋などが点在して、道行く客を惹いていたのだった。

500mほど西へ歩を進めると、北側のみ道路拡幅された、やや大きめの交差点に出る。路頭に立って右手（北）を見やれば、そこは歓楽の巷、原色の街が闇夜に浮かび上がる。50mほど先の道路の両側には、石造の門柱。それを過ぎると、大黒屋、入船屋、ラッキー、花園やらの屋号を掲げた妓楼が建ち並び、店々からは赤い灯、青い灯が路面にこぼれて、深夜であるにもかかわらず、ここばかりは光の街といった様相だ。

見世口にはテーブルと椅子が置か

れ、奥の棚にはビールやらサイダーやらの瓶が並んでいる。建前は、あくまで飲食店というわけだ。道行く客に声をかける女性たちは、ほとんどが和服である。このメインの道路を軸線として、東西の両側に分厚く妓楼が集積しており、あたり一帯でこうした光景が、日夜繰り返されるのだった。

さて、現在、旧〈城東園〉にその面影を訪ねるならば、JR中央線大曽根駅から彩虹橋通りに出て、東長田町を西進するのがよいだろう。ここもまた戦災をまぬかれた地区で、スズラン通りとは対照的に、現在でも古い木造の家屋が部分的ながらも残っている。有形文化財に登録された老舗料亭「十州楼」があるほか、1932年（昭和7）に登記されたという飲食店の建物なども印象的だ。

旧〈城東園〉のメインストリートだった南北の通りには、往時の石柱が存在しないのはもちろんのこと、交差点名として使用されていた「城東園東」も消えて久しい。とはいえ、通りに面して個室付特殊浴場（ソープランド）が堂々と店を構えていることは、場所の履歴を想起させるものがある。周辺にはかつての妓楼とわかる建物も少なからず分布しており（図4）、街歩きブログのネタとしては事欠かないようだ。

特異な歴史を背負わされた街の現在を探訪する際には、往時の面影をそっと眺めるにとどめて、静かに通り過ぎて行くのがよい。過去を切断することはできないにせよ、その場所の現在はそこに暮らす人の生きられる空間であるのだから。

図4　東長田町に残る木造建築

遊廓の面影

中村遊廓

点在する〈場〉の記憶を求めて

加藤政洋

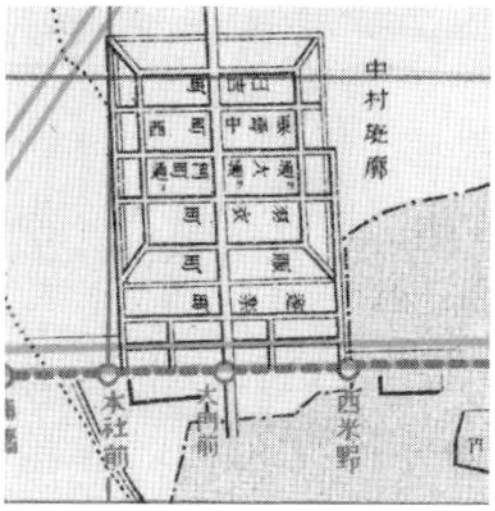

中村遊廓（「名古屋市街全図」1924年から）

『アサヒカメラ』1959年9月号の木村伊兵衛の「わたしの散歩道」には、「さしもに有名だった名古屋の中村遊郭《ママ》も、売春禁止法のためにこのところ全く閑古鳥でも鳴きそうなさびしさ」という文章を添えて、「中村遊郭《ママ》跡にて」と題された一枚の街角スナップ写真が掲載されている。1923年（大正12）に移転・新設された中村遊廓は、戦後、その名を「名楽園」と改めて営業を続けていたものの、罰則規定を含む売春防止法の全面施行を前に、1958年12月末、全国に先駆けて82軒の妓楼が一斉に転廃業へと踏み切ったのだった。新歓楽街を目指して、旅館・「トルコ風呂」・バー・貸席などとして再生した店舗も、時代のニーズに合うことはなく、期待されたようなモデルケースとなることはなかった。地区内には、見事な廓建築がいまだ点在して好事家の歓心を買っているほか、ファサードを改築して廓建築を転用した数軒の個室付特殊浴場（ソープランド）が、場所の系譜を今に伝えている。

大門通り（『歓楽の名古屋』から）

旧中村遊廓の一隅にある素盞男神社。鳥居には「大正十三年七月」とある。移転した翌年に建立されたことになる。また、灯籠には「廓内安全」と刻まれていた。場所の記憶は、このようなところにも残されている

廓建築に残る飾り窓（？）

近世都市と村

もうひとつの近世都市・熱田

いまに残る近世の港町の残照を求めて

山村亜希

名古屋城下町と熱田

名古屋城下町の本町通を南下し、江戸と京を結ぶ東海道に到達する場所にある町が、熱田である。熱田は、熱田神宮の門前町として名高いが、同時に東海道の宿場町である宮宿《みやのしゅく》でもあった。また、東海道は熱田から桑名までの間を海路で渡る（七里の渡し）ため、熱田は伊勢湾に面する港町でもあった。港町熱田は、渡し場としての役割とともに、城下町名古屋の外港として発展した。このように水陸の要衝に位置し、さまざまな顔を持つ熱田は、名古屋と並ぶ、尾張屈指の大都市であった。このもう一つの近世都市熱田の景観を、よく表している古地図が、1771年（明和8）の「尾州熱田画図」（名古屋市博物館所蔵）である（図1）。

熱田台地と神宮・寺院群

名古屋から続く南北に長い熱田台地南端の高台は、堀で囲まれた広大な神宮の境内で占められていた。近世都市熱田が、第一に神宮を核とする門前町であったことは間違いない。熱田の宗教都市としての顔は、境内の西側によく現れている。西側には、平安時代以降、中世・近世にかけて、続々と創建された多数の寺院群が、所狭しとひしめき合っていた。現在は一つ一つの寺の規模は縮小し、目立たなくなっているが、注意して歩くと、普通の住宅にまぎれて、やけに寺が多いことに気づく（図2）。この場所は、熱田台地の西斜面にあたり、伊勢湾を航行する船からよく見えただろう。同じ西斜面には、古代の大型古墳（断夫山古墳・白鳥古墳）があるが、これらは海から目立つ、古代尾張のランドマークであったはずである。この古代以来の特等席には、中世より徐々に寺院が増加し、近世には城下町の寺町景観とよく似た、寺院密集地区となった。

港と市・町

熱田神宮の参道は、熱田台地の突端に向かって南に延び、その突き当たりが港の船着場

図2　熱田神宮境内西側の寺院の一つ・法持寺

であった（図3）。近世の港には鳥居が立ち、海と神宮との関連の深さをうかがわせる。港の広場空間の周囲には、熱田の支配をおこなう熱田奉行所や尾張藩の西御殿などの公的施設が立ち並んでいた。中でも目立つのは、海に浮かぶ方形の人口島の尾張藩東御殿である。現在も、かつての七里の渡しの船着場には、17世紀半ばに作られた常夜灯が立つ。熱田名物である魚市は、港の広場から参道にかけて開催され、市場という町名も残る。すでに近世より前の戦国時代から、参道を中心に門前市と港が賑わっていた様子は、

図1　「尾州熱田画図」1771年（明和8）
名古屋市博物館所蔵

図3　港の船着場（七里の渡し）

16世紀前期の「熱田社参詣曼荼羅図」（徳川美術館所蔵）に、生き生きと描かれている。

戦国時代の曼荼羅図には、港と市に集まる2筋の道が明瞭に描かれているが、その一つが後の東海道となる道筋である。東海道の通る場所は、本来は低湿地で、今道という地名が示唆するように、中世でも比較的新しい時期に道路の開設と町場の開発が進んだ地区であった。戦国時代の曼荼羅図には、道路の両側に家並が続き、武士や僧侶などさまざまな装束の旅人が行き交う様子が描かれ、すでに都市化している様子を見て取れる。江戸時代の東海道の宿場町の原風景であろう。もう一つの市・港に集結する道が、後の本町通の終点にあたる中瀬町である。ここにも、東海道とよく似た家並と人々の往来する風景が描かれ、近世本町通の原型は、すでに16世紀前期にできあがっていたことがわかる。

図4　港町の路地

歴史が刻まれた景観

最後に、熱田の港町の景観を探ろう。港の広場空間の東西には、水辺に向かって、多数の路地が突き出す、独特な街路パターンの地区がある。このウォーターフロント地区が、港湾労働者や商職人の住む熱田の港町であった。元々は海中であり、戦国期以降の港町の発展に伴って、急速に埋め立てが進み、海岸線が前進してつくられた新開地である。ここは、海岸線に対して直交するように、平行して走る多数の路地が特徴であり、今もこの路地列がよく残されている（図4）。このような水辺や浜に向かって平行して幾筋も延びる小道群は、実は熱田だけでなく、他の近世の港町や漁村にもしばしば見られる風景である。このような街路パターンになる理由はよくわからないが、近世港町のウォーターフロントに特有の景観がここにあると考えてよい。

門前町であり、宿場町であって、港町でもある近世都市熱田は、冒頭に書いたように、多様な機能と景観が混じり合う、複合都市であった。同時に、古代・中世以来の古い歴史と開発の軌跡が、景観に強く刻まれた歴史都市であった。この点が、江戸時代の計画都市でニュータウンである名古屋城下町とは対照的であり、熱田の「個性」でもある。

この熱田らしい歴史景観の多くは消滅し、一見すると、まったく残されていないようにも思える。しかし、車や自転車を降りて、幅の広い車道から一筋脇にそれて、町の中を丁寧に歩けば、意外なほど、今の風景の中にその残照が生きていることにも気づく。熱田に行って神宮を参拝するだけでは、もったいない。現代の日常風景の中に残る、歴史を発見する楽しさは、都市化の進展した熱田ならではの魅力であろう。

近世都市と村

熱田魚市場の面影

江戸の景観をいまに伝える丹羽家住宅と熱田荘

津田豊彦

　東海道五十三次の第41番目の宮の宿は、伊勢湾の湾奥に位置しており、名古屋開府以前から魚市場があり、二代藩主光友の時、大瀬子、木之免に各々4軒ずつの肴問屋が置かれた。多少の変遷はあって近世末には5軒となったが、名古屋城下はもとより近郊へも魚類海産物を明治以降も供給していた。だが1949年(昭和24)、熱田西町、日比野に名古屋市中央卸市場が開設。熱田魚市場は姿を消すこととなった。

　名古屋城下は七代藩主宗春の一時期を除いて、1874年(明治7)までは遊廓は国禁であったが、宮の宿の妓楼や旅籠屋には飯盛女を置くことは許されていたので、城下からの客を迎えて宮の宿は大いに遊里化して賑わいを見せていた。

　1912年、県令により熱田の廓は稲永へ移された。その後、1945年に戦災を受け、さらに戦後の都市計画道路などにより町は分断され、宮の宿の面影はさらに失われた。

『尾張名所図会』の「熱田の濱夕上りの魚市」「築地楼上の遊興」という森高雅の挿絵は、往時の宮の宿の賑わいを偲ばせる。熱田の濱の沖より七里の渡しの船着場から宮の宿を鳥瞰する「七里渡船着」の図がある(図1)。船着場には常夜灯、その向こうには2階建ての家並みが描かれていて、千鳥破風の玄関の家も見られる。

　現在、七里の渡し船着場は「宮の渡し公園」として整備され、熱田湊常夜灯は復元されている。常夜灯は1625年(寛永2)、犬山城主成瀬正房が建立したものである。挿絵の千鳥破風の玄関の家は、公園に面して幸いに戦災を逃れて今に残る脇本陣「伊勢久」(丹羽家)(図2)である。その西にある2階建ての熱田荘は1896年建立の料亭「魚半」(図3)で、太平洋戦争中は三菱重工業の社員寮となり、現在は高齢福祉施設となっているが、かつての大楼の面影を伝える佇まいである。本陣跡などをたどれば往時の宮の宿を偲ぶことができる。

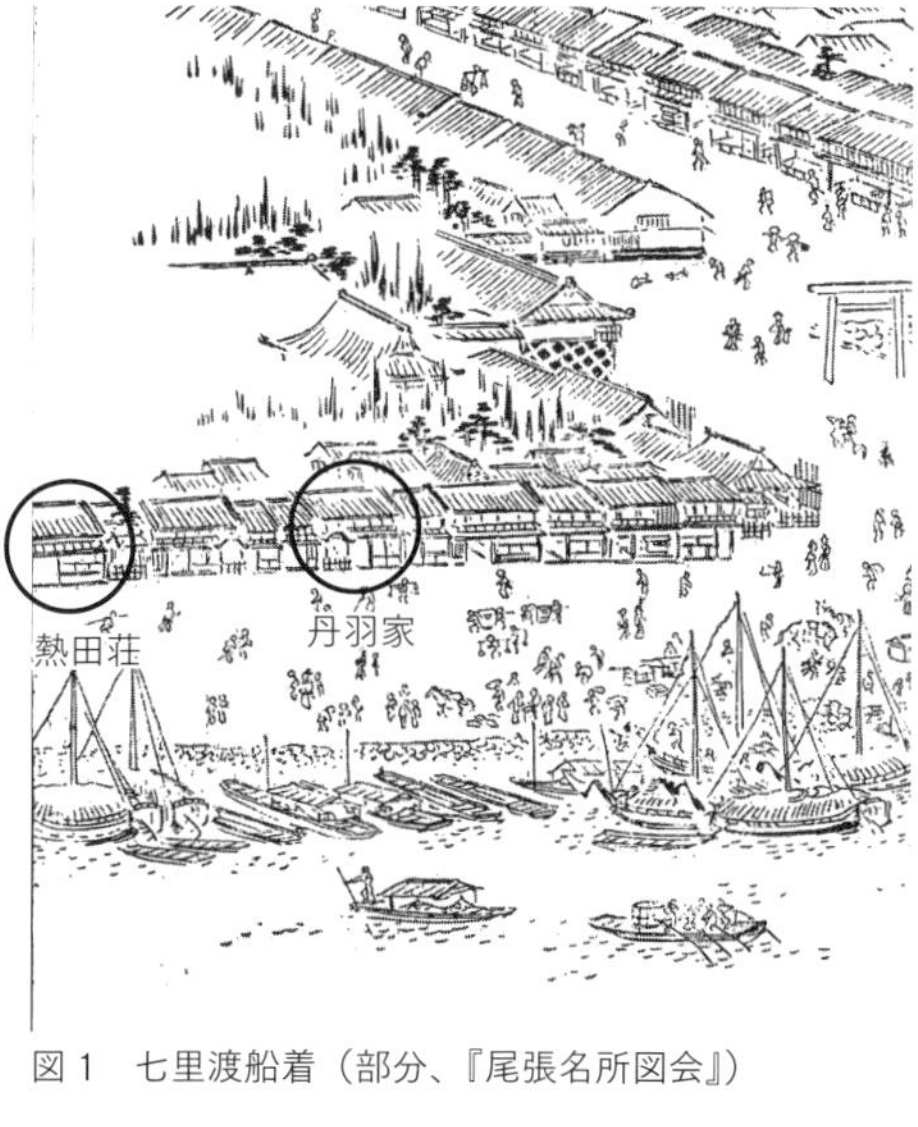

図1　七里渡船着（部分、『尾張名所図会』）

図2　丹羽家

図3　熱田荘

近世都市と村

グリッドに微差を読み取る

昭和区御器所地区・大街区形成の軌跡

片木 篤

名古屋は、3つの都市計画、即ち江戸最初期の清須越、大正から昭和戦前期にかけての土地区画整理事業、戦後期の戦災復興計画をなし遂げた、日本では稀有の大都市である。が、中央線の内には城下町の碁盤割が残され、中央線の外には戦前・戦後の土地区画整理事業によるグリッド（格子状）・パターンの道路網が拡がり、平坦で、単調で、面白味に欠ける都市と言われてきている。その世評とは逆に、グリッド・パターン中の微差に着目すると、一見するだけでは到底わからない、紆余曲折し、複雑な発展を遂げた地区の歴史が浮かび上がってくるのである。ここでは一例として、昭和区・御器所地区を取り上げよう。

四辺の東を環状線、西を東郊通、北を山王通、南を八熊通といった幹線道路で囲われた大街区（スーパーブロック）の現況（図1）を見ると、その全体は概ね東西方向、南北方向に走る道路網で構成されていることがわかる。他方、西側半分に不規則に折れ曲がった道路で構成された一帯がある。これが御器所村の名残であって、今では大街区の中にすっぽりと飲み込まれている。

御器所は、もともと熱田神宮の神領で、神事に用いる土器を作る所であったことから、その名が付けられたと言う。御器所村は御器所台地西縁に位置し、1841年（天保12）の御器所村絵図（図2）では、集落に八幡宮を中心に7つの字《あざ》（道成海道、東脇、北市場、亀口、中屋敷、門屋敷、地蔵堂）がある。集落の北に新雨池（龍興寺池）、東に広見池、南に畑地、そして西には新川（精進川、現新堀川）との間に水田が広がっている。更にその水田の中にもう1つの字《あざ》、嶋退《しまのき》が、集落から追い出された形で島のように浮かんでいる。

八幡宮（図3）は織豊期に活躍した佐久間氏が、1441年（嘉吉元）に修造したと伝えられている領内の総鎮守である。新雨池は、台地際の窪地を利して1664年（寛文4）に築造された溜池で、その南西端にあった佐久間氏の居城、御器所西城は取り壊され、絵図には記されていない。城址には、1924年（大正13）になって、尾張藩初代藩主・義直、14代藩主・慶勝を祀る尾陽神社（1910年〔明治43〕名古屋開府300年を記念して創建、図4）が遷座された。新雨池北岸には佐久間氏の菩提寺、曹洞宗中本山の龍興寺（1538年〔天文8〕創設）の境内が広がり、南岸の末寺、宗円寺、久

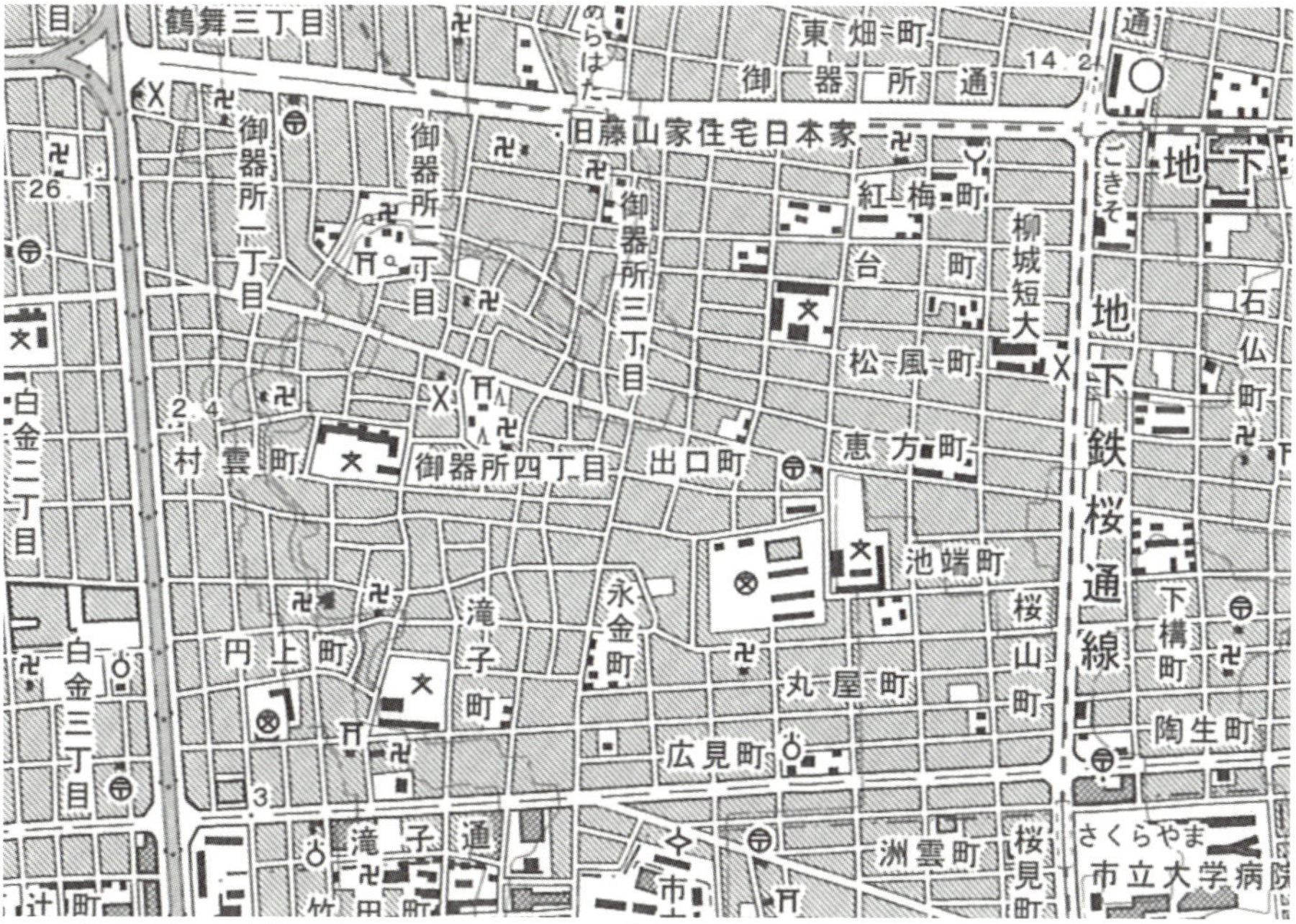

図 1　御器所地区・大街区（2 万 5 千分の 1 地形図「名古屋南部」2005 年）

図 3　八幡宮

図 4　尾陽神社

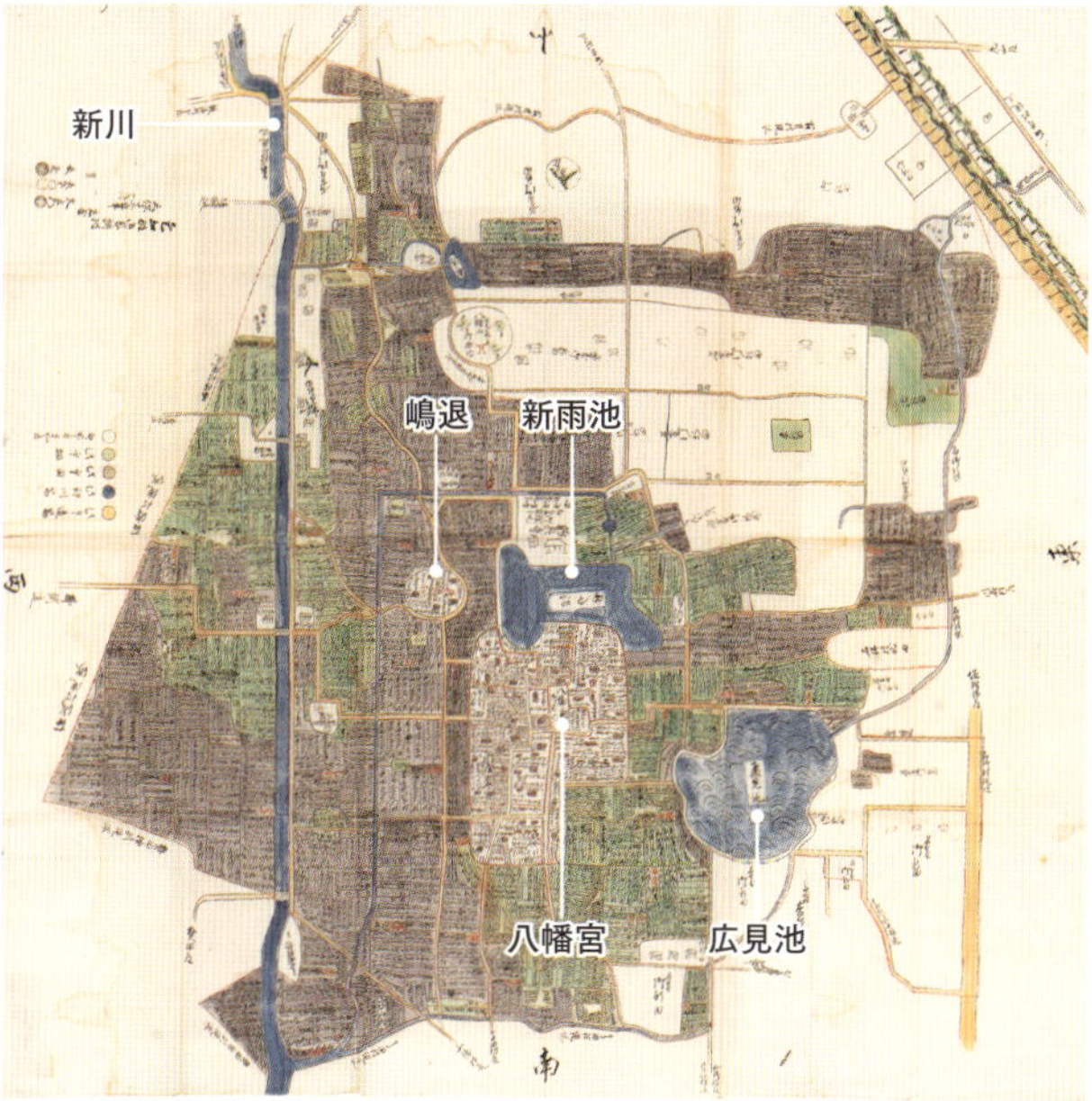

図 2　愛知郡御器所村絵図（1841 年〔天保 12〕、徳川林政史研究所所蔵）

図5　龍興寺客殿

図6　愛知郡役所（『愛知郡誌』）

松寺と向かい合っている。龍興寺の建物や寺宝は戦災で焼失したが、現在の客殿（図5）は実業家藤山雷太邸の客間と楼閣（1932年〔昭和7〕竣工）を移築したもので、「桃山風」と呼ばれる近代和風建築の典型である。御器所村の集落西端には同じく龍興寺の末寺、浄元寺が、南端には浄土真宗の西福寺、更に八幡宮東側には神宮寺があって、村の要所が寺社で押さえられていることがわかる。

現在の大街区のほぼ中央を南北に縦断するのが、飯田街道古井坂と東海道呼続を結ぶ郡道（1909年完成）である。この御器所台地の尾根道北側には名古屋高等工業学校（1905年創設）、南側には第八高等学校（1908年創設）が置かれ、大街区内では広見池を臨む所に愛知郡役所が新築移転（1918年、図6）してきた。御器所台地西縁は八幡山古墳、八高古墳等、古墳文化が栄えた地であるが、それが近代高等教育機関の用地に転ぜられたことは興味深い。

この郡道以西が東郊耕地整理組合（1912年設立）により、以東が阿由知耕地整理組合（1920年設立）により耕地整理がおこなわれた。1937年（昭和12）の地図（図7）を見よう。新雨池、広見池といった溜池が排水、埋め立てられ、後者には市立名古屋商業学校（現向陽高校、図8）が新築移転（1928年）してきた。更には広幅員の東郊通、環状線、八熊通の他、グリッド・パターンの道路網が整備された。このグリッド・パターンに注目すると、郡道以西では縦長の街区に、以東では横長の街区に分けられていることがわかる。横長の街区が宅地区画割りにより適していることと、1920年に都市計画法施行、翌1921年に御器所村が名古屋市に編入されたことを考え合わせると、耕地整理が市街地形成を目的とした土地区画整理に変質したことがうかがえる。実際、大街区南東部では、まずほぼ正方形に耕地整理された後、それが二分され横長の街区に改められた。

またこの時期に大街区の西辺（東郊通）と南辺（八熊通）に市電が通され、前者の嶋退《しまのき》停留所から天池通りに沿って、後者の滝子停留所から郡道に沿って商店街が形成された。

戦後の復興土地区画整理では、東郊通、嶋退《しまのき》通（現山王通）が幅員50mに拡幅されるとともに、幅員15mの都島通が通された。1963年から市電の路線廃止が開始され、1966年には通称郡道バス・吹上～大喜間が路線変更された。代替としての地下鉄3号線（鶴舞線）は、1977年に伏見～八事間が開業、地下鉄6号線（桜通線）

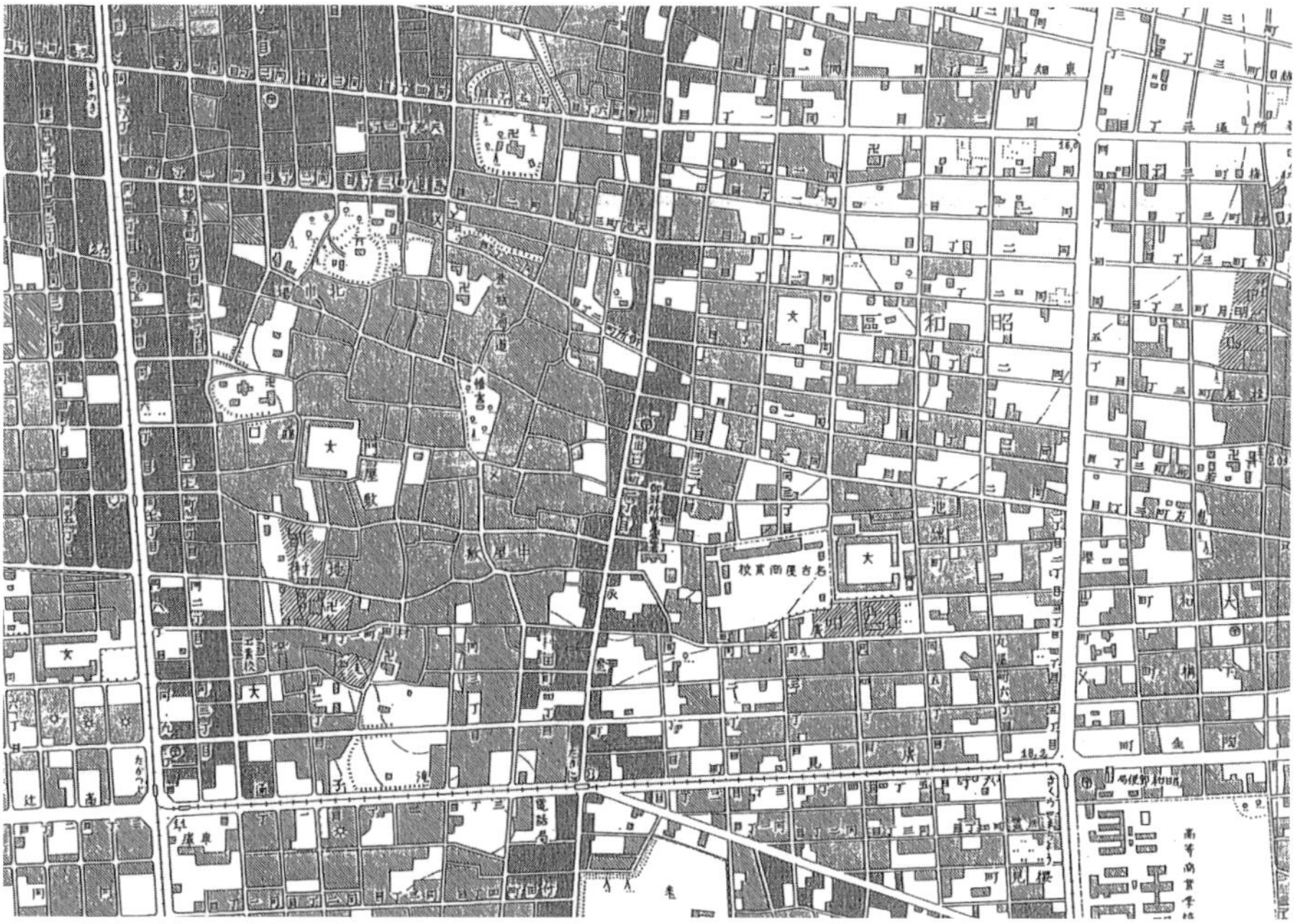

図7　御器所地区・大街区（1万分の1地形図「名古屋南部」1937年）

0　500m

図8　市立名古屋商業学校（御器所小学校所蔵）

は、1994年（平成6）に今池〜野並間が開業、その結果、戦前とはまったく逆に、大街区の北辺（山王通）と東辺（環状線）、大街区内ではバス路線の通る都島通が主要公共交通動線となり、とくに御器所駅周辺には昭和区役所等、大規模建築が集積されつつある。

メルボルン大学で教鞭を執る都市計画家、バリー・シェルトンは、著書『日本の都市から学ぶこと』（第2版、2012年）の中で御器所地区の大街区を取り上げ、そのグリッド・パターンが「グローバル（global）道路」「グローカル（glocal）街路」「ローカル（local）街路」の3種類で構成されていることを見出した。「グローバル道路」とは大街区を縁取りする幹線道路、「グローカル街路」とは幹線道路を横断し、御器所と隣接大街区とを結ぶ街路、「ローカル街路」とは大街区内の街路であり、そのヒエラルキーに沿って、古い寺社、新しいコンビニ等、多種多様な施設が配され、大街区の形態と機能に差異が生み出されていると言う。グリッドに微差を読み取り、その可能性を考究することの大切さを、彼から学ぶ必要があろう。

沢庵漬の村であった御器所

溝口常俊

戦後の区画整理事業でグリッドパターンという格子型街区に生まれ変わった御器所ではあるが、実際に町中を歩いてみると、坂道あり（図1）、曲がった道ありで、そこに江戸時代から続く寺社があり、戦前の面影を残す商店街があったりして、充分に歴史地理散策を楽しむことができる。2013年の5月の連休に、御器所小学校出身の知人と町内をぶらついてみた。商店街にさしかかった時に「ここに小中学校の同級生が漬物店を開いていたのだが、閉店したようだ」という知人の何気ない一言から、思い出したのが『尾張名所図会』（1844〔天保15〕）の一画図（図2）である。

図1　坂道
（鈴置保雄 撮影）

図2「沢庵漬」（『尾張名所図会』）

尾張では、西春日井郡春日町の宮重大根が最も有名であるが、御器所の「東畠大根」はこれと別種で売り出していたと記してある。御器所および近村の畑地で栽培されていた大根が御器所の東畑地区に集められ、漬け込まれて名古屋城下に売り出されていた。江戸時代後期の地誌『尾張徇行記』（1822〔文政5〕）にこう書かれている。「農業ヲ以テ専ラ生産トスレモ、大郷故ニ其ノ中ニハ小商ヒヲシ、又近来ハ沢庵漬ヲ仕出シ、名古屋ヨリモ買出シニ多ク来レリ」

1841年（天保12）の御器所村絵図によると、熱田台地にある御器所村は確かに畑地が多いが、大きな池が広見池、新雨池、辰ノ口池と3つもあり、それらの池から用水路が引かれ水田が多く造成されている。御器所村に限らず名古屋東部の丘陵地に意外に水田が多いのは、その水源としての溜池の多さにある。『寛文村々覚書』（1672〔寛文12〕）により各村の溜池数を示したのが図3であり、水田開発は江戸時代の初期から始まっていたといえる。

図3　名古屋市域の雨池（1672年）
（新修名古屋市史第三専門部会編『江戸期なごやアトラス』から）

さて、江戸時代から戦時期に一気に飛んで、御器所へのB29墜落についての記憶を記しておこう。「昭和20年3月25日、三菱の発動機工場を襲ったB29が、鶴舞公園にあった高射砲により尾翼を損傷し、出口交叉点南西付近に墜落。乗員全員11名、住民5人が死亡。乗員のうち9名は浄元寺に埋葬。後から見つかった2名と機体残骸は国防募金のために晒され、その後現場付近に埋められた」

地図を持って歩く楽しみは、地元の方とともに歩くことによって倍増する。大根畑、漬物屋、溜池、そして戦争の痕跡にしろ、地図を見ることによって記憶が鮮明に呼び起こされ、地図にあらたな情報を書き込めるからである。

近世都市と村

日比津の宝塔様

なぜ宝塔様が近世後半に続々と建てられたのか

近藤みなみ／溝口常俊

名古屋の観光地、名所旧跡はどこだろう。数多く出されている現在の観光雑誌では、公園、劇場、博物館、デパート、スポーツ施設、それに飲食店を中心に紹介している。江戸時代ではどうであったか。『尾張名所図会』で項目別に名所の数を調べてみた（表1）。

これによると圧倒的に寺院、神社が多く、当時は名所といえば寺社であったことがわかる。それと比べて現在では寺社あわせて数カ所しか紹介されていない。現在の大字にあたる町村（江戸時代の藩政村）には、そのほとんどに寺院があり神社が祀られている。忘れられた名所の再発見と位置づけて、以下、名古屋市内の一寺院を取り上げて、その寺院にまつわる信仰について語ってみたい。

図1　定徳寺山門

寺院名は中村区日比津の定徳寺（図1）。「日蓮宗の石塔『宝塔様』にまつわる行事とその役割」（近藤みなみ、2012年度名古屋大学文学部地理学教室卒業論文）を読み、日比津に出かけてみよう。

「宝塔様は日蓮宗における供養塔である。『30年記念誌諏訪』によると、流行病を防ぐためや、農作物が多く収穫できることを願って建てられたとされている。形は土台の上にさらに二段の台を重ね、その上に前面に南無妙法蓮華経と彫られた直方体の石塔をすえたものである」この宝塔様の石塔の分布図が図2、各宝塔様敷地図が図3で、建立年は1812年（文化9）から1879年（明治12）で、その後永く維持され祀られてきた。定徳寺檀家の住民が月に1度宝塔様の前に集まり、花を添え、線香、ろうそくを灯し、読経をおこなう。しかしながら、この行事も後継者不足と高齢化により下火になり、現在では北の切、松葉屋敷、新屋敷の3カ所（図4、5、6）のみでおこなわれているに過ぎないという。

確かに日蓮宗のお寺には日蓮の像や石塔が多く見られるが、ここ日比津のように町内各地区に石塔が建てられ住民によって祀られてきたところは、今まで見聞したところでは他にないし、「宝塔様」

	名所総数	寺院	神社	城・武家屋敷	町・村の風景	祭り・行事・故事	塚・古墳・墓	道・道標・橋	宿場・市場	川・井・谷・池	山・森・植生	名産品
名古屋城下	163	92	18	4	11	20	8	2	2	5	1	
熱田町内	128	31	25		20	31	6	5	4	1	2	3
村部	194	46	21	2	31	23	38	3	5	13	7	5
総計	485	169	64	6	62	74	52	10	11	19	10	8

表1　『尾張名所図会』による名所

図２　宝塔様の分布（2012 年）、元図は国土地理院の基盤地図

図４　北の切の宝塔様

図５　松葉屋敷の宝塔様

図６　新屋敷の宝塔様

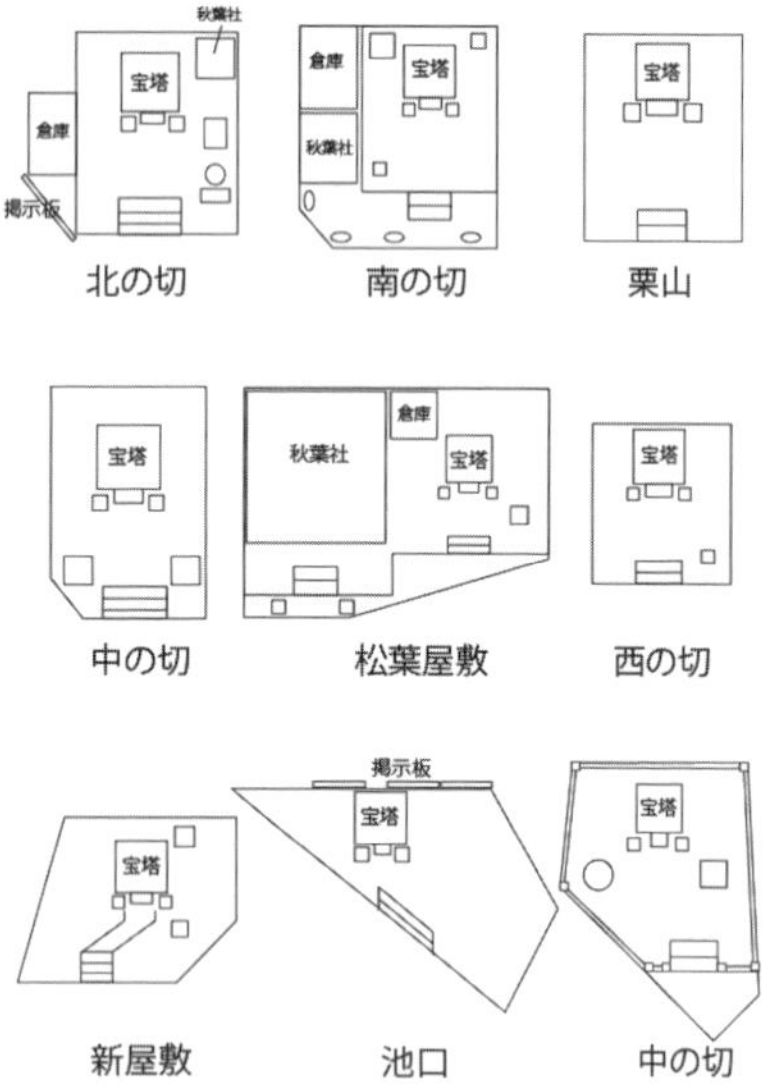

図３　宝塔様敷地図

といわれているところもない。この貴重な宝塔様信仰を絶やさず後世に伝えてほしいのだが、後継者組織が整っていないという。みなみさんには是非担い手になって頑張ってほしいと思う。

なぜ宝塔様が近世後半に続々と建てられたのか、その原因を知りたかったのと、みなみさんの卒論作成に協力してくださったご住職藤原円俊氏へのお礼を兼ねて定徳寺を訪ねた。そこで、近世後半（１７６３～１８６７）当時の檀家約７００戸の死者数を性別、年齢別に教示してくださった（図７）。

この間の年平均死者数は45・5人。とくに宝塔様11塔のうち5塔が立てられた天保年間（１８３０～44）以降の死者数が多くなっている。なかでも15歳未満の児童の死者数が多く、死亡率30％を超える年が続いた（図８）。この中で最大の死者数99人を出した１８６２年（文久２）について月別に検討してみた（図９）。死者数が夏季の７月、８月、閏８月の３カ月に集中していることから、伝染病によるものと考えられる。この年は全国的にハシカ・コレラの流行った年なので、日比津村においても、その流行から逃れることはできなかった。

子どもがこれだけ犠牲になっているとなると、宝塔様で疫病回避を祈らざるをえなかったのである。

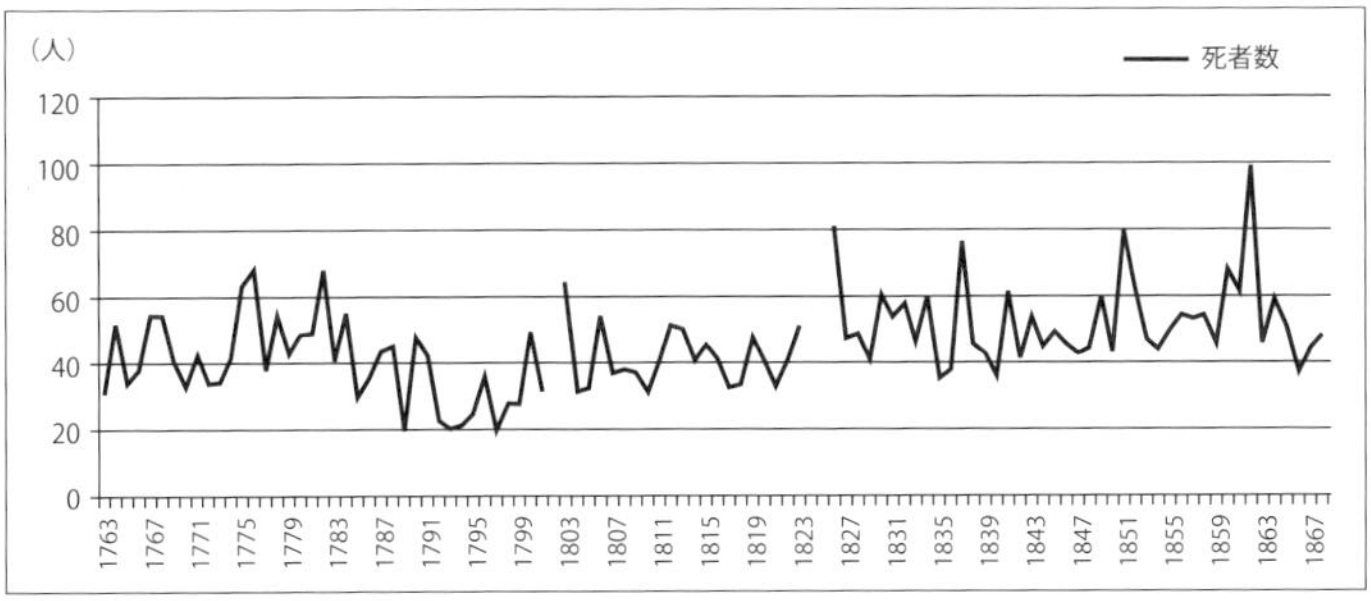

図７　定徳寺檀家の死者数（1763-1868）

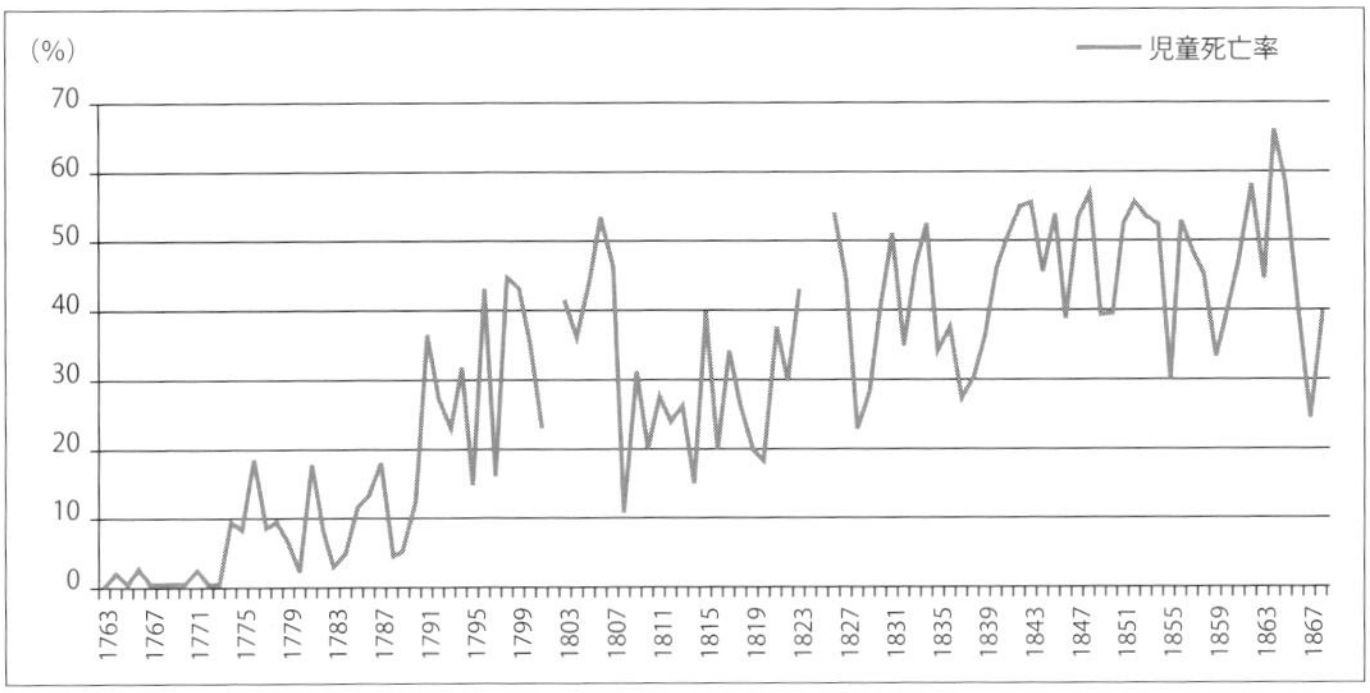

図８　児童死亡率の推移

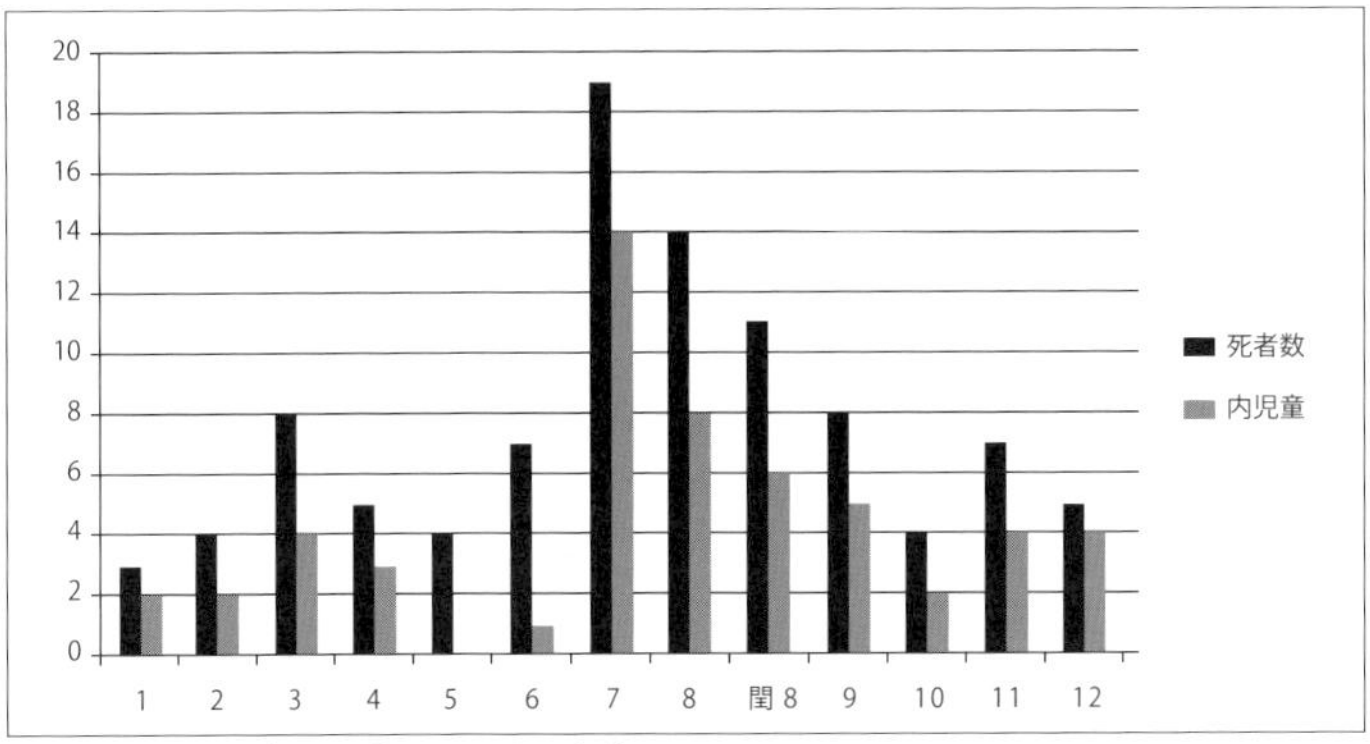

図９　1862年（文久２）の月別死者数

名古屋の地形を体感

たとえば、堀川・五条橋、山崎川右岸を歩いてみると、意外な地形の変化を実感

西澤泰彦

車社会の名古屋では、多くの方々が、名古屋の都心は平坦な地形だと思いこんでいる。その誤解は、都市の街路がきれいな碁盤の目状になっているからだと思われる。名古屋では、江戸時代に発達した旧城下町の市街地のみならず、明治時代以降、戦後の高度成長期に至るまで、約一世紀にわたって拡張した新しい市街地でも、東山や八事などの丘陵地を除いて、街路は、ほぼ碁盤の目状になっている。そこを車で移動すれば、多少の高低差には気づかない。

ところが、車に頼らず、徒歩で、あるいは自転車に乗って、市街地を廻ると、思いのほか坂があり、市街地に高低差のあることがわかる。その例を二つ紹介しよう。

ひとつは、五条橋をはじめとした堀川に架かる橋である。堀川は、名古屋城と城下町の建設に合わせて開削された運河であり、そこには、五条橋をはじめ七つの橋が架けられていた。これらの橋は、いずれも、20世紀の都市計画によって新たな構造物に架けかえられているが、位置に大きな変化はない。そこで、橋を渡ればすぐに気づくのであるが、いずれの橋もその東西に延びる街路の路面高さには大きな違いがある。とくに極端な違いがあるのは、五条橋である。五条橋の中央部分の標高は4mだが、五条橋の東側に広がる丸の内では、五条橋からわずかに50mほど東に歩いた地点の標高は8・7mであるのに対して、五条橋から西へ50mほど歩いた円頓寺商店街の入口の標高は2・6mである。すなわち、五条橋と堀川を挟んだ東西１００m程度の間で、土地の高さが6m程度違うのである。この高さの差を建物に置き換えると、一般的な木造建物の二階分に相当する。すなわち、円頓寺商店街に軒を連ねる二階建の商店の屋根と丸の内側の地面に高さがほぼ同じであるということになる。実際に、丸の内から円頓寺商店街を見ると、目の高さに商店街のアーケードが見える（図1）。

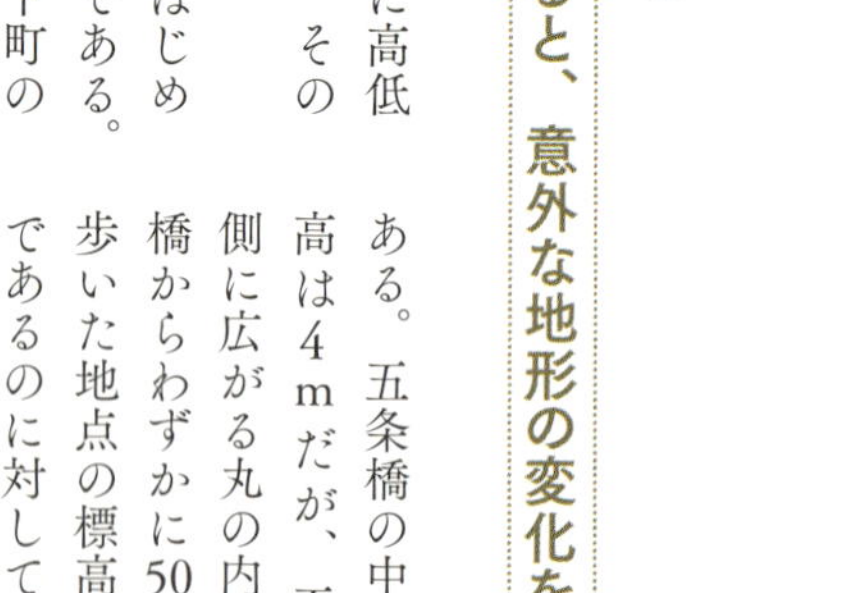
図1　丸の内から堀川を越えて円頓寺商店街を見る

このような光景を見れば、名古屋城と城下町が濃尾平野に突き出た熱田台地の上に造られたことが実感できるのだが、話はそこで終わらない。ここで考えてもらいたいことは、この高低差の数値ではなく、堀川の位置である。堀川は、名古屋城と城下町のある

熱田台地の西の縁を通っている（図2）。この位置は、城下町に降った雨を排水するには好都合な位置である。堀川が熱田の港（湊）と名古屋城下を結ぶ運河として開削されたことは周知の事実であるが、堀川が無ければ、名古屋城下に降った雨の半分は、熱田台地の縁を流れ落ちて、西側の低地に溢れかえることとなる。あるいは、運が悪ければ、城下町の中で行き場を失い、城下は水浸しになる。これでおわかりのように、堀川は、名古屋城下にとって格好の排水路であった。堀川があったからこそ、名古屋城下は、高燥で水はけのよい土地となり、人々の生活にとって申し分のない街ができたのである。堀川が運河として、名古屋城下の生命線であったのは間違いないが、それは単に物資運搬の運河の動脈としてではなく、名古屋城下の排水を流す静脈の役割も果たしていたのである。

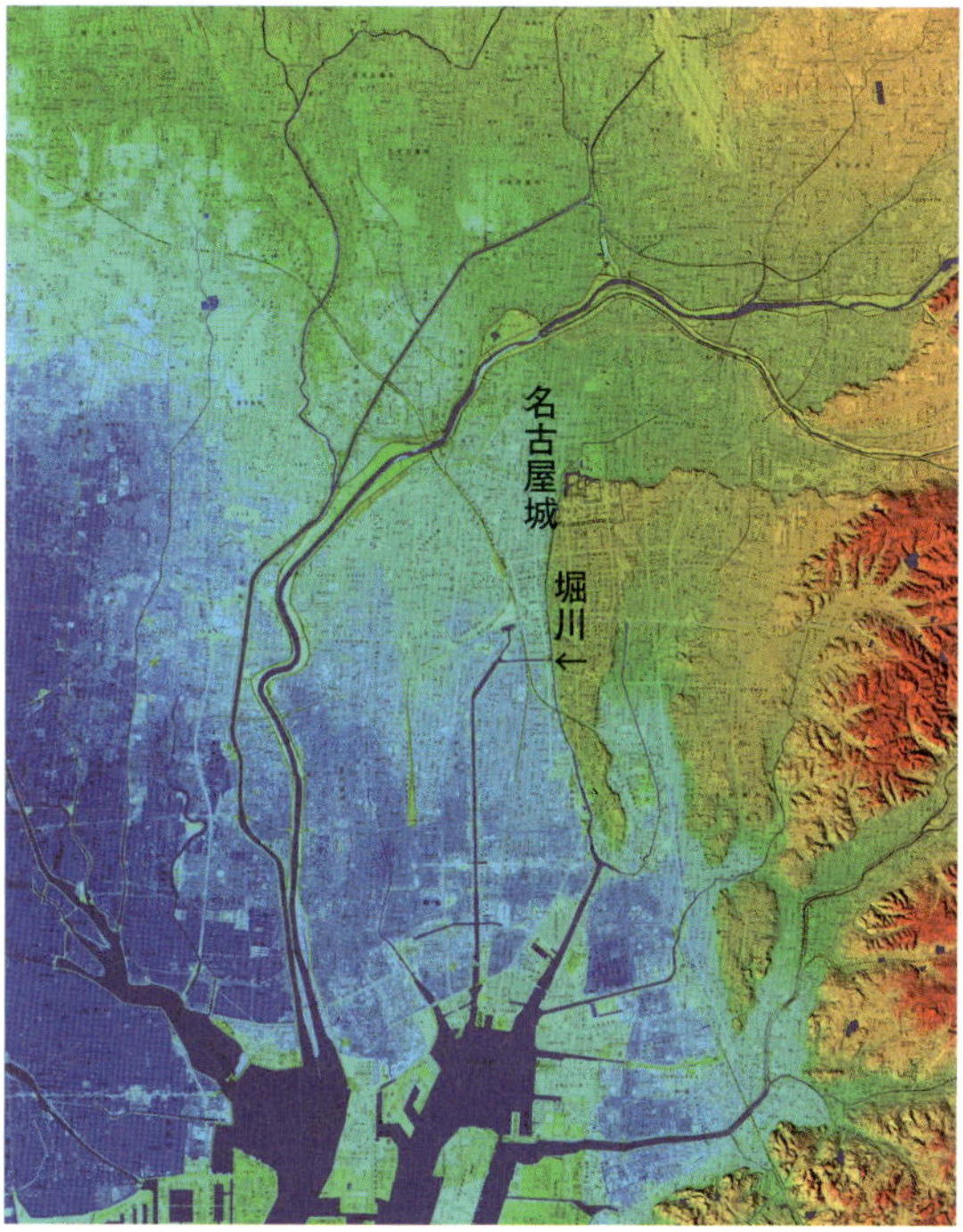

図2　濃尾平野にぽっかり浮かぶ島のようにも見える熱田台地（国土地理院デジタル標高地形図「名古屋」に名古屋城と堀川を図掲）

市街地の高低差について、もう一つの例を紹介しよう。瑞穂区松月町から御莨町《おたばこちょう》にかけて、周囲の街路形態と大きく異なる場所がある。この周囲は、大正時代後半からの耕地整理によって造成された土地が宅地となった場所で、ほとんどの街路は碁盤の目状であり、街区は東西に長い長方形である。塩付街道と呼ばれる旧道も耕地整理によって直線化したため、曲線の街路はほとんどないのだが、松月町から御莨町にかけた一角、汐路小学校の北側と東側には二本のS字型の街路がある（図3）。これらの街路は、山崎川右岸に築かれた堤防（土手）の名残である。明治時代の地図を見ると、山崎川は現在の石川橋付近から西に大きく蛇行し、鼎小橋付近で現在の流路に戻っ

図3　瑞穂区に残る山崎川右岸堤防の跡を利用したS字街路

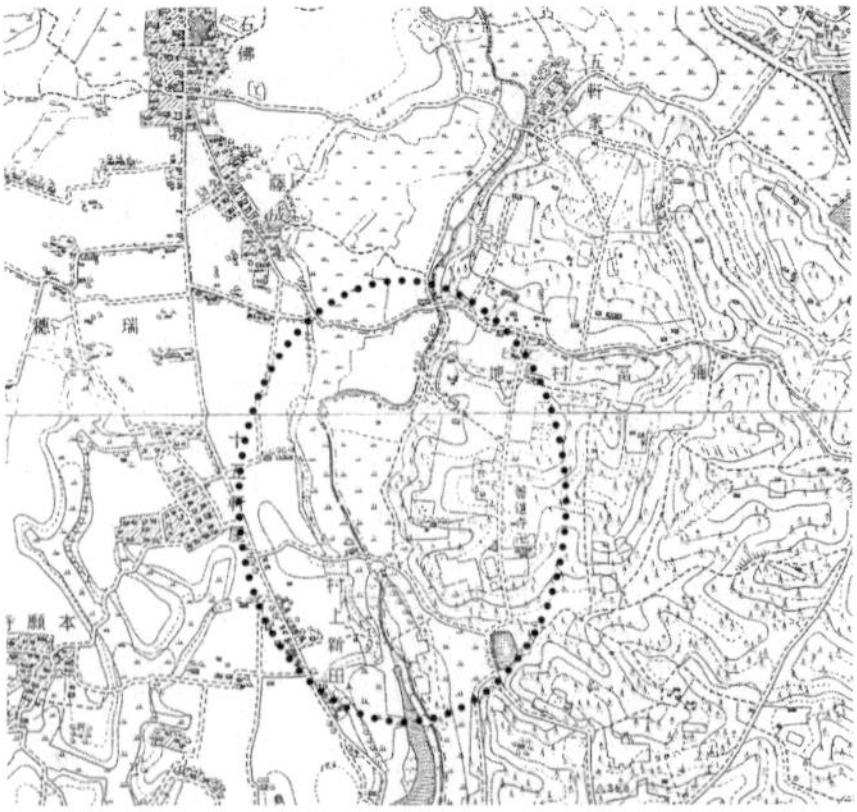

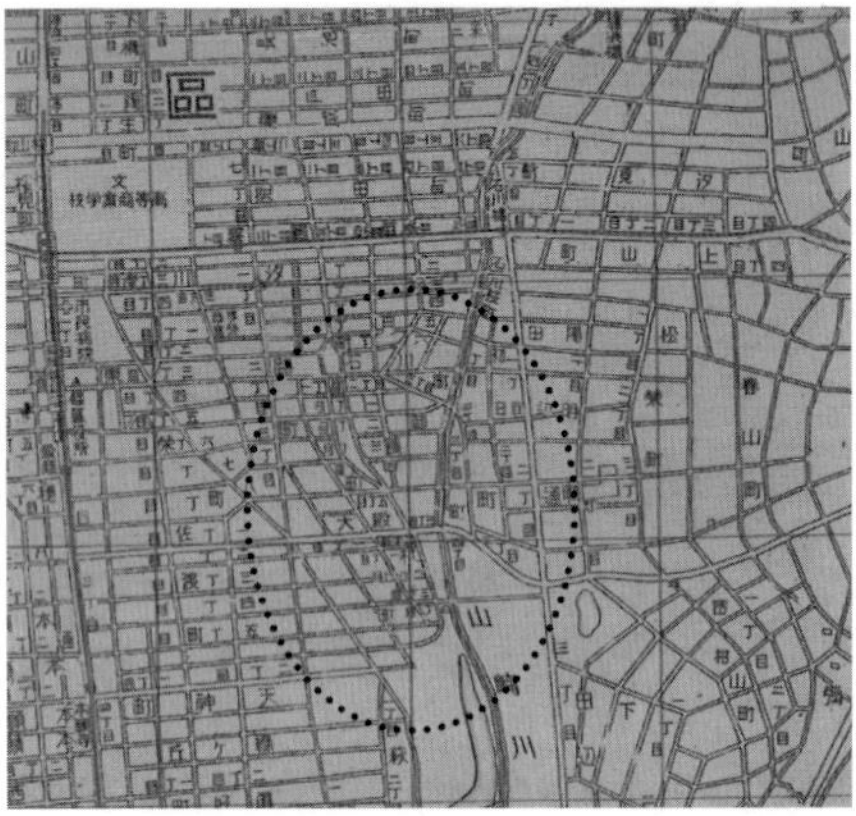

図4　1891年（明治24）の地図（上、『正式二万分の一地形図集成』柏書房）と、1938年（昭和13）の地図（下、『大名古屋新区制地図』）。点線で囲ったところを見比べると山崎川の流路変更がわかる

ている。また、鼎小橋の下流では、山崎川右岸に遊水地を兼ねていた鼎池があった。山崎川は、この間、今の川幅からは想像できない、東西200mから300m程度の幅を持つ氾濫原の中を流れていた。

実際に、このかつての堤防の上端と思われる街路の標高15・7mだが、堤防の下端と思われる街路の標高は11・6mである。また、この堤防の名残は汐路小学校の校庭にも見られ、校庭の標高は15・1mだが、校庭東側にある土手の下の標高は11・3mである。いずれも4m前後の高低差がある。いいかえれば、この程度の高さの堤防が山崎川の右岸には築かれていた、ということである。

このような過去の地形について、普段の生活でそれを感じ取ることは難しいのだが、時として、自然は、人間に警鐘を鳴らしてくれる。例えば、2000年9月11日の夜、この地方を襲った豪雨では、昭和区から瑞穂区にかけての山崎川右岸で、山崎川から100mから200m離れた地点でも街路が冠水し、住宅の浸水が起きた。この地区で亡くなった方はいなかったのは不幸中の幸いだが、この事実は、この一帯が山崎川の氾濫原であったことを私たちに認識させるばかりか、市街地の拡大が、自然改造であり、かつ、自然破壊であったことを認識させてくれる自然からの警鐘である。

ここでは二つの例だけを示したが、名古屋の歴史を再認識させてくれる場所は、この他にも市内随所にある。ぜひ、車に乗らず、徒歩か自転車で地形の変化を再認識してみよう。

付記

本文に出てくる標高は、国土地理院のホームページの「標高がわかるWeb地図」（http://saigai.gsi.go.jp/2012demwork/checkheight/index.html）を利用した。

名古屋の凸凹

忘れられた尾張の景観——「島畑」と「高畑」

古地図を手に今も生きている景観を探して

溝口常俊

尾張一宮の島畑

水田の中にぽっかりと浮かんだ島のような畑を「島畑」という。その起源は、13世紀までさかのぼることができ、小規模な家族で田と畑を融合して耕作してきたという点で、日本の農業経営のあり方を象徴する景観といえる。戦前まで日本の平野のあちこちで見られた風景なのだが、圃場整備が進んだ現在においてはほとんど姿を消してしまった。かつて尾張平野はその代表的地域であり、1884年（明治17）の地籍図によると、ほとんどの村でその存在が確かめられ、平野全体で5万を超える島畑がみられた（図1）。ところが、現在では一宮市の三井地区に100カ所ほどあるに過ぎない。しかしながら、全国を見渡して100もまとまって残っているところは他になく、文化景観として活用しつつ保存すべき地区であると思う。

三井の島畑を空撮したのが図2であり、周りの

図1　村別島畑数（1884年）
（新修名古屋市史第三専門部会編『江戸期なごやアトラス』から）

図2　空から見た島畑
(2007年6月24日、NHK提供)

図3　大洪水時の島畑
(2004年7月10日)

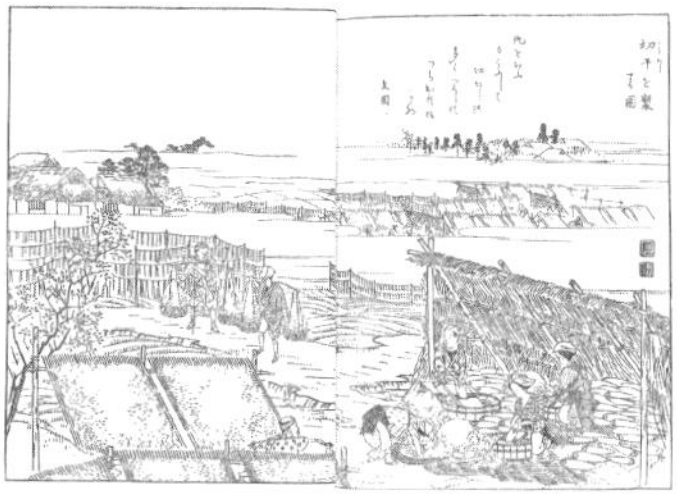
図4　「切干を製する図」
(『尾張名所図会』)

図5　切干風景（2001年1月28日）

土をかさ上げして造成するから洪水にもめっぽう強い。2004年7月10日に洪水警報が出たときの風景が図3で、島畑の作物は被害を免れた。こんな島畑で江戸時代に地元の特産品の大根を栽培し切り干し大根を作っていたことが『尾張名所図会』に出ている（図4）。その後160年たった現在でも同じ作業がおこなわれている（図5）ことに、生きた景観としての価値の重みを感ずる。

高畑古地図散策

残念ながら、現在、名古屋市内では島畑を見ることはできない。しかし、江戸時代の村絵図と明治の地籍図には市域の西部諸村で多数の島畑がみられた。その一つ、地下鉄東山線の終点である「高畑」を取り上げて、島畑を村絵図で確認し、村歩きをしてみよう。

まずは1887年（明治20）の2万分の1地形図で高畑村をみると（図6）、集落周辺がすべて水田記号で覆われていることに気づく。では、水田村かというと、必ずしもそうとはいえない。『尾張徇行記』（1822（文政5））によると、田畑面積47町2反4畝のうち、田が30町3反2畝、畑が16町9反2畝とあり、確かに田が勝ってはいるが、畑も36％もあることに注目したい。畑の大半が島畑として点在しているため、2万分の1という大縮尺の地形図では図示されなかっただけで、6500分1の1841年（天保12）村絵図では島畑の存在がはっきりと描かれている（図7）。

村の西部に荒子川、さらにその西部に庄内川が流れており、その氾濫原地帯にあるのが高畑で、地名が示すとおり集落と畑は水田面よりも数十センチ高いところに立地している。1959年（昭和34）の伊勢湾台風時に村域は水没したが、各家は床上浸水を免れたところである。

さて、名古屋には他県の都市ではみられない喫茶店文化がある。犬も歩けば喫茶店にあたるくらいその数が多い。モーニングサービスにはサラダ、卵、トーストなどがつくので、常連客が多く賑やかだ。高畑にもそんな喫茶店がいくつかあり、その1つのH店には早朝からラジオ体操帰りのご老人、近所のご夫人仲間がつどい、話が弾む。ある日、元町内会長らの顔が見えたので、天保の村絵図を見せたところ、村の歴史地理談義が始まってしまった（図8）。

江戸時代から昭和30年代まで続いた田畑の景観は、その後、圃場整備がおこなわれ、宅地化され、道路が整備され、中川区役所が二女子から移転し、地下鉄の終点駅ができ、そして平成時代になってからは高層ビルの建築ラッシュが続いている。

そんな高畑も、戦中戦後の時代は現在の地図よりも江戸時代の村絵図に近い、と絵図に関心が寄せられ、「お寺と神社は昔のまま」、「ここに陣地があった」、「火葬場があった」、そして『輪中』があったな」という

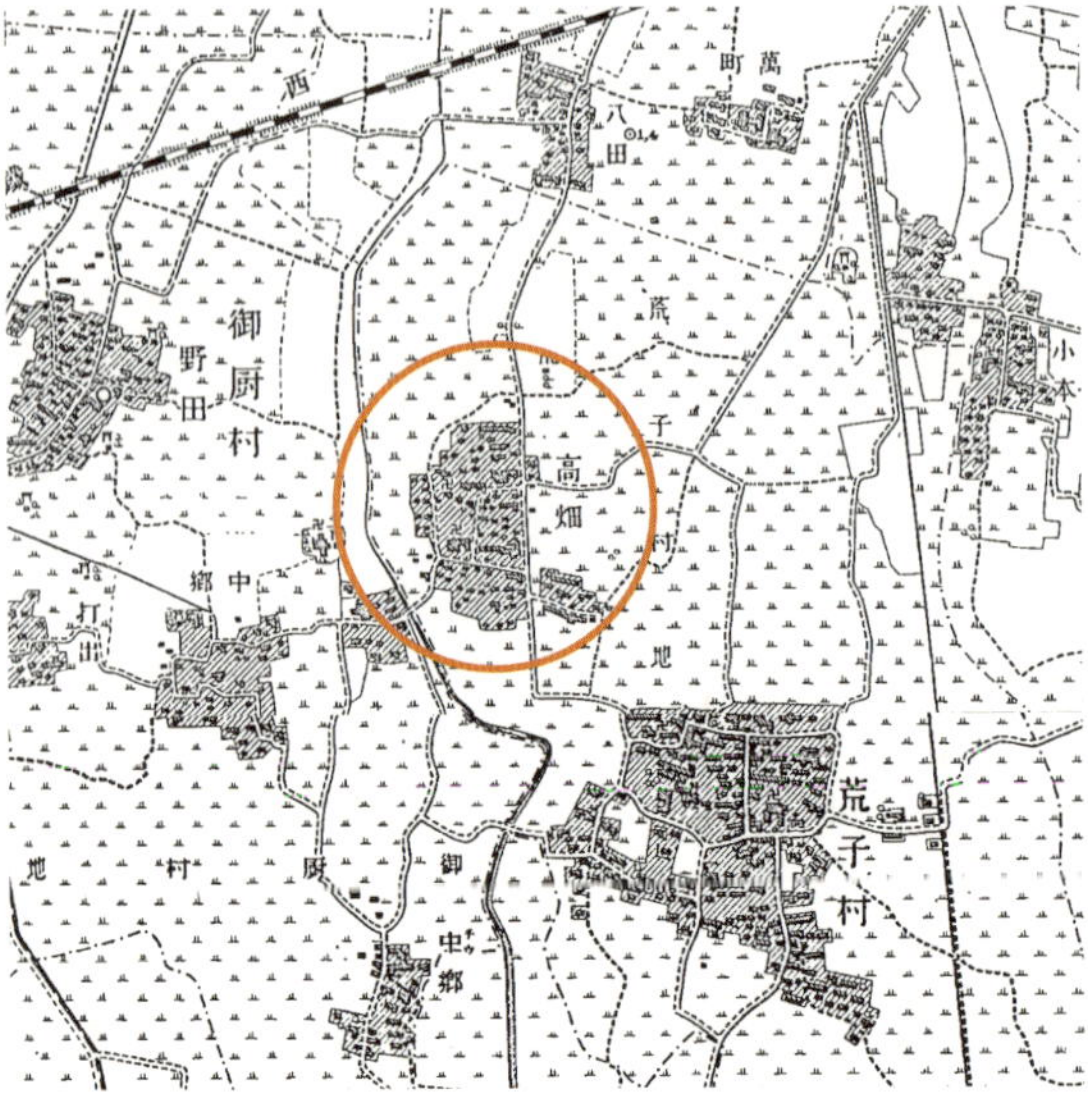

図6　1887年の高畑（2万5千分の1地形図）

話までできた。荒子川やそこに流れる用水路に堤があり、こうした堤で村が囲まれていたからだという。

それでは現地探索に行こう、ということになり、2011年10月8日、坪井晃（元町内会長、71歳）、鬼頭進（元町内副会長、68歳）両氏の案内で町内を歩き回った。その際のつぶやきと語りを記しておこう。

坪井さん：①縦道沿い、高畑の集落のはずれにて。「神明社の北西に2本松があったが、伊勢湾台風でやられてしまった。村絵図に『西宮神四歩　御除地』とあるが、ここから火の玉が荒子観音の方に飛んでいったという荒子観音発祥の俗説がある」。②陣地跡地にて。「現在の農協のあるところが陣地だった。農家の人は兵隊さんに食事をふるまっていた。高射砲があったが敵機には弾がとどかなかった。逆にB29の焼夷弾で半分以上の家が焼けた。あんたの家（溝口家）とその隣は幸運にも燃えなかったが、南隣の2軒は燃えた」。③「昭和20年代、中村公園の大鳥居がよく見えた」

鬼頭さん：①絵図に三《さん》昧《まい》とあった火葬場跡にて。「子ども頃、祖母の死体を昼に焼いて夜に骨を取りにいった。11月だったので木枯らしが吹いて寒くて暗くて怖かった。輪中の堤防は死体運びの道でもあった。火を入れると死体がバタバタと動いた。欅はすくすくと育ち、その辺りを掘ればたくさんの骨が埋まっているであろう。煙が上がると、焼いているなとわかった」。②村の北部の皮なめし工場跡地にて。「進駐軍がジープにのってきた。キャンディをくれた。動物の骨から油を採る工場からは、時々、真っ赤な血が用水を通って荒子川に流れた。そんな川でよく泳いだ」、③「昭和26年、中日球場が試合中に火事になった。高畑で遊んでいて球場が燃えているのが良く見えた」

図7　愛知郡高畑村絵図（徳川林政史研究所所蔵）

図8　喫茶店で村絵図を見ての歴史地理談義

基幹バス新出来町線をゆく

日本唯一の道路中央走行方式バス

加藤博和

　名古屋と言えば「クルマの街」というのが半ば常識だが、実は鉄道やバスといった公共交通機関の整備水準も昔から高い。路面電車は京都に次いで全国2番目に開業し、最盛期は都心部に100kmを越える密度の濃い路線網を展開した。1974年(昭和49)に全廃となったものの、代わって地下鉄や路線バスが市域の拡大に合わせてきめ細かく整備され、名古屋市交通局が運営する地下鉄は東京・大阪に次ぐ路線延長を、市バスは全国の事業者の中で5番目となる車両保有数を擁する。また、市東端の藤が丘を起点とする常電導リニアモーターカー「リニモ」や、大曽根から北東に向かうバス専用高架道路をバスが走るガイドウェイバス「ゆとりーとライン」は、いずれも日本で唯一である。さらに他の民営鉄道・バスと合わせ、公共交通機関は苦戦を強いられながらも奮闘を続けている。

　名古屋の地下鉄・市バスには全線1日乗車券(850円)があり、さらに土日祝日や毎月8日、年末年始・お盆に使える「ドニチエコきっぷ」は600円とお得である。地下鉄は大半がトンネルの中であるが、市バスなら車窓を存分に楽しめる。行先を決めずバスを次々に乗り継ぎ、気になる停留所で降りてみると、名古屋の意外な一面を発見できるかもしれない。ぜひ一度、行き当たりばったりでありながら「お値打ち」な旅をされてはいかがだろうか。

　さて、名古屋の公共交通機関で一番自慢できるのは何かと問われれば、迷わず「基幹バス新出来町線」を挙げたい(図1)。都心の名古屋駅および栄から市東部の引山《ひきやま》までの約10kmを結ぶ。変わっているのは、道路中央部に設けられたバスレーンを走行し、停留所も島状に設けられている点である。まるで往年の路面電車みたいだが、走っているのは普通のバスである。1985年(昭和60)に設置され既に30年近くたつにもかかわらず、このようなバスシステムはいまだ全国でも唯一、ここでしか見ることができない。

　導入された理由は、速くたくさんの人を、お金をかけることなく運ぶためであり、いかにも名古屋らしい。平均速度は通常の路線バスに比べ

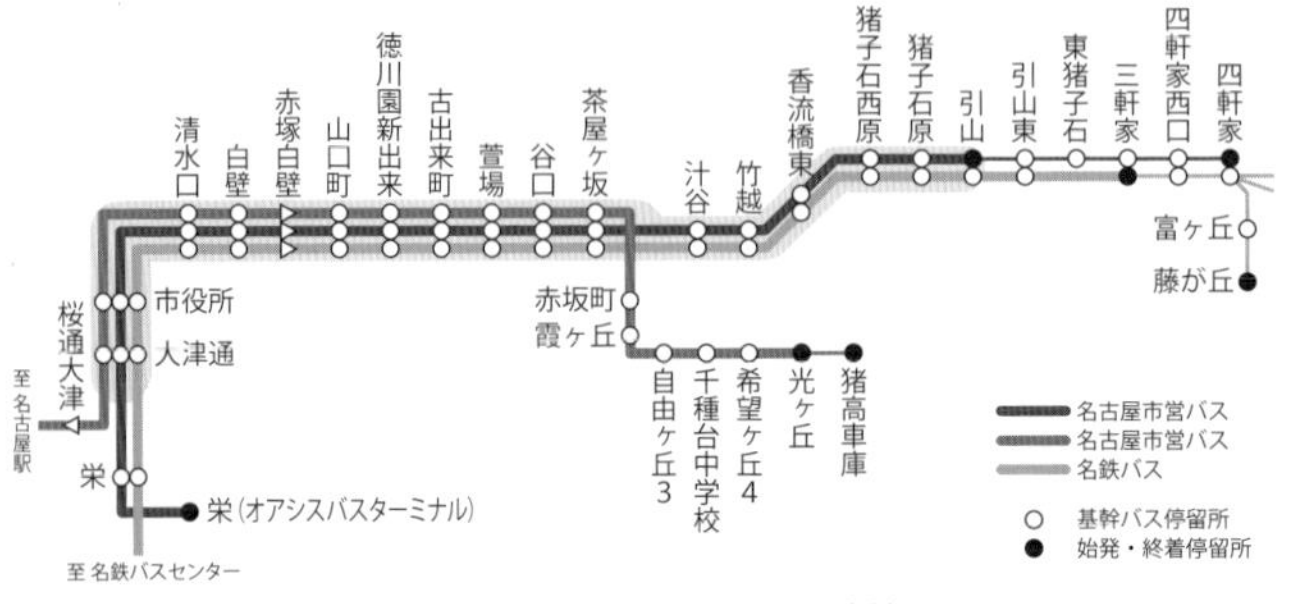

図1　基幹バス新出来町線路線図

1・5倍である。道路が広い名古屋ならではと言われることもあるが、郊外部では片側2車線道路しかないところ1車線を占有している区間もある。バスレーンといっても完全に一般車両を排除できないため、必ずしもスムーズに走れない場面もあるものの、ラッシュ時に渋滞の列をつくっているクルマたちを横目にスイスイ走る基幹バスは、一度乗ったらやみつきになること請け合いである。信号交差点では直進のバスレーンの左側が右折レーンとなるなど危なっかしく、クルマからは嫌われているが、ならばこそ、クルマから基幹バスに乗り換えて快適な移動を堪能していただきたい。

図2　市役所付近（1985年）　名古屋市交通局提供

実際に基幹バスに乗ってみよう。都心の起点は名古屋駅、栄（オアシス21バスターミナル）、名鉄バスセンターである。前2者は名古屋市交通局の市バス、後者は名鉄バスが発車している。基幹バスは両者の共同運行となっている。ただし1日乗車券やドニチエコきっぷ、敬老パスは市バスしか通用しないので注意が必要である。

名古屋駅の市バスターミナルは松坂屋と併設であったが、2010年12月に閉鎖され、新たな超高層ビル「JRゲートタワー」への建替（2017年完成予定）が進められている。このビルの地下には将来リニア新幹線もできる予定だが、現在バスは路上に分散した停留所から乗車しなければならない。名古屋駅地区の南方にある名鉄バスセンターは1967年（昭和42）に開業した時は東洋一の規模を誇った。内装はリニューアルされ古さをそれほど感じさせない。ここから乗ると、矢場町バス停で大須に、松坂屋前バス停で南大津通に行ける。栄を南北に縦断する唯一の路線でもあり、けっこう便利に使える。一方、オアシス21は2002年（平成14）オープンで、立体迷路のような複雑な構造をしており、迷ってバスに乗り遅れるかもしれないので要注意である。基幹バスのりばはいつも行列ができており、始発から座れない場合も多い。しかも道路混雑のため栄から抜け出すのにも時間がかかるが、イライラせず都心の華やかさをゆっくり楽しもう。

各地から来たバスは、桜通を越えた大津通バス停からいよいよ基幹バスレーンに入り、イライラから解放される。お堀を渡って市役所バス停（図2）。右手に県庁、そして市役所の本庁舎が見える。名古屋城と間違える観光客もいるそうだが、いずれも国の登録文化財であり、第二次世界大戦の戦災で全焼し戦後コンクリート造で再建された名古屋城天守閣よりは由緒正しいかもしれない。もちろん中にはタダで入ることができる。

右折し再びお堀を渡る。この堀の中には昔、名鉄瀬戸線が走っていたが、今は地下線に移設され、堀には草が生えている。清水口は東南角にCMで有名な宝石店があったが経営破綻して取り壊された。白壁周辺は昔の武家屋敷エリアであり、主税町・橦木町といった伝統ある地名とともに面影が残る。赤塚では三菱東京UFJ銀行貨幣資料館に行ける。山口町は家具店が多かったが今は跡形もない。尾張徳川家ゆかりの建中寺が近い。そして徳川園新出来はその名の通り徳川園・徳川美術館・蓬左文庫の最寄り。河村市長の事務所が目立つ古出来町を経て、萱場はナゴヤドームが目の前である。

谷口からは菅原道真ゆ

かりの上野天満宮や安倍晴明ゆかりの晴明神社に行ける。坂を上った茶屋ヶ坂では地下鉄名城線に乗り継げるが、道が分かりにくいので注意されたい。汁谷にはユニーの郊外型店舗の嚆矢であり、かつ小売店舗として初めてエコマークを受けたアピタ千代田橋店がある。竹越、香流橋東まで来ると郊外住宅地の雰囲気が濃くなり、農地も見られるようになる。名東区に入り、猪子石《いのこし》西原、猪子石原を経て、終点引山に滑り込む（図３）。基幹バス新出来町線が運行開始した30年近く前から比べると、沿線のうち都心部の風景はそれほど変化がない一方、名東区内区間についてはマンションや一戸建て住宅の増加が見られる。これは基幹バスが提供する高い利便性のおかげである。この先もまだ名古屋市内ではあるが、バスを降りた後、きっと「はるばる感」を味わうことができるだろう。

引山バスターミナルでは各方面へのバスに乗り継ぐことができるとともに、一部の基幹バス系統には更に東進するものがある。中でも名鉄バス長久手車庫行きは、終点のすぐそばにトヨタ博物館があり、帰りはリニモ芸大通駅から戻ることができる。また、四軒家バス停で市バス藤丘12号系統東谷山フルーツパーク行きに乗り換え、途中の中志段味で降りると「ゆとりーとライン」に乗車でき、大曽根に戻ることができる。ガイドウェイバスは、基幹バスの欠点とも言える、道路をバスレーンで占用することによる混雑激化や安全性への懸念を払拭するため高架専用道路を設けるものの、建設費を節約するためにバス側方に案内輪を付けて道路幅を詰める工夫をおこなっている。運転手はハンドルを持たない。専用道路は、中志段味から15分ほど走った小幡緑地からの区間となる。バスが一般道路から専用道路に入る「モードインターチェンジ」もぜひ実際に乗車して体感していただきたい。

基幹バス新出来町線のような道路中央走行方式バスは、ヨーロッパや東アジア、南アメリカなど世界各地で、BRT（Bus Rapid Transit）と呼ばれ近年急速に普及している。ガイドウェイバスや鉄道のように多額を投資してインフラを整備する必要がなく、一般のバスがそのまま活用でき、速達性向上効果も十分得られるため、「お値打ち」な大量輸送機関として認識されているのである。CO_2排出やエネルギー消費が少ない乗り物とも見なされている。今や大流行中のBRTを、名古屋が世界に先駆けて大変な苦労の中導入した先見の明に尊敬の念を抱くとともに、日本でも改めて普及を進めていくべきと考える。皆さんにも、基幹バスの乗り歩きを通じて新たな名古屋を発見していただければ幸いである。

図３　引山バスターミナル付近
（上）開業当時〔1985年、名古屋市交通局提供〕（下）現在〔2014年〕
開業当時は建物がまばらにしかなかったが、現在ではマンションも建つようになった。基幹バスによって利便性が高まった結果と言える

公共交通機関と風景の変貌

静かな記念碑——沢上交差点

6つの系統が交わり曲がった大ジャンクションの今

平松晃一

金山駅の南、大津通と八熊通が斜め十字に交わる沢上交差点。その四隅に、市電のレールと敷石が、角を曲がっていくように、埋められている（図1）。

図1　歩道の縁に埋められたレールと敷石

１９７４年（昭和49）に全廃されるその年まで、沢上交差点は、二本の名古屋市電——大津通を走る熱田線（１９０８年開通）と八熊通を走る八熊東線（１９４３年開通）——が交わり、栄町から金山橋、高辻、桜山町を通って笠寺、港東通へ向かう31系統（１９７４年廃止）や、金山橋から八熊通、日比野を通って築地口、西稲永へ向かう52系統（１９６９年廃止）が、この角を曲がっていった。交差点の南側には、創業から全廃の年まで市電を支えた沢上車庫が控え、昭和30年代には、6つの系統が交わり、曲がっていく大ジャンクションであった。また、１９５４年、沢上跨線橋の完成によって造られた最新の、そして全廃ひと月前、21系統——市大病院から八熊通、西町を経て船方に至る——と、51系統——金山橋から熱田駅前を経て昭和町に至る——の廃止まで残された、最後の平面十字交差でもあった（図2）。

近くの沢上跨線橋には市電の架線柱が残る

市電が市バスに変わった現在でも、12もの系統が四方から集まる公共交通の要衝であることに変わりはない。しかし、駆け抜ける車の流れにかき消されるように、今、この交差点に立っても、市電が走っていたことを思い浮かべるのは難しい。

ある時、信号待ちをしていた歩道の隅に、ふと目を落とすと、見慣れない鉄の枠に囲まれた、粗く大きな石が敷かれていることに気づいた。何度か通るうちに、それが四つの角全てにあり、一つの角に据えられたベンチは車輪そのものだということがわかって、ようやく、ここに市電が通っていたのかもしれない、だとすれば、鉄の枠はレールで、大きな石は軌道に敷かれた石なのではないか、と思いはじめた。気になって、市電の本やウェブサイトを読んでいくと、交差点の角に銀行

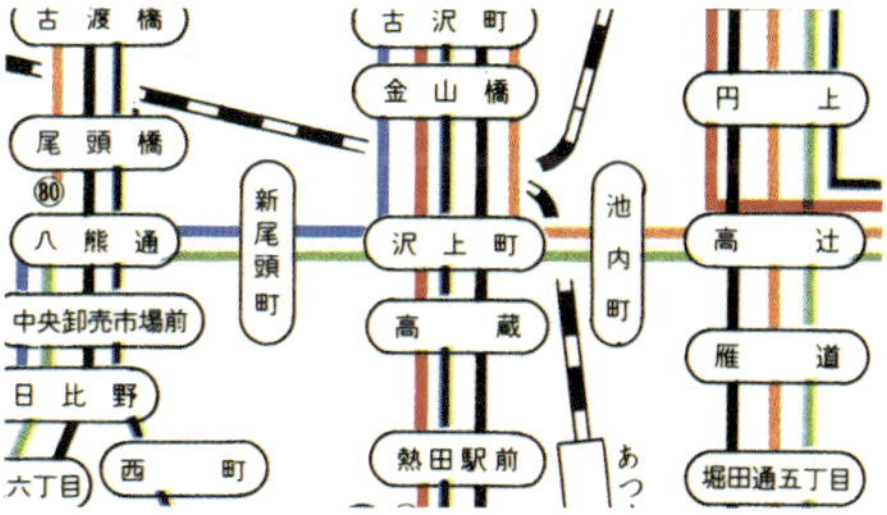

図2　1961年の市電路線図（沢上町電停周辺部分）

が二つもあったこと、分岐器を切り替える信号塔が立っていたこと、お茶の妙香園は当時も今と同じところにあること、四つ角のうち高辻方と熱田方の間はレールがなかったこと――市電が走っていた頃のことが、少しずつ見えてきた。

この市電記念碑――レールと敷石、車輪のベンチ――は、名古屋市のスポット景観整備事業として、1996年度に設置され、他にも一区に一カ所ずつ、その区の特色を反映したスポットがあるという。かつてあったものの存在を伝える記念碑は、目立つ形をとり、地面に据えることで、その存在をより強くより長くより多くの人に表明するよう、作られるのが普通だ。それは、しばしば、その存在をいつまでも否応なく押し付ける力にもなり、その存在を快く思わない人たちとの間で軋轢を生むことにもなる。

しかし、沢上交差点の記念碑は、意識せずに通り過ぎることも、通るたびに目を落として市電に思いを馳せることもできる。ちょうど、人や車の通りを遮らないよう道路に埋め込まれていた、市電のレールや敷石と同じように。過去の遺物が発するメッセージを受け取るかどうかを、通る人々の選択に委ねている、そうした「静かな記念碑」は、町を「歩く」ことでしか見つけられないのではないだろうか。列車もバスも車も、おそらく自転車さえも速すぎる。

公共交通機関と風景の変貌

下之一色線の跡地を歩く

別名行商列車、朝夕は魚行商のおばあちゃんで賑わった

溝口常俊

2012年4月28日、30度を超える炎天下、午前10時から午後3時半まで、休憩、聞き取りをしつつであるが、名古屋市の旧市電、下之一色線跡の荒子駅から下之一色駅までの往復路、及び下之一色の町中を歩き続けた。

この散策のきっかけは、わが個人史であるが何か歴史的な話になる。2011年10月12日に中川区文化会館での私の講演「江戸期中川区の歴史地理的環境――地誌・絵図・図会から」を何人かの小中学時代の同級生が聞きに来てくれていた。1964年(昭和39)の中学校卒業式以来、実に48年ぶりの再会である。そのうちの1人の伊藤純治君と話が弾み、いつか彼の出身地の下之一色に行こうということになり、それが2週間前の彼からのメールにより実現したのであった。

下之一色へは、私は荒子小学校4年時に学校からの社会見学の時間に徒歩で下之一色の映画館に行った時以来、53年ぶり、伊藤君も小6に中島へ引っ越して以来、たまにしか出かけていないという。どうせなら市電の下之一色線の線路跡を歩いて出かけてみようか、ということになり、旧荒子駅を出発点として、荒子小学校・一柳中学校最寄りの駅の中郷、法華経寺内町の法花駅を経由して下之一色へと向かった(図1)。

「下之一色」は『愛知百科事典』によると、中川区にあって庄内川河口の漁村として発達した村で、低湿地に住居を決める居《い》敷《しき》という言葉が地名の語源といわれている。天正年間(1573~1592)のころは、前田領で前田一色とも呼ばれ、江戸時代には伊勢海における漁業免許の特権を持っ

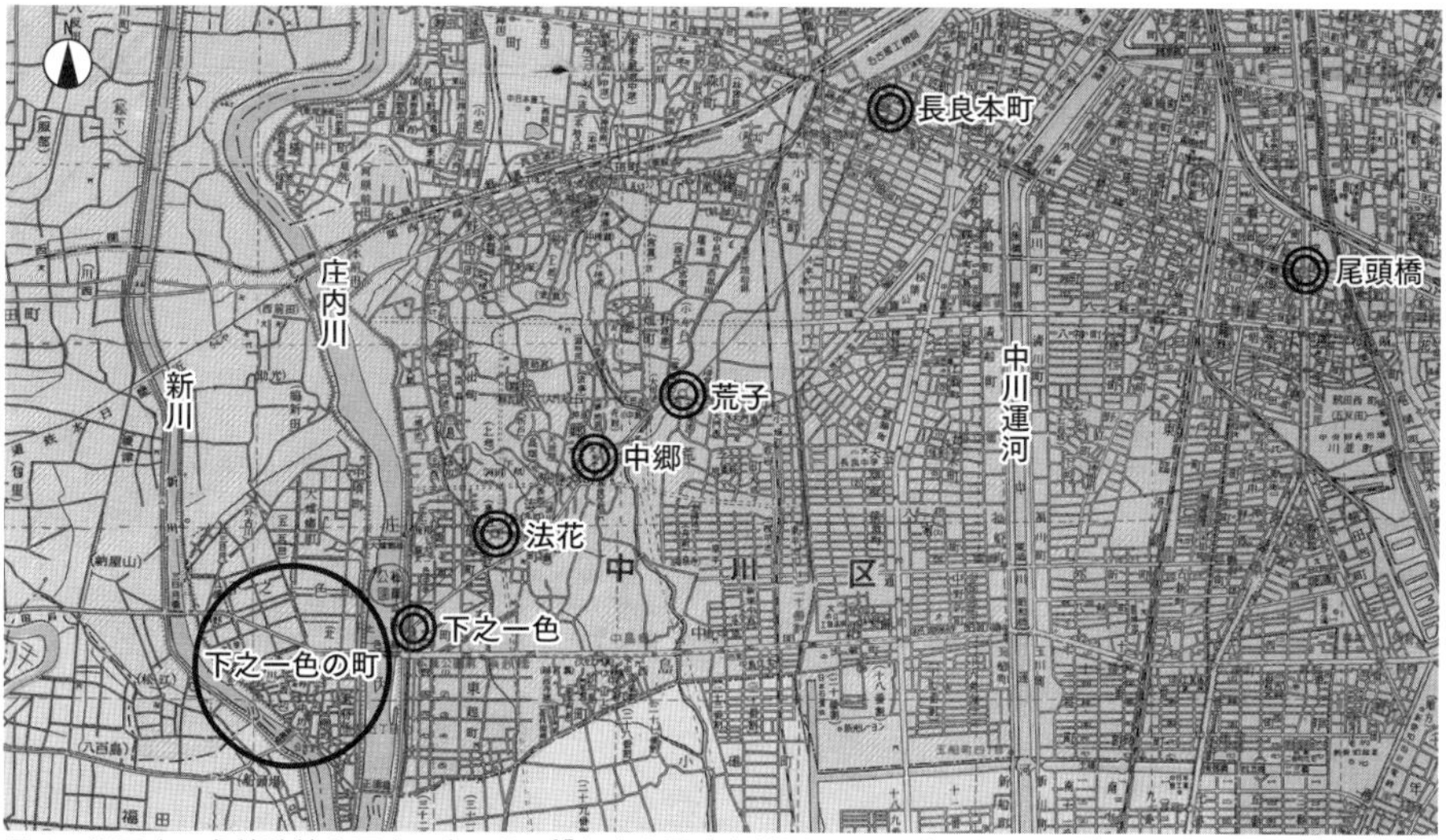

図1　旧下之一色線路線と下之一色の町（「大名古屋市新地圖」1955年　個人所蔵）

ていたところである。名古屋市街との間の交通は、下之一色電車軌道会社の尾頭橋―下之一色間が1913年（大正2）に開通したことにより、便利になった。1937年に名古屋市に合併した際に、この路線も市電に買収された。その後、長い間、田園を走る電車（図2）として、多くの市民に親しまれ、利用されてきたが、時代の波をうけ、1969年に廃止された。

図2　中郷～法花区間を走る下之一色電車（1969年、撮影：西川和夫）

　荒子駅から下之一色駅までの間の風景写真をいくつか載せておこう。（図3）はわが家（地下鉄高畑駅の近く）から徒歩5分のところにある荒子駅跡である。十字路が斜めになっているが、左右に延びる道路が東西（写真の右が東）で、手前と中央奥に延びる道路がかつて市電が走っていた線路跡である。黄色い看板に「中西えびす屋」と書かれているお宅の前、赤いジュースボックスのあるところが荒子駅であった。手前が下之一色方面、奥が尾頭橋《おとうばし》方面である。私は高校時代まで高畑の家から田圃道を経てこの荒子駅まで通った。中西商店には当時「敷島パン」の看板がかかっていた。駄菓子を買って帰路に着くのが楽しみだった。荒子駅から尾頭橋駅の方へはよく行ったが、逆方向の下之一色方面へはほとんど出かけたことがなかった。伊藤君は、私とは違って、下之一色方面が詳しい。彼の道案内をたよりに歩いていこう。

図3　荒子駅跡（南から北を見る）

　右手の道を2、3分歩くと荒子観音に着く。尾張四観音の1つで、節分の日にはよく賑わう。前田利家の菩提寺でもあり、NHKの大河ドラマ「利家とまつ」で全国に知れることになった。国指定

図4　荒子観音山門と多宝塔

の重要文化財の多宝塔（図4）があり、円空仏が多数保管されていることでも有名だ。2月の節分、8月の盆踊り等住民の憩いの場所になっている。

図5の右側の4階建ての建物が荒子小学校で。その手前が荒子幼稚園。市電はその手前のフェンスにそって走り、中郷駅は電信柱のあたりにあった。荒子小学校の校章は前田家の家紋（梅紋）と同じ。図6のお寺は法花駅の南にある。門の右手

図5　中郷駅（荒子幼稚園・小学校東）

の石塔に「當国法華弘通最初の霊場」とあるように尾張国の最初の霊場であり、その歴史は中世にさかのぼる。村名に宗派の名前が付けられたのは珍しいのではないか。法華村（法花村）という。江戸時代、戸口の7割が日蓮宗の宗徒だったという（『中川区の歴史』）。

法華からしばらく歩いて行くと、電車道は松陰《まつかげ》公園で途切れる（図7）。この公園は名古屋市の管理のもとにあるが、公園北隣の木村さんによれば、

図6　妙伝寺（法花駅の南）

草取りがなされず、犬の糞も多いので、犬マークの注意書きで喚起しているという。松陰公園を突き抜けたところで、その先が庄内川ゆえ、電車道は90度左折し南へ延びていく。その曲がったあたりに下之一色駅があった。下之一色の町は川向こうにあるので、魚行商おばさんら下之一色からの乗客は橋を渡らねばならず、苦労したという。下之一色線は別名行商列車といわれるように朝夕は魚行商のおばさんで賑わった。

図7　松陰公園

私の記憶にはないが、高畑の元町内会長の坪井晃さんによると、電車の後ろに魚の木箱《トロ》を積んだトロッコ車両をつないでいたという。荒子駅で降りて高畑に来て、わが家の門前で背負って担いできたトロ箱を開き、店を出していたおばちゃんの顔はよく覚えている。

さて、われわれは主要道路を東西南北の直行にした区画整理後の廃線跡地を歩いているわけだが、その道は随所で分断させられている。東北から南西へ走る斜めの廃線跡地の道が市の都市計画課の標識図（図8）でよくわかる。同行の伊藤君が線路と平行して歩道があったと話していたが、その道路も標識図に描かれており、実際にその道も残っていた。さらに彼の記憶では、この下之一色線は名古屋市の街中の市電よりは本数が少なかったがゆえに、名古屋市の地下鉄のテスト走行線になっていたという。

子どもの頃、走っていたよね、と問いかけられたが、私にはその記憶がなかった。下之一色線でも私がほとんど行かなかった荒子駅から南の区間でテストされていたのではないかと思う。

下之一色駅跡を確認したところで、廃線跡歩きは終わりにして、下之一色の町へ向かうことにした。国道1号線にかかる

のは一色大橋だ。

図9は下之一色の町屋をとったのだが、屋根越しのスカイラインに鎌ケ岳1161m（左）と御在所岳1212m（右）が見える。橋から下の川面を眺めるとボートが気持ちよさそうに水を切っていた。おそらく名大のボート部の女子学生であろう。庄内川の水も20年前に比べてきれいになったと思う。東方を振り返って、名古屋市の市街地方面を眺めると、名古屋駅前の高層ビル群が天

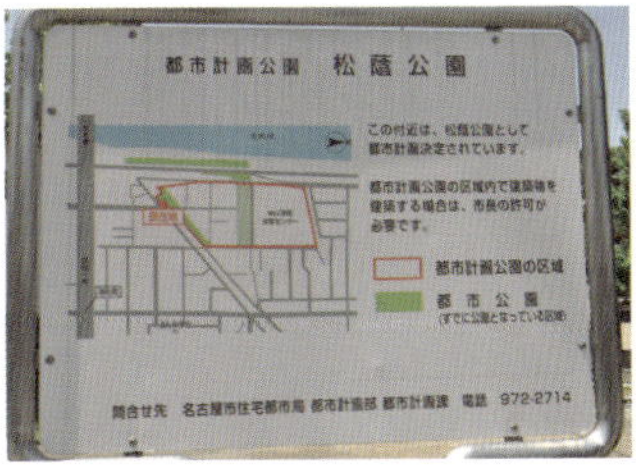

図８　標識で斜めの道が市電線路跡

を指していた（図10）。

そして、下之一色の町に入った。国道1号線を左に折れて、すぐ本町通り。右手に農協があり、その南に小道を挟んで昔ながらの八百屋さん「亀忠」が店を出していた。中では店主の新見さん（73歳）とお客さんのさよ子さん（80歳）の2人が食事中（図11）。なんとなく吸い込まれ、あいさつ代わりに「伊勢湾台風の時は大変だったでしょう」と話しかけると、数十センチのテーブルを

図９　川向うが下之一色の町

指差し、ここまで水が来たと、当時の惨状を話してくださった。伊勢湾台風前までは現在の3倍（約1万人）もの人が住んでいて、魚の露天商が本町通りにずらっと並んでいたそうだ。タクシーの運転手も下之一色の町には入りたがらなかったという。当時300人もいた正色小学校の入学者は今ではわずか10数人になってしまったという。

本町通りを南に歩いて、すぐ左手に公設市場があった（図12）。なぜ

図10　東方に名古屋駅前高層ビル群

「正色市場《しょうしきいちば》」って言うのかというと、正の字を分解すると「下」「ノ」「一」となるでしょう、ということであった。小学校名も「正色小学校」だった。うまいこと考えたものだ。

市場をすぎてすぐの右手に、昔漁師で賑わった銭湯「エビス湯」が壊されもせずに残っていた。

もう少し歩いて行ったら左手に小路があった。ひとっ子1人いないひっそりした小道だ。名前を聞いて驚いた。「銀座通り」という。なぜこんな

図11　八百屋「亀忠」

細い道が、と思ったが、歩いてみて、呉服屋、文房具屋、美容院が現在でも営業しており、その道先に廃墟となった映画館跡があった。なんとなくハイカラなにおいがするではないか。本町通りに銀座通り、通りの地名に賑やかだった時代が残っていた。

この銀座通りを映画館跡手前で南に折れると浅間神社があり、門前通りの鳥居をくぐると魚市場倉庫群が新川に面して静かに残されていた。

図12　正色市場

鶴舞公園

池田誠一

明治時代末

鶴舞公園は、明治時代末に、名古屋市で初めての本格的な都市公園として計画された。そのきっかけは、新堀川運河掘削の残土処分場が必要となり、近くの湿地を将来の公園用地として確保したことにある。明治末の図1には、そこだけが名古屋市域になっているのがわかる。ここで、1910年（明治43）、第10回関西府県連合共進会が開催された後、公園として整備された。

この共進会とは、今でいえば地方博覧会で、大阪、京都と順次開催され、第10回を愛知県が引き受けたもの。1910年という年は、名古屋開府三百年にあたった。このため、名古屋市はその記念祭の準備をしており、共進会は、県と市で協力して開催し、市は用地を提供したのである。

会場は、現在の鶴舞公園よりも広く、名古屋大学医学部と付属病院を含む、30haの範囲である（図3）。会期は90日だったが、その間に263万人が入場し、名古屋の近代化にも大きく貢献することになった。

博覧会会場は、公園を設計した後で計画されており、公園は日比谷公園を設計した本多静六。今日残る噴水塔と再建された奏楽堂の設計は名古屋高等工業の鈴木禎次だった。

博覧会に合わせて都心から会場までのアクセスが整備さ

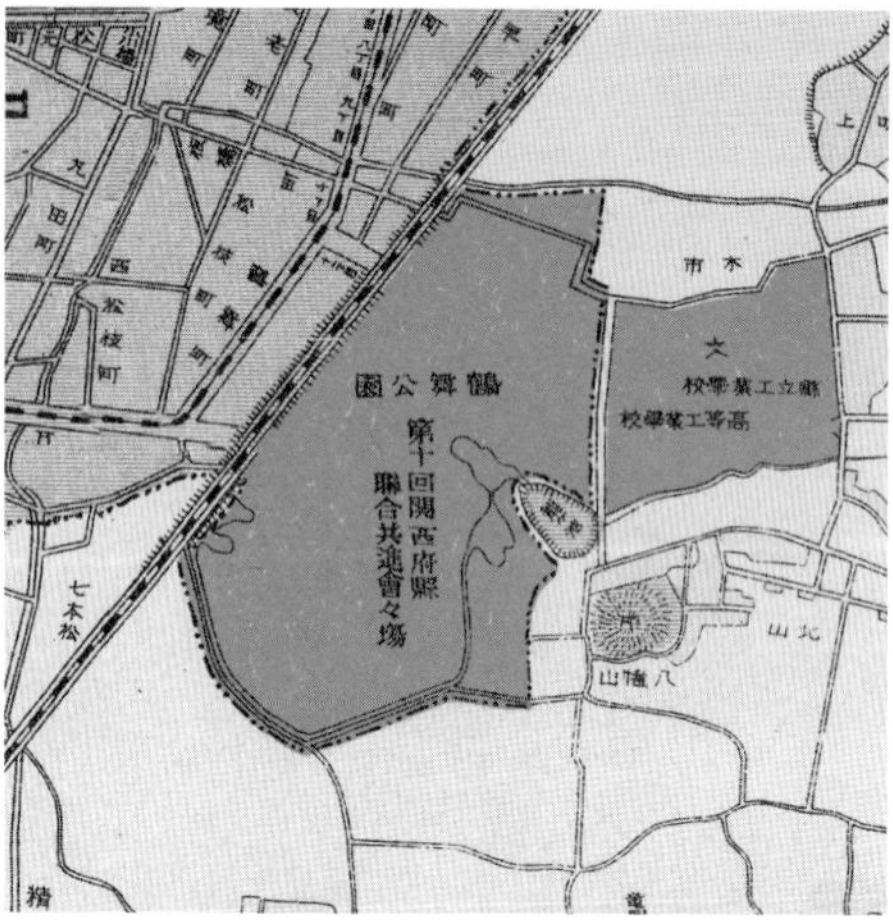

図1 「名古屋市實測圖」1910年　前田栄作氏所蔵

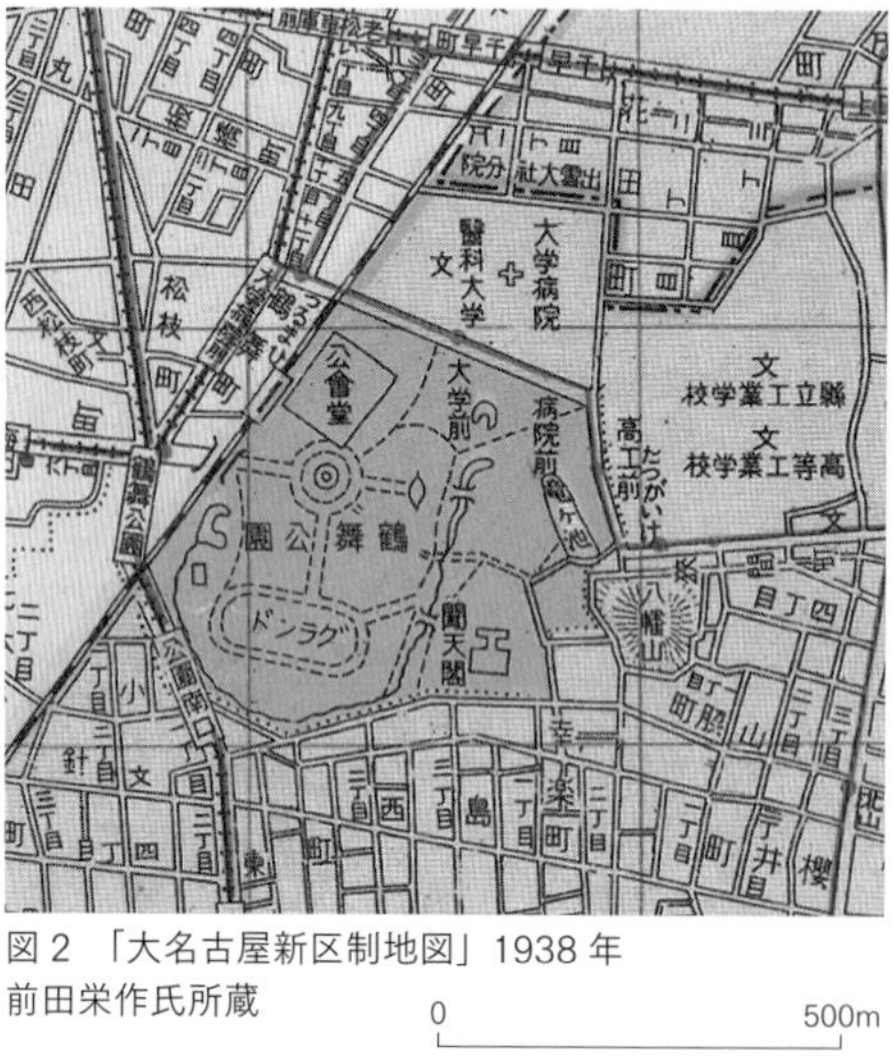

図2 「大名古屋新区制地図」1938年
前田栄作氏所蔵

れ、西は上前津から、北は新栄町からの八間（15ｍ）道路が開かれた。同時にそのルートに路面電車も開業している。

　この博覧会の後、順次公園が整備されたが、用地の北側を県から県立医学専門学校の移転用地として割譲を要請され、今日の名古屋大学医学部等の部分が分離された。

昭和時代初め

　昭和時代になって、新天皇の即位を祝って全国で御大典奉祝博覧会が開かれたとき、名古屋はここ鶴舞公園で開催されている。この時はすでに公園が整備されており、会場はその南半分でおこなわれた（図4）。その時の本館は今のグランドの中に設置されている。また、会場には、グランドの西から南にかけて、大須から動物園が移設されていた。

　博覧会は、昭和3年9月から11月まで、会期70日でおこなわれ、会期中194万人、を集めて、成功裏に終わった。この時、国鉄中央線に駅が設けられたのである。そして、少し遅れた1930年（昭和5）、名古屋市公会堂がオープンしている。

　図2にある「聞天閣」は、吉田山という丘の上になり、明治時代の共進会の時、迎賓館として、京都の金閣寺そっくりに造られた建物だったが、戦災で焼失し、今は野球場になっている。

　なお、公園の名「鶴舞」は、地名の当て字で、「つるま」と呼ぶが、鉄道の駅名は「つるまい」とされている。

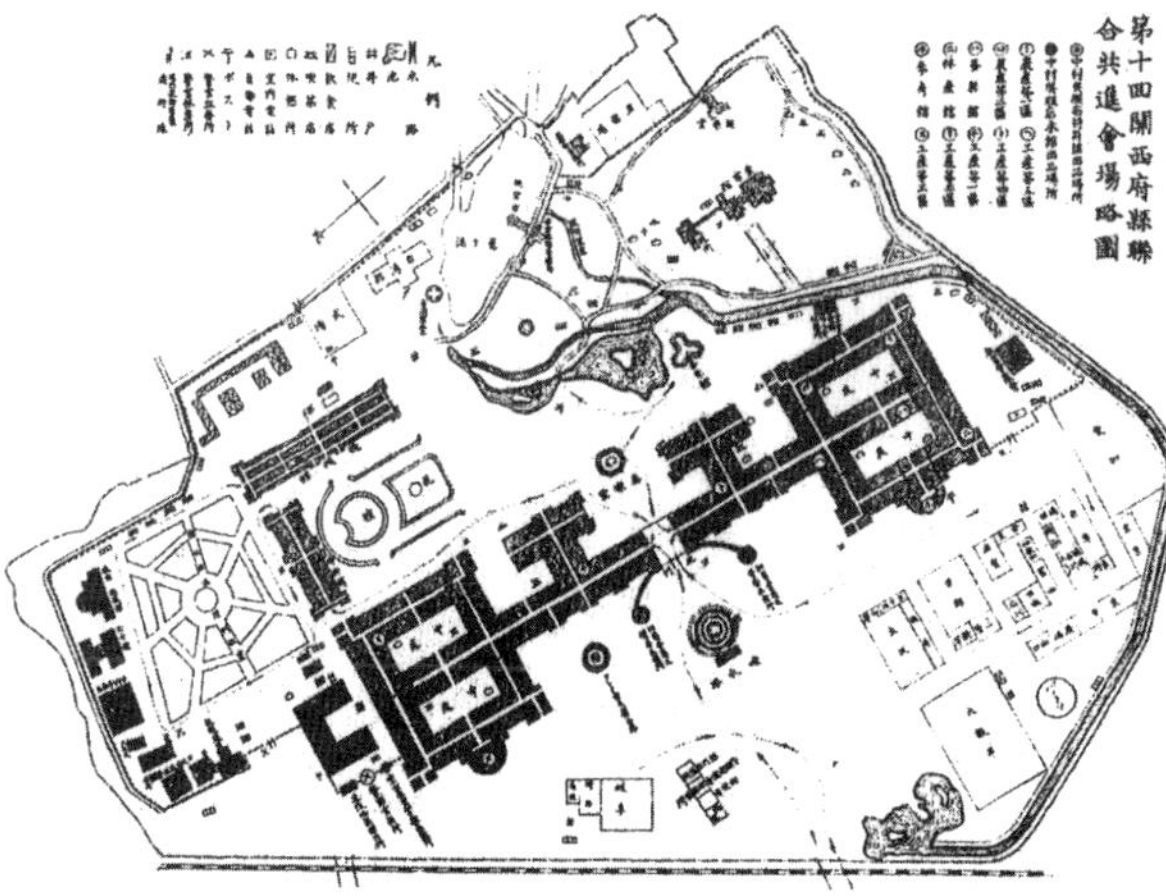

図3　第十回関西府県連合共進会場略図

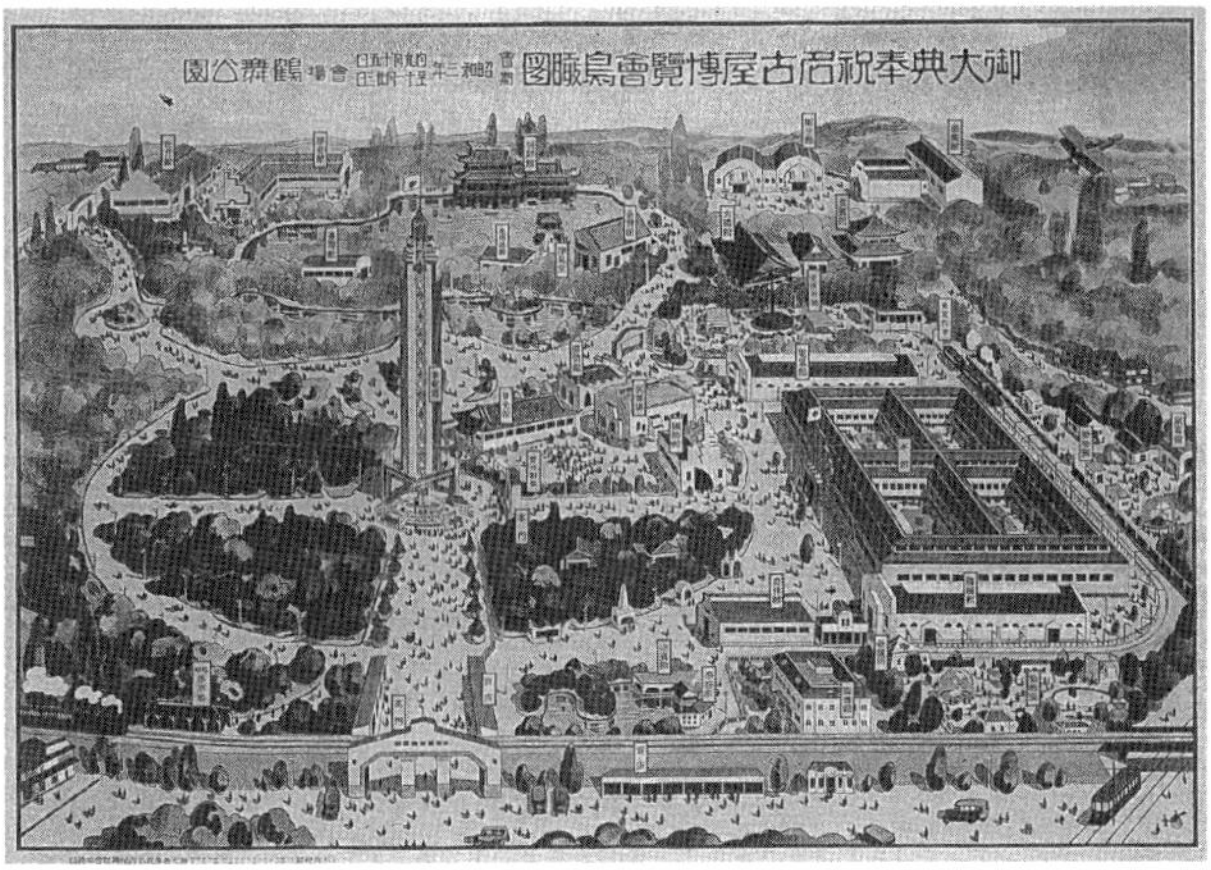

図4　御大典奉祝名古屋博覧会の会場図

歴史の舞台を歩く

名大病院の歴史をさかのぼる

名古屋の近代医療発祥の地をさぐってみよう！

吉川卓治

鶴舞公園を見下ろし威容を誇る名大病院。名古屋大学医学部附属病院は、いうまでもなく医学の最先端を行く中部地区最大の医療拠点である。鶴舞の地に病院ができたのは、1914年（大正3）、今から100年ほど前のことだった。その頃は「愛知病院」と呼ばれ、医学部の方は「愛知県立医学専門学校」といった（図1）。国立ではなく県立の病院と医学校だったのである。この学校が1920年（大正9）に「愛知医科大学」となり、2年後に病院が「愛知医科大学病院」になった。大学はその後、国立の「名古屋医科大学」となった。1939年（昭和14）には「名古屋帝国大学」が創設されてその医学部となり、戦後に名古屋大学医学部となって現在に至っている。

図1　愛知県立医学専門学校・愛知病院と鶴舞公園

名大病院の起源はどこにあるのだろうか。この病院の歩んできた道のりをさかのぼってみよう。これは名古屋における近代医学発祥の地を探す旅でもある。

かつては堀川東岸にあった

スタート地点は100年前の鶴舞としよう。ここに「愛知病院」と「愛知県立医学専門学校」が建てられた頃、この辺りはまだ愛知郡御器所《ごきそ》村と呼ばれていた。1910年（明治43）にここで関西府県聯合共進会という全国規模の博覧会が開かれた。その跡地に病院と学校が引っ越してきたのである。

それまで病院と学校はどこにあったのか。じつは鶴舞から3㎞ほど西方の堀川東岸の天王崎にあった（図2）。そこには瓦葺きでガラス窓とテラスのある擬洋風の病院と校舎があった（図3）。その場所に現在では堀川に面して記念碑が建てられている。記念碑は愛知県出身の浮世絵画家柴田芳洲が1880年ごろに描いたとされる「明治初年愛知県公立病院外科手術の図」をモチーフにしたものだ（図4）。

「手術の図」を覗いてみると、左端に病院と医学校のお雇い外国人だったオーストリア人医師ローレツがいる。彼の指揮を受けて中央で執刀しているのが、のちに内務大臣や外務大臣、東京市長を歴任し、「大風呂敷」とも呼ばれ

図3　天王崎にあった愛知病院と学校

図4　医学校・病院跡記念碑

図2　「名古屋実測図」1910年

図5　大光院の司馬凌海記念碑

た後藤新平。当時は愛知病院の院長・校長だった。その右側に和服で立つのは語学の達人・司馬凌海《りょうかい》（盈之）だとされる。この病院・医学校に教師兼通訳として招かれていた。

天王崎から600mほど南東に行った大須の北端に大光院というお寺がある。その片隅には司馬を顕彰する記念碑が残されている（図5）。1882年に建てられたもので、風化が進んでいるが、題字は「蘭疇」と読める。蘭疇《らんちゅう》とは松本良順のことである。彼は江戸末期に長崎でオランダの軍医ポンペから西洋医学を学び、明治維新後には東京大学医学部の源流である医学所の頭取も務めた西洋医学の先覚者として知られる。

明治4年までさかのぼる

大光院からさらに南に500mほど足を延ばすと西本願寺別院が現れる。「西別院」とも呼ばれる真宗本願寺派の寺院である。じつは病院と学校は1877年（明治10）に天王崎に移るまでここにあった。「仮病院」と「医学講習場」が設けられたのは1873年のことだった。

だが、名大病院の始まりにたどり着くにはあと2年ほど時間をさかのぼらなければならない。1871年に開設された「仮病院」と「仮医学校」こそ名大病院の起源だ。病院と医学校は本町筋の一番名古屋城寄りのところにあった旧藩時代の評定所（今でいう裁判所）と町役所にあった。廃藩置県により使われなくなった建物をそれぞれ病院と医学校として再利用したのである。

この年の旧暦8月8日に名古屋県は、明9日に「仮病院」が開業するので、病気の者は身分にかかわらず、西洋から来た新しい医術による治療を受けに来るよう人々に向けて布告した。「仮医学校」の方では、年齢もバラバラの生徒がゴチャゴチャと集まって思い思いに勉強していたという。規則正しく授業がおこなわれたわけではなく、決まった教え方もなかった。寄宿舎はあったが、荒れ果てていて、その昔、拷問に使われた卵形の石や、処刑された罪人の首を洗った池もあった。この頃、医学生だった三輪徳寛（後に千葉医科大学学長）によれば、夜になるとどこからかタヌキまで出てきて残飯をあさったり部屋の中を覗き込んだりするような、なんだか薄気味悪い場所だった。

「仮病院」と「仮医学校」がつくられたきっかけは、石井隆庵、伊藤圭介、中島三伯が出した建議だった。石井と伊藤は、人々を苦しめていた天然痘を防ぐために種痘を施す「種痘所」を広小路に開設し運営していた。中島は尾張藩の侍医だった。彼らは、近頃「種痘所」に数百人が集まるようになってきたので、市中の適当な建物を使わせてもらいたい、そうすればそこに「種痘所」を移し、病人の診察・治療もできるし、医師教育もできるから、と要望したのである。

伊藤は日本の理学博士第一号として有名だ。名城小学校と御園小学校では長いひげを生やした彼の胸像を見ることができる。それでも満足できなければ鶴舞公園に行くとよい。鶴舞中央図書館の玄関前で和服姿の彼の座像に会うことができる（図６）。

名古屋の近代医学発祥の地を訪ねる小さな旅は出発点の鶴舞に戻って終わることになる。

図６　伊藤圭介胸像

加藤高明の銅像の台座跡

川田　稔

戦時中に金属軍需物質として供出されてしまった銅像

鶴舞公園の東北、龍ケ池の北に、戦前、首相を務めた加藤高明の銅像の台座あとがある（図１）。

加藤高明は、愛知県出身で、１９２４年（大正１３）６月から１９２６年１月まで、憲政会総裁として内閣総理大臣を務めた。銅像は、加藤死後の１９２８年（昭和３）に建てられたが、戦争中に金属軍需物資として供出され、台座だけが残っている。

財界から官界、政界へ

加藤は、１８６０年（安政７）尾張海東郡佐屋（のちの愛知県海部郡佐屋町、現在は愛知県愛西市）に尾張藩下級藩士服部重文の次男総吉として生まれた。父服部重文は、佐屋の代官手代だっ

図1　加藤高明銅像（名古屋市鶴舞中央図書館蔵）

た。その後、1872年（明治5）、遠戚にあたる加藤家の養子となり、高明と改名した。名古屋洋学校（現・愛知県立旭丘高等学校）を経て、1881年、東京大学法学部を卒業し、その後三菱に入社。渡欧後、三菱本社副支配人の地位につき、岩崎弥太郎の長女春路と結婚した。ところで、生家服部家のあった佐屋は東海道の脇街道の要衝で、そこでの代官手代を務める服部家は家格こそ低いが、かなりの経済的収入があったようで、加藤の学費は服部家が支えている。

　1887年、加藤は官界に入り、外相・大隈重信の秘書官兼政務課長や駐英公使を歴任した後、1900年、第四次伊藤内閣の外相に就任した。内閣辞職後、「東京日日新聞」（のちの毎日新聞）社長となるが、間もなく第一次西園寺内閣の外相に就き、その後、駐英公使、第三次桂内閣の外相を歴任する。その間、衆議院議員を一期務め、後に貴族院勅選議員となった。

　衆議院議員となったのは、1902年の総選挙で、本人未承諾のまま高知県から選出されたことによる。当時は現在と異なり立候補制ではなかった。出身地の愛知からも誘いがあったが、加藤が政党所属などで迷っているうち、高知の側が強引に選出したのである。ただ加藤本人も出馬の意欲をもっており、結局衆議院議員となることを受諾した。

　その後、貴族院勅選議員となり、1913年、桂太郎を中心する立憲同志会の結成に参画。桂の死後、党首となった。翌年第二次大隈内閣の外相として、第一次世界大戦への参戦、対華二十一ヶ条要求などを主導した。大隈退陣後は、同志会と中正会が合同して成立した憲政会の総裁となった。しかし、その後長く政権につくことはなく、「苦節10年」と呼ばれる長期の在野生活を送ることになる。

内閣総理大臣になる

　1924年（大正13）5月、第二次護憲運動のなか、総選挙で政友会、憲政会、革新倶楽部の三派連合が大勝。時の清浦奎吾内閣が総辞職し、比較第一党憲政会の党首であった加藤に組閣の大命が下り、いわゆる護憲三派内閣が成立する。こうして加藤は第24代内閣総理大臣となったのである。

　加藤高明護憲三派内閣には、元首相の高橋是清（政友会党首）、犬養毅（革新倶楽部）、加藤のあと首相となる若槻礼次郎、浜口雄幸（ともに憲政会）などが入閣し、本格的な政党政治の時代となっていく。大正デモクラシーの政治体制ができあがったといえよう。その意味で、加藤は大正デモクラシーを象徴する人物の一人といえよう。この内閣のもとで男子普通選挙法が成立する。

　だが、政友会は党首が高橋是清から田中義一に変わると連立を離脱。護憲三派内閣は崩壊し、1925年8月、同じく加藤を首班とする憲政会単独内閣（第二次加藤高明内閣）が成立した。しかし、その翌年の1月22日、加藤は帝国議会内で肺炎をこじらせて倒れ、そのまま6日後に逝去した。66歳であった。

　このように加藤は、三菱社員となり、衆議院議員としては高知から選出され、のち貴族院の勅選議員となったため、成人してからは、ほとんど愛知とはこれといった関係がなかった。だが、愛知出身の首相ということで、鶴舞公園に銅像が建てられたのである。

歴史の舞台を歩く

名古屋の「米騒動」の現場を歩く

近代日本最大の民衆運動に参加した人々は市内をどう歩いたのか

山下 翔

第一次世界大戦期、全国的な好景気となったが、それに伴って米価が急騰し、人々は苦しい生活を強いられた。このような中、1918（大正7）年に富山県で米の安売りを求める民衆運動が起こった。これが米騒動である。富山での騒動が「越中女一揆」として新聞で報道されると、米騒動は全国へと広がり、近代日本最大の民衆運動とまで呼ばれるほどになった。

名古屋では現在の中区、熱田区を中心に騒動が起きた。8月9日から17日にかけての長い騒動となり、米屋だけでなく富豪や市役所なども襲撃を受けた。ここでは、中区で起きた米騒動に注目してみよう。米騒動に参加した人々は名古屋市内をどのように歩いたのだろう。図1をもとに追跡してみよう。

鶴舞公園から始まった

名古屋の米騒動は、1918年8月9日にはじまる。米価問題に対する市民大会が鶴舞公園で開かれるという噂を聞きつけた人々は、夕方から鶴舞公園に集まりはじめた。500〜600人に達した人々は、通りかかった自動車に対して投石を行ったものの、公園を出ることはなくこの日は解散した。

翌日8月10日、大きな暴動へと発展する。午後8時頃、鶴舞公園に集まった群集は約3500人、9時頃には1万人を超え、10時頃から鶴舞公園奏楽堂で飛び入りの演説がはじまった（図2）。演説をおこなったのは、鉽力職人や日雇労働者などの一般市民だった。壇上に上がった弁士たちは「買い占めをおこなっている米屋に制裁を加えるべきだ！」、「この苦しい状況を何とかしてもらうよう知事に嘆願に行くべきだ！」という内容を主張した。この飛び入り演説によって奏楽堂前に集まった人々は大いに盛り上がった。

図2　現在の鶴舞公園奏楽堂。広場は群集で埋め尽くされ、壇上で演説がおこなわれた

目指すは米屋町

午後11時、演説が終了し、人々は解散しはじめたが、その一部は公園を出発した。人々が目標としたのは米屋の密集地である米屋町（現在の名古屋駅付近）である。人々は記念橋付近で二手に分かれ、栄町で合流して米屋町に向かった。泥江橋（現在の泥江町交差点）（図3）に押し掛けた群集は、警官隊とにらみ合いとなり、午前1時頃解散

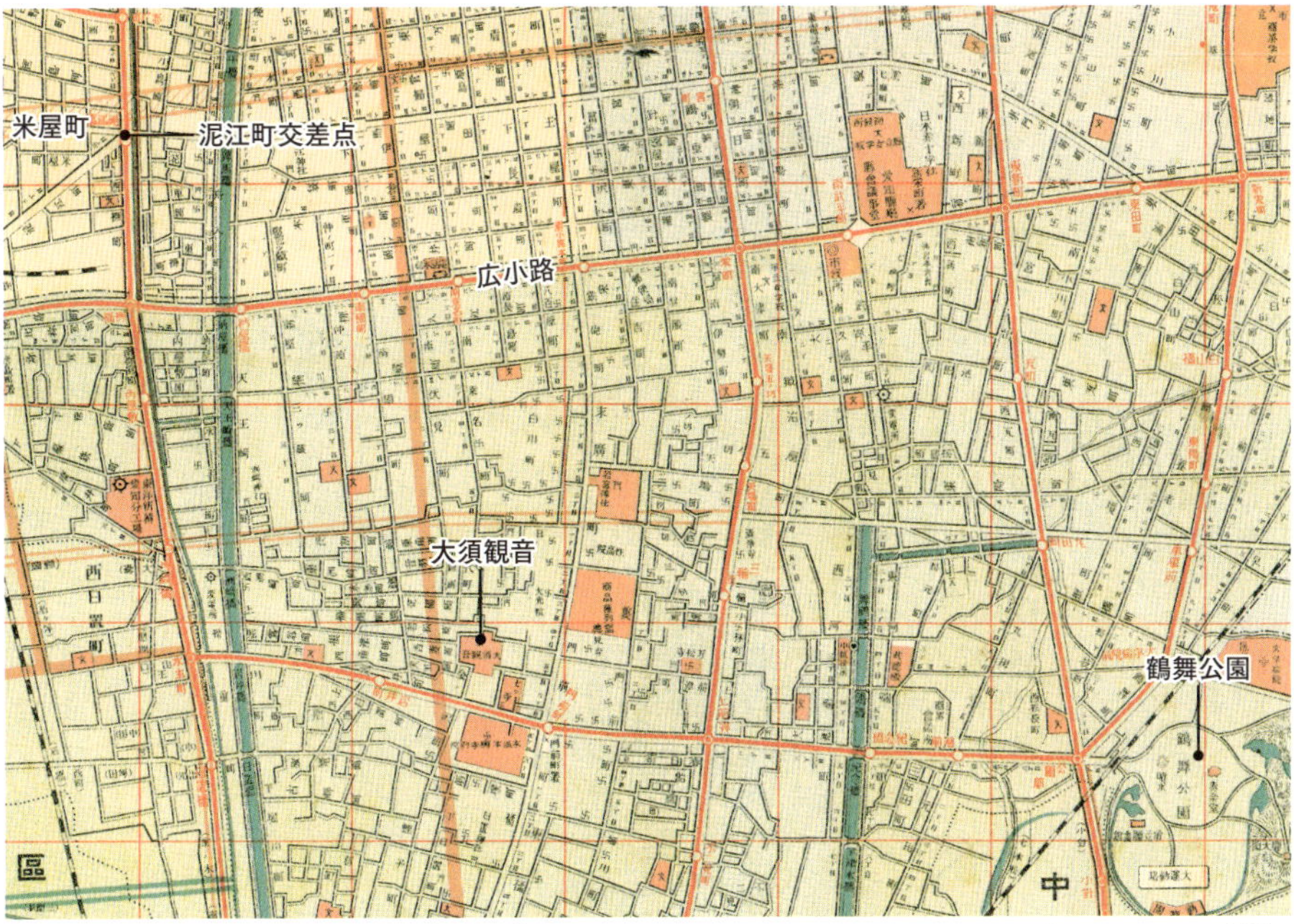

図1 「名古屋市街全図」1924年　個人所蔵

した。

翌日11日には、市民大会の噂は市外にも広がり、午後8時頃から鶴舞公園に人々が集まりはじめ、前日同様に奏楽堂で演説がおこなわれた。約2万人の群集は午後9時30分に米屋町を目指して鶴舞公園を出発した。この日、群集は広小路の大通りを東に向かって歩き、米屋町に向かった。当時の広小路は（図4）、数多くの商店が立ち並ぶ、名古屋のメインストリートだった。人々はそのようなメインストリートを、通り沿いの商店を襲撃しながら米屋町に向かったのだ（図5）。

この日も泥江橋で警官隊とにらみ合いとなったが、警官隊が市民に対して抜刀する事件が起きた。流血沙汰となったこの事件は、翌日の新聞にも大きくとり上げられるほどの大事件だった。この抜刀事件に憤慨した群集はなかなか引き下がらず、米屋町に押し入ろうと何度も突撃したが、

図3　現在の泥江町交差点。米騒動当日、ここで群集と警官隊が対峙した

図4　大正期の広小路
（名古屋市鶴舞中央図書館所蔵）

図5　11日、広小路に押し寄せる群衆（「名古屋新聞市内付録」1918年8月12日）

午前1時頃次第に解散していった。

ついに米屋町へ突入

12日は昼間から不穏で、流言飛語がさかんに飛び交った。午後8時頃から鶴舞公園に人々が集まり始め、午後9時50分には3万人に達した。この日の騒動は、前日の警官隊による抜刀事件のこともあってか、最も参加人数の多い、過激なものとなった。この日には、ついに泥江橋のバリケードを突破した群集は米屋町に押し寄せた。

また、軍隊も出動し、騒動の鎮圧に大きな役割を果たした。軍隊によって武力で抑えつけられる集団もあったが、多くの集団が軍隊と対峙するとすぐに解散している。軍隊は米騒動に参加した人々に温かい言葉をかけ、それ感激して解散する人々の姿が新聞に大きく報じられている。このような軍隊の態度は前日に流血沙汰を引き起こした警官隊の態度と相まって、強く人々の心に残ったことだろう。

米騒動の閉幕

13日には、夕方から鶴舞公園に人々が集まりはじめるものの、軍隊や警察は公園を厳重に取り締まり、公園に入ろうとする人々を追い払った（図6）。追い払われた群集は町へと繰り出し、各地の米屋を襲った。14日には鶴舞公園に前日ほどの警戒はなかったため、公園で演説がおこなわれたが、参加人数は少なかった。また、この日は大須観音にも人々が集まり、大須観音北の旭遊郭に向かった。15日には鶴舞公園で演説がおこなわれ、2000人が集まったが、騒動に発展することなく解散した。しかし、大須観音に集まった1万人の群集は市内の米屋に押し掛けた。

13日から15日にかけての騒動では、いずれの日も米屋町は平穏となっている。12日以降、名古屋市による米の廉売が開始され、13日以降、本格的になった。市民には米の引換券が配られ、各区に設置された廉売所は大盛況となった（図7）。人々のもとに米が行き届くようになると、騒擾気分も少しずつしずまり、名古屋の米騒動は幕を閉じた。

図6　12日、軍隊の出動（「名古屋新聞市内付録」1918年8月13日）

図7　米の廉売に立ち並ぶ民衆（「名古屋新聞」1918年8月13日）

郊外へ——拡大する都市

海と街をつなぐ動脈河川

名古屋のまちと堀川

熱田台地の西側を流れる堀川を通して、名古屋の街から海へ

服部亜由未

堀川の誕生

堀川は清須越し（名古屋越え）とともに開削され、街と海とを結ぶ唯一の運河として名古屋の人々の生活を支えてきた（図1）。

1610年（慶長15）、徳川家康は、福島正則に堀川開削の総奉行を命じた。工事には、豊臣恩顧の大名20名が石高1000石に対して1人の人夫を出し、さらに、美濃・伊勢から人夫の補充がおこなわれた。1日あたり8000人から1万人もの労働力をもって開削が進められたという。

開削当初の堀川は、熱田の宮から名古屋城西側、現在の朝日橋付近までの区間が掘られた。現在は干拓や埋め立てによって陸地化がなされたため、かつての海岸線を想像しにくいかもしれない（図2）。しかし当時は、熱田の宮の渡しまで海が広がっていた（本書77ページ参照）。

図3は朝日橋から熱田の宮までに架けられた橋で、現存するものの一覧である。この中で、黄色の色で塗りわけた橋が7つある。これらは、堀川開削初期の江戸時代から既に架けられていた橋であり、「堀川七橋《ほりかわななはし》」と呼ばれている。もちろん堀川七橋も400年の間に、開削当初に架けられた橋から改築はなされている。しかし、これらは比較的昔のおもかげを残したものが多い

図1　昭和初期の堀川　桜橋付近（名古屋都市センター所蔵）

図4　五条橋　中橋から五条橋を見た風景
（伊藤睦実 画）

図2　常夜灯や時の鐘が復元され、宮の渡し公園として整備されている。

図5　福島正則の紋
納屋橋の中央部、半円型張り出し部分には、福島正則の紋（中貫十文字）がはめ込まれている。

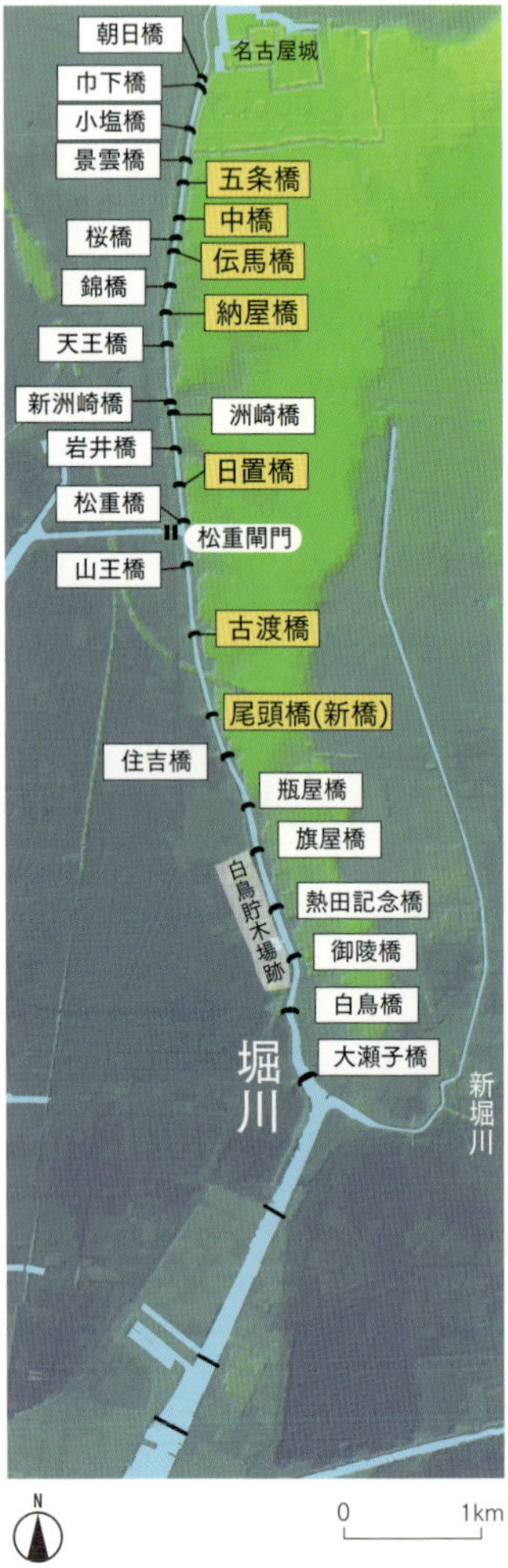

図3　朝日橋以南の堀川と橋。黄色で塗った橋は「堀川七橋」（筆者作成）

と言える。

堀川七橋の中でも、五条橋は、清須越しの時に清須からそのまま移された橋として知られている（図4）。五条橋の擬宝珠《ぎぼし》には「五条橋　慶長七年壬寅六月吉日」とあり、名古屋城築城前、つまり堀川開削前に作製されたものを移動させたことを物語る。現在はレプリカの擬宝珠が取り付けられ、当時の擬宝珠は名古屋城に展示されている。

もう1つ有名な橋を挙げるとすると、納屋橋であろう。この橋は堀川開削の総奉行であった福島正則によって架けられた。以後、幾度かの改築を経て、1913（大正2）年、総工費10万3453円を費やして、現在の姿となった。鉄石混用で、当時としては新式の橋は、中央に突き出たバルコニーが独特である。その中央には、福島正則の紋（中貫十文字）がはめ込まれている（図5）。そして、その両脇下、4カ所には青銅鋳鉄のレリーフ内に織田信長、豊臣秀吉、徳川家康の各紋がならんでいる。

堀川を開削した正則への感謝の念が、紋の配置に表れていると言えよう。

　堀川最北限の朝日橋付近は、水を貯めて置く場所であったことから「堀留《ほりどめ》」とも、海水がここまで溯ってくるから「塩留」とも呼ばれた。堀川は、この堀留の地点で留められていたため、もともとは水源をもっていなかった。すなわち、開削当初の堀川は、「川」ではなく、熱田の海から舟がやってくる「港」であったのである。

一級河川となる

　堀川は現在、一級河川である。このことはあまり知られていない。では、水源のなかった堀川が、どのように川となり、現在の流路となったのだろうか。堀川経路の変遷を簡単にたどってみよう。（図6）。

　1663年（寛文3）に、約8km北の庄内川からお堀へ水を引くため、御用水《ごようすい》が開削された。御用水は、竜泉寺（現・名古屋市守山区）で庄内川から取水し、矢田川の川底を伏越《ふせこし》樋《ひ》（暗渠《あんきょ》）によってくぐらせ、名古屋城の外堀へ流れるようにした。外堀を経由して、堀留に庄内川の水が流れ込む。この時から、自然流の上流をもつ「川」になったと言えよう。

　1784年（天明4）には大幸川の流路を変えて、堀川へつなげられた。これにより、外堀を通らずに直接掘川へ流入する水路もできた。

　さらに時代を経て、1877年（明治10）10月10日、御用水とほぼ平行に走る黒川が完成した。黒川開削は、犬山の木曽川から新木津用水、庄内川を経て堀川までを舟運で結ぶ目的と、農業用水の取水を目的とした大工事の第1

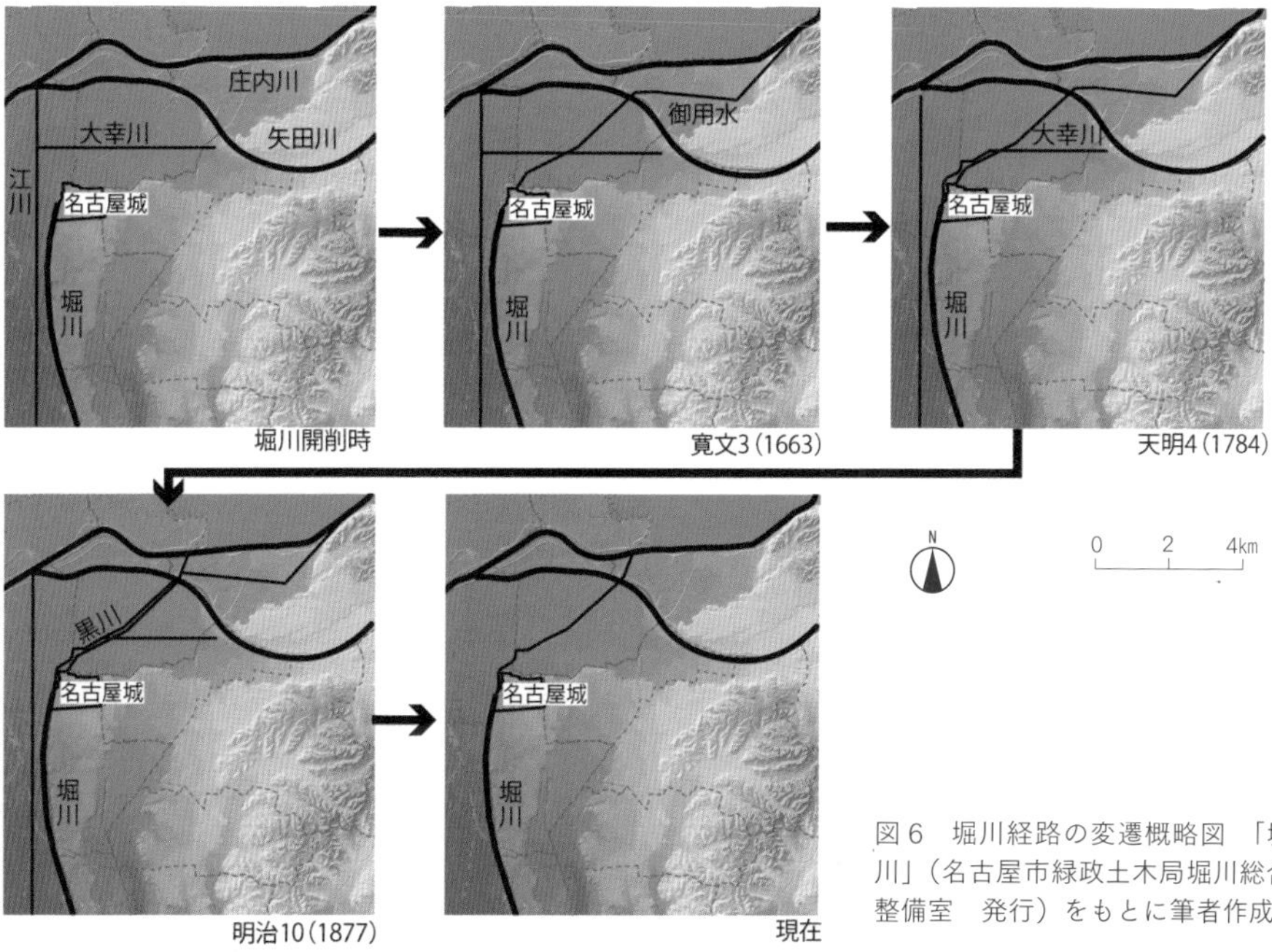

図6　堀川経路の変遷概略図「堀川」（名古屋市緑政土木局堀川総合整備室　発行）をもとに筆者作成

段階である。現在では行政上、黒川も堀川と総称されている。1969年（昭和44）から庄内川の支流とみなされ、一級河川となった。

また、1883年10月からおこなわれていた新木津用水の拡幅工事は、1886年9月に終わった。こうして、木曽川から新木津用水、庄内川、そして堀川を経て、海へつながるルートができた。

下流部も、江戸時代には新田開発、明治以降には名古屋港の築造や工業用地の造成のために埋め立てがおこなわれた。これにともない堀川も延伸され、16・2km、51・9km²の現在の姿となる（図7）。

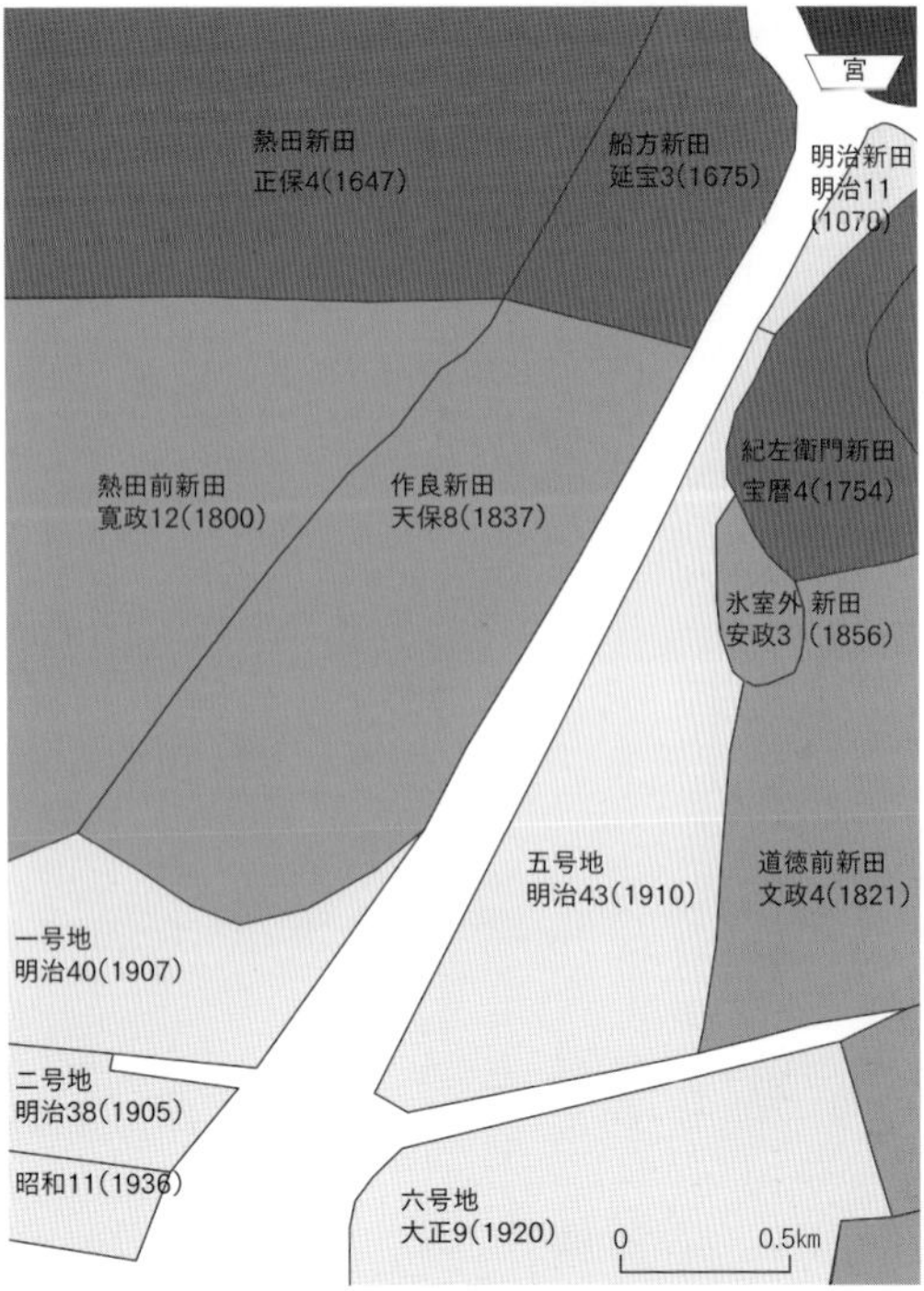

図7　堀川下流域の形成　「堀川」（名古屋市緑政土木局堀川総合整備室発行）をもとに筆者作成

路《みち》としての川

江戸時代、たとえば天守閣築城の資材を運ぶためには、どのような手段がとられたのだろうか。今のように大型トラックのない時代には、陸上輸送は不可能であり、水運が利用された。堀川は河口と堀留との高低差が2・4mしかなかったため、川を遡ることも比較的容易であったと考えられる。

名古屋城の木材は、大部分が木曽材であった。木曽の山々から伐り出され、1本ずつ流された原木は、本流の広い場所で組んで筏にし、筏師によって木曽川を下り、伊勢湾を東進し、堀川へ入った。また、清須からの移転の際も同様に、堀川の水運が活用されたと考えられる。物資を積んだ舟は、清須城下から五条川を下り、海岸沿いに熱田まで出て、堀川を遡ることで大量に物資を運搬することが可能となったであろう。

福島正則は堀川開削にあたり、白鳥（現・名古屋市熱田区白鳥）に堀をつくり、舟が出入りできる資材置場を設けた。その後、貯木場として発展し、1615年（元和元）に白鳥御材木奉行所が設置された。幕末には2万3900坪もの材木置場となった。輸送に便利であっただけでなく、水中に浸すことでアク抜きになったことから、1987年まで日本最大級の水中貯木場として活用されていた。なお、白鳥貯木場跡、御船蔵跡は、1989年（平成元）におこなわれた世界デザイン博覧会において、メイン会場として使用され、現在は名古屋国際会議場、大学、白鳥公園、白鳥庭園として利用されている。

現在の中区錦1丁目、丸の内1丁目の堀川沿いには、かつて、材木商が並んでいた。その町名は南から上材木町、下材木町、元材木町、木挽町（図8）。上材木町は築城当時、京都から材木商が移住し、「京材木町」と呼ばれていた。その後、町内すべて材木商であったため、藩の許可を得て、「上材木町」と改称した。一方、下材木町には、清須から移住してきた商人が多かった。また、元材木町も清須から移住してきた特権材木商の集まりであり、初めは「清須材木町」と呼ばれていた。しかし、名称が長いため、1665年（寛文5）「北材木町」と改称された。さらに、北は敗北を意味することから1686年（貞享3）に「元材木町」と改められた。また、木挽町は、築城当時、木挽職人の作業場、後には彼らの居住地となったことに由来すると、『堀川沿革史』にある。

時代を経るにしたがって、材木の街は下流部へ移ってきた。その背景には、事業の拡大や広い用地を確保するために、過密となった上流よりも都合がよかった点、明治期の名古屋港開港により、北海道産の材木や外材の入手には下流の方が便利になった点などが考えられる（図9）。

堀川の川岸では、水運が盛んであったころ、いたるところで物資の積み降ろしがおこなわれていた。このような荷揚場は、1899年に「堀川河岸共同物揚場」、「河岸地取

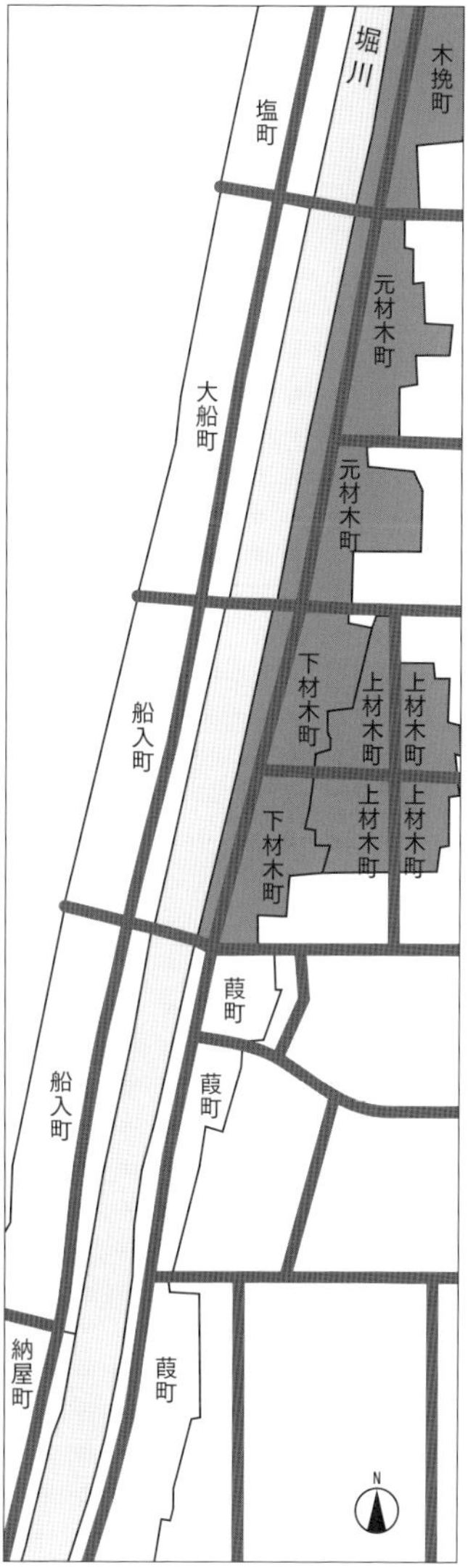

図8　納屋橋から五条橋までの堀川沿いの町　材木商、木挽職人に由来する町を灰色で示した。「名古屋碁盤割マップ」（名古屋市博物館編集）をもとに筆者作成。

図9　山王橋から南をのぞむ　今でも下流域には、丸太が浮かぶ風景を見ることができる（2009年7月）

締規則公布」が出されてから、「公共物揚場《こうきょうものあげば》」と呼ばれた。公共物揚場は、朝日橋から古渡橋にかけて48カ所（東岸に25カ所、西岸に23カ所）存在しており、各場所に標柱が建てられ、決められた場所での荷揚げ作業がおこなわれていた。しかしながら、現在では、五条橋左岸の南角に1本を残すのみになった。その最後の1本も風化がひどく、文字が読み取れない状態である（図10）。

公共物揚場の標柱以外にも、堀川沿いを散策すれば、水運が盛んであったころの様子を伝えるものを見つけることができる。図11は、同じ五条橋の右岸の南角である。この地点も標柱は消えたものの、かつては公共物揚場であった。護岸と道路は、石畳を斜めに敷き詰めて結ばれている。木材関連では、運搬された木材を水揚げするクレーン（図12）や道路を横断して木材を運ぶトロッコ用のレール（図13）が残っている。昔の風景を想像しながら、堀川沿いを歩いてみてはどうであろうか。

図 11　荷揚場　五条橋右岸南角

図 10　最後の公共物揚場標柱　五条橋左岸南角

図 13　トロッコ引き込み線　巾下橋左岸付近（2009 年 7 月撮影）。現在はアスファルトに覆われている（下図）

図 12　クレーン　山王橋左岸付近

＊本節は、拙稿「つなぐ川、堀川」（中区制施行一〇〇周年記念事業実行委員会『名古屋市中区誌』２０１０年）に加除修正をおこなったものである。

低地における住宅と工場の誘致策

「大名古屋」の水網計画をみる

中川運河を巡る河岸地域

堀田典裕

中川水系における運河計画

「中川」という呼称は、熱田前新田から河口までのもので、流域のほとんどが「笈瀬川（御伊勢川）」と呼ばれ、それは惣兵衛川・江川・荒子川等と並んで名古屋西部の低地を北から南に流下する川の一つであった（図1）。これらの川の河岸地域には、微高地に建設された村々が散在し、周囲には「堀田」や「島畑」からなる低地特有の田園地帯が広がっており、明治20年以降には、中川水系に関する利水と治水を巡って少なくとも四つの運河計画が立案されている。

まず、1896年（明治29）に、長谷川太兵衛、山内正義ら20名余による運河開鑿の計画が立てられ、1901

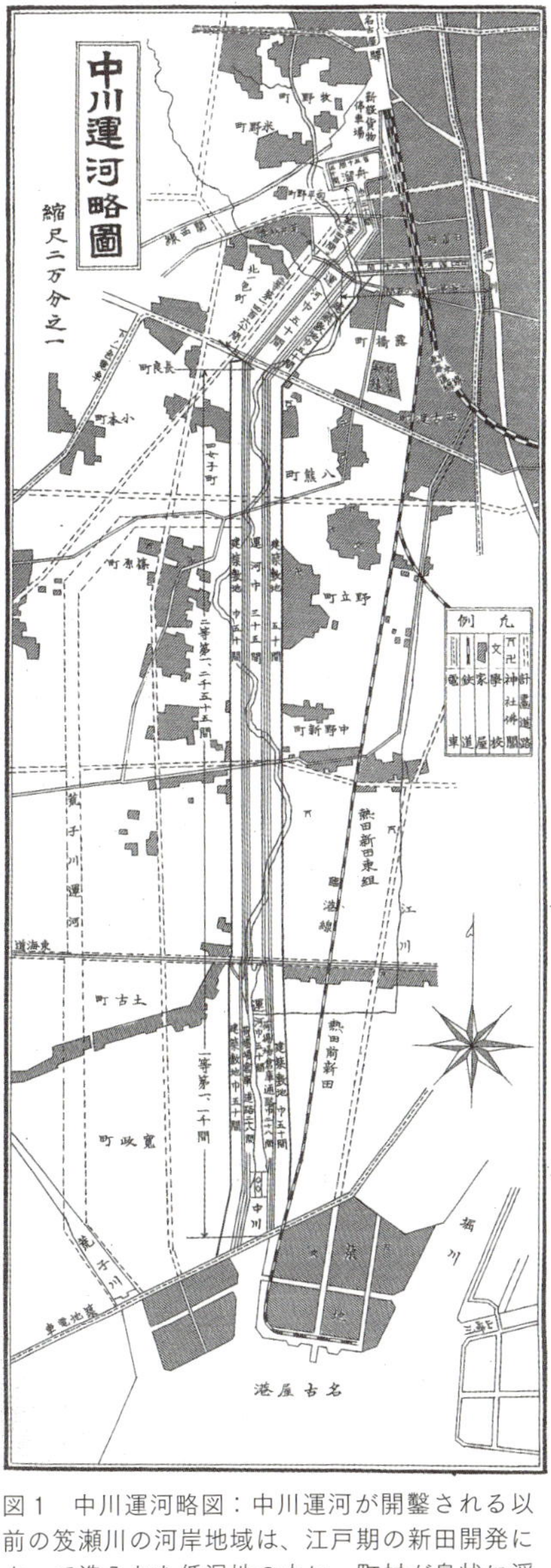

図1　中川運河略図：中川運河が開鑿される以前の笈瀬川の河岸地域は、江戸期の新田開発によって造られた低湿地の中に、町村が島状に浮かぶ風景が広がっていた。（愛知県図書館所蔵）

年には、中川水系の地主によって立案された幅員を約15間とする運河計画があったと言われている。さらに、1906年には、「甲州財閥」の一人であった雨宮敬次郎(1846-1911)によって上記二案が引き継がれ、幅員を約30間とする運河計画が立案されたが、三度とも成案に至ることはなかった。

これら三つの計画が、いずれも民間によって主導された計画であったのに対して、四番目の計画は、内務省官僚を経て愛知県知事の職にあった松井茂(1866-1945)が1913年(大正2)から4年間に亘って取り組んだとされる官主導による計画であった(図2)。運河幅員を50間としていること、河口に閘門が設けられていること、船溜が一定間隔で設けられていることなど、実現案に共通する部分が見られるが、異なる部分も大きい。まず、総延長7458間に及ぶ運河が、市街地西側を取り巻きながら金城村(現・北区金城)にまで到達して、そこで堀川と結ばれてその水源のひとつとなっていた。また、運河の実現案は、この計画の関西本線以南に重なるものであり、松井達の計画の一部に過ぎないものであったことが見て取れる。さらにまた、実現案では運河と道路との関係が重視されたが、この計画では、東海道本線と関西本線との交差する周辺に船溜が設けられていることからもわかるように、鉄道との関係が重視された計画であった。松井は県営事業としての実現に向けて尽力し、有力者によ

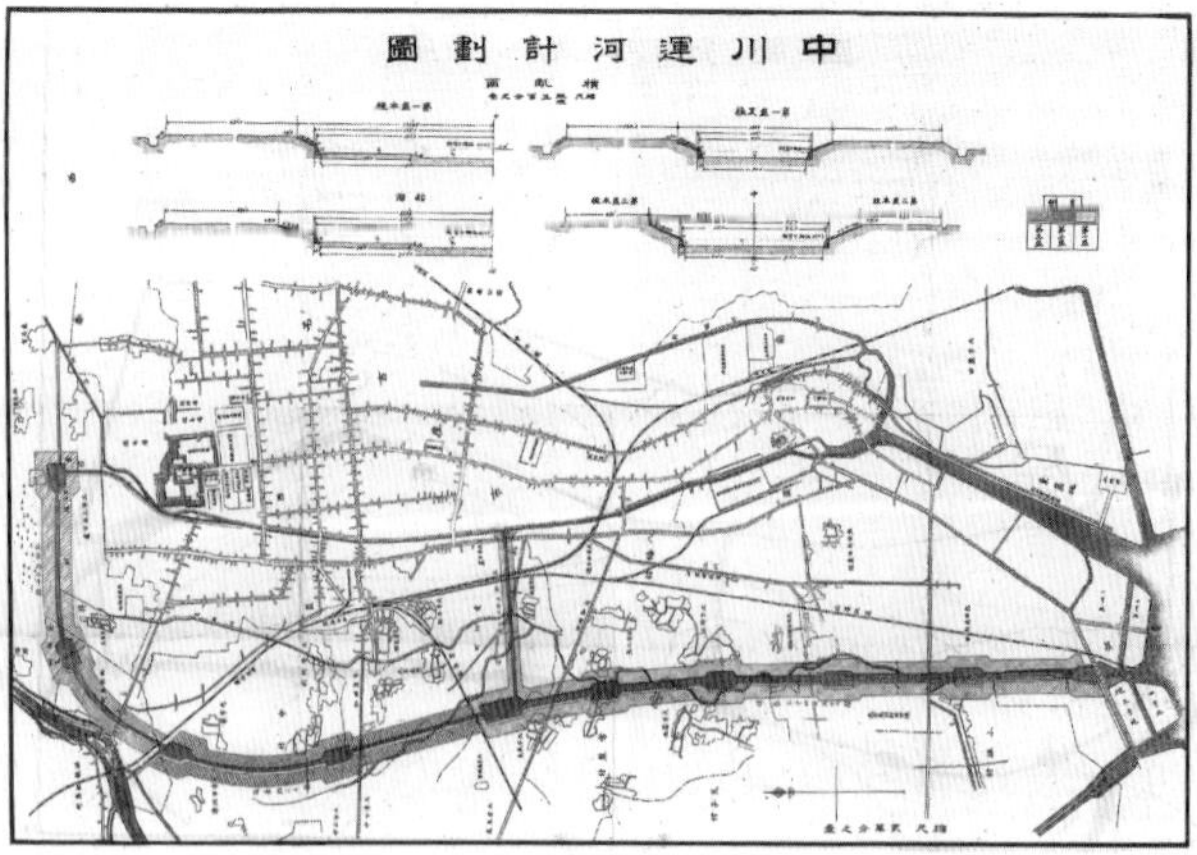

図2　中川運河計画図(名古屋市市政資料館所蔵)

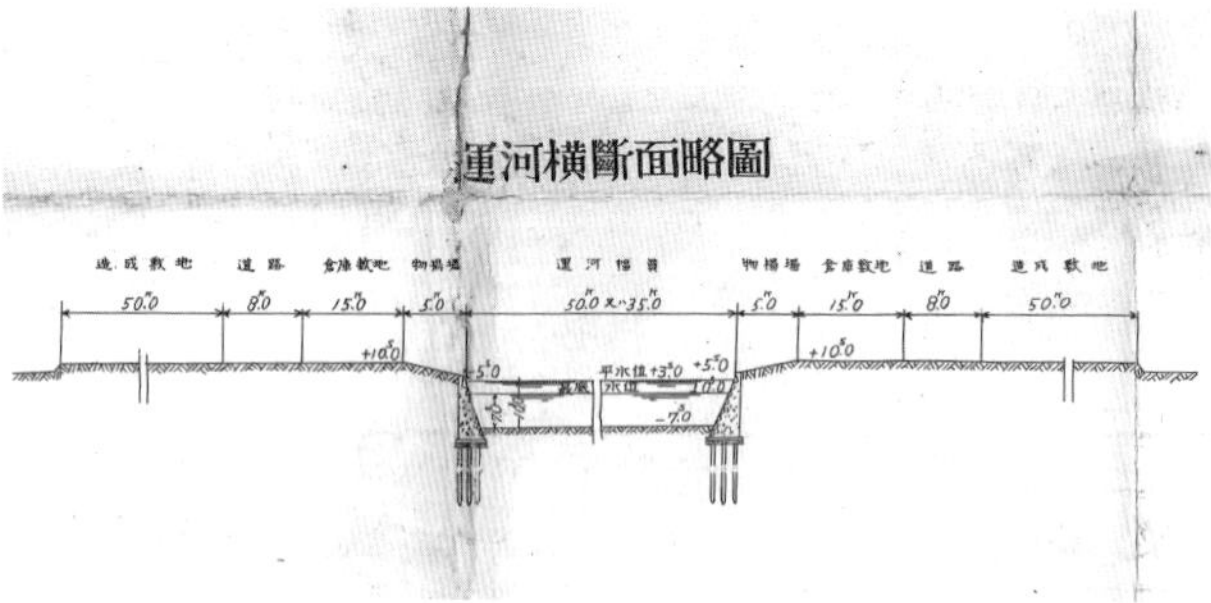

図3　運河横断面略図(愛知県図書館所蔵):幅員50間または35間からなる水路の両側に、水路側から物揚場(5間)、倉庫敷地(15間)、道路(8間)、造成敷地(50間)が用意されている。水路の水深は、7尺から10尺の範囲で考えられており、護岸は「地盤の強弱に応じ三列又は四列」に打ち込まれ9尺から30尺の長さの「松丸太杭」の上に造られた「混凝土造又は割石混凝土造の重力式擁壁」とされた。ただし、中川閘門の外側では、「水防」、「荷役の便否」、「経済的関係」という事由から、鋼製矢板による簡素なデザインとなった。

る「期成同盟会」まで設けられたが、財政不況のために四《よ》度《たび》お蔵入りになった。この第四案が1913年に官主導の計画として再浮上した背景には、これが松井個人の私案ではなく、我が国の運河に関する最初の法律となった「運河法」が同年4月8日に公布されたことが挙げられる。この「運河法」では、民間の団体あるいは事業者が国または公共団体から免許を受けて開設することを前提とされており、このことは上記の「期成同盟会」の結成に関わるものであり、この点においてもその影響が見て取れる。

最終的に中川運河は、1924年6月9日に都市計画運河網の一部として確定され、1926年10月1日に着工され、1930年（昭和5）10月10日に通水された（図3）。本線の使用は同年10月25日に開始されたが、堀川通線路と省線との交差部分に架かる鉄橋の付替工事が捗らず、運河が全通したのは1932年10月1日のことであった。この最終案に至るまでに、愛知県は30間、50間、100間からなる三つの幅員を有する運河計画を立案検討したという記録が残されている（図4）。三案ともに水路と船溜の位置と形状から、松井茂らによって1917年に発表された案を基にして検討されたと考えられる。

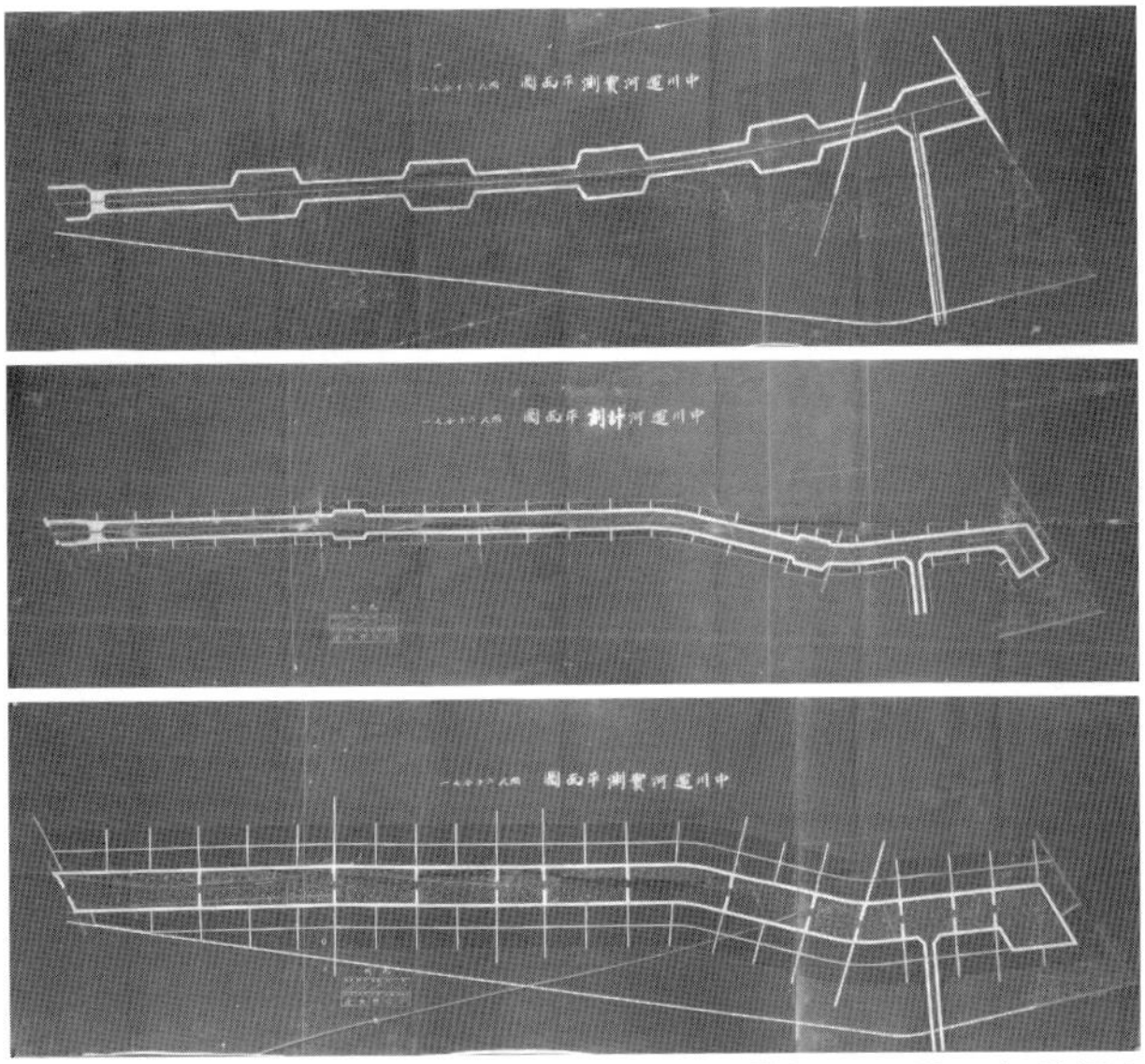

図4　愛知県による運河計画案／上より順に、①幅員50間A案 ②幅員50間B案 ③幅員100間案：幅員30間案は①と同様の水路線形を有する。幅員30間の計画では、船が転回するために複数の船溜を設ける必要が生じて水路線形が複雑になること、幅員100間の計画では、掘削土量が多くなり過ぎることがそれぞれ予測でき、最終的に幅員50間の中間案に落ち着いたと考えられる。（名古屋港管理組合所蔵）

「大名古屋」の水網計画と「聚落」の形成

1919年（大正8）に発表された「名古屋市区改正計画」には、堀川、中川、荒子川、大江川、山崎川を運河による五大幹線とすることが盛り込まれ、さらに、1924年に策定された「大名古屋都市計画」では、都市計画法における地域制（現・用途地域制）が導入された結果、名古屋港背面一帯のこれらの地域が、「工業地域」の指定を受けることとなった（図5）。この時、これらの港湾地区を市街地と結ぶために「都市計画運河網」の計画が策定された。

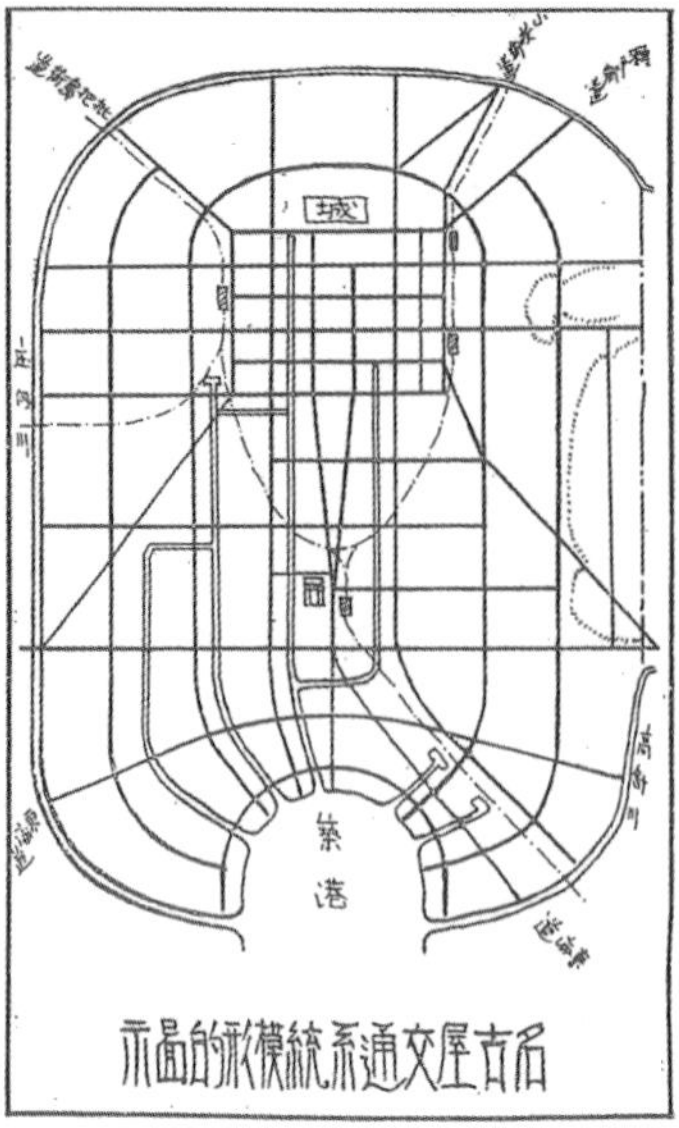

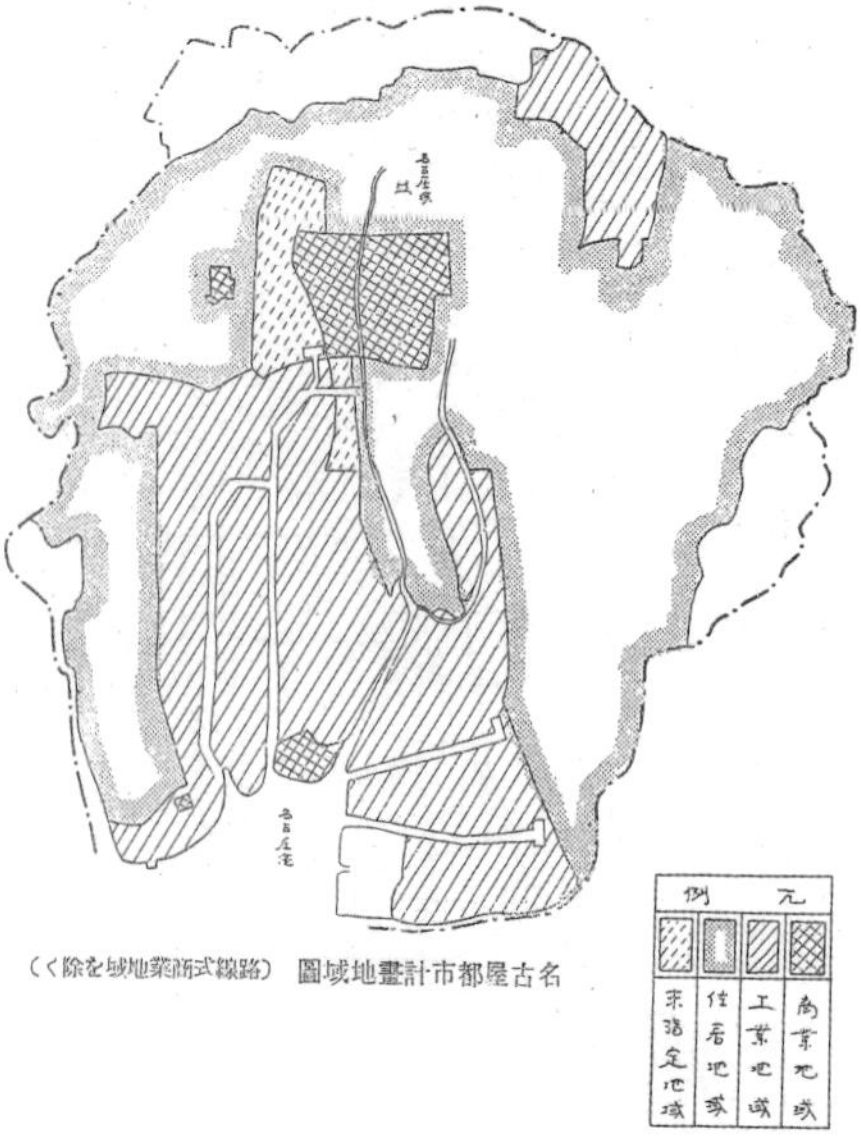

図5（右）名古屋都市計画地域図：既存の堀川と新堀川からなる運河に加えて、大江川水系、山崎川水系、中川水系、荒子川水系を利用した大江川運河、山崎川運河、中川運河、荒子川運河からなる四本の運河を新たに開鑿し、さらにこれらを横断する二本の支線運河によって結ぼうとする壮大な計画であった。（『都市問題』第9巻第4号）　図6（左）名古屋交通系統模型的図面（『都市創作』第2巻第2号）

ここで、この運河網が単独の計画として策定されたものではなく、「都市計画道路網」と密接に関連づけられて開発された計画であったことは注目されるべきである。都市計画愛知地方委員会の黒川一治による「大名古屋交通系統の模型的図示」を見れば、運河と都市計画道路が交互に配置されていることが見て取れ（図6）、この運河網計画が名古屋港を中心とした放射状の都市計画の一部として理解されなければならないことが理解できよう。1924年の計画確定時に提出された『名古屋都市計画運河新設理由書』を見ると、「速ニ各種工場ヲ誘致シ之カ発展ヲ謀ランニハ先ツ以テ交通運輸ニ関スル各般ノ施設ヲ行ヒ一面ニ於テ低地ノ地上ケヲ施シ敷地ノ造成ヲ為サヽルヘカラス依之観是運河ノ開鑿ハ実ニ一挙ニシテ前記二様ノ目的ヲ達成スヘキ絶好ノ事業ト称スル」とあり、中川運河の開鑿目的が、低地に工場を誘致するための交通施設の建設であるとともに、低地そのものの造成工事であったことがわかる。中川運河とその河岸地域は、運河のみならず、道路・上下水道といったインフラストラクチュアから工場・住宅・商店といった建築物に至る統合的開発の試みであったのである。

名古屋の区画整理は、「丘陵住宅地式」、「平地住宅地式」、「路線式（あるいは商業地式）」、「普通工場式」、「運河土地式」からなる五つの整地方式に大別されていた。中川運河と河岸地域を巡る低地では、幹線道路すなわち都市計画道路沿いの商業地に「路線式」が、その他の地区に「運河土地式」と「普通工場式」がそれぞれ充てられ、工

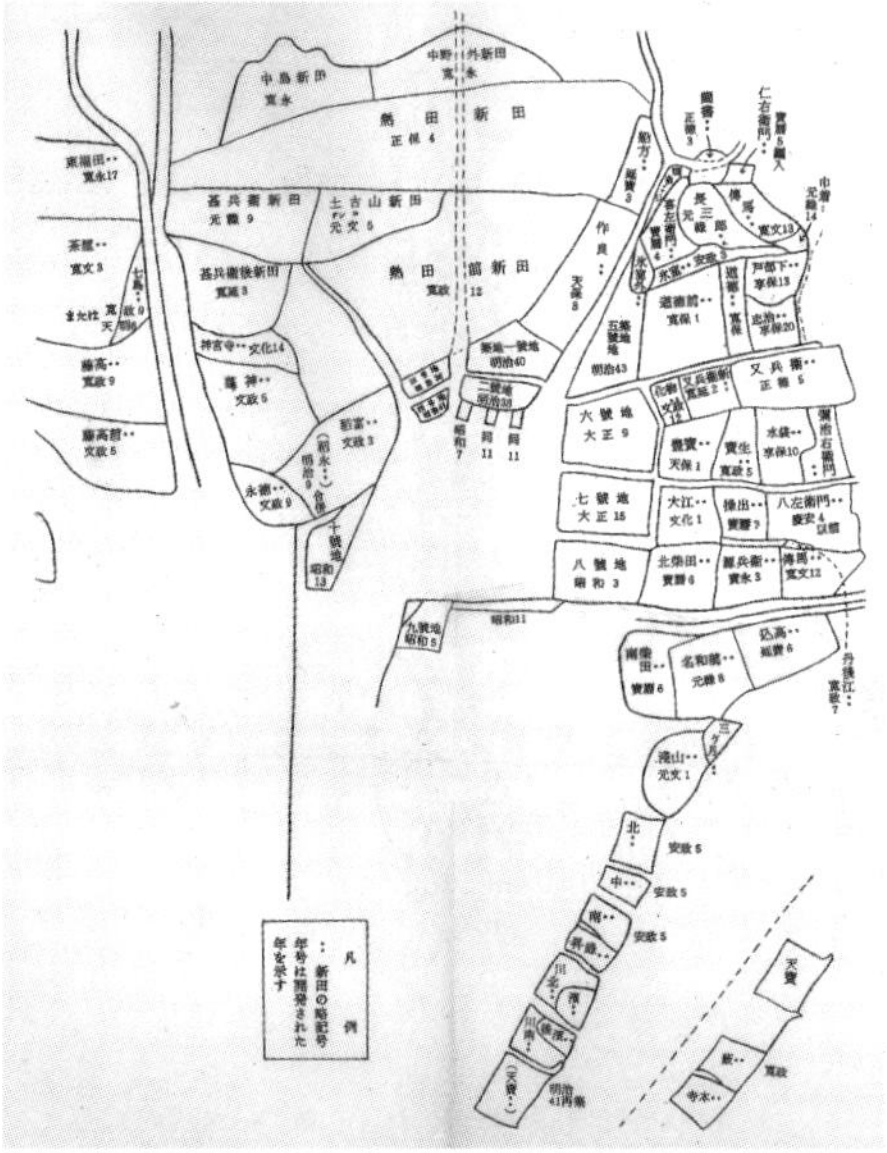

図８　新田開発図
（『大正昭和名古屋市史 第９巻 地理編』）

図７　名古屋都市計画区域内土地整理施工図（『都市問題』第９巻第４号）

場と住宅が混在して建てられる土地とされた。中でも「運河土地式」は、「運河を掘つてはその土で両岸の工場地を造成して行かうと云ふ、一石二鳥式の方法」であった。新堀川の開鑿残土によって鶴舞公園が造られたことからもわかるように、河川浚渫や運河開鑿の残土を利用すること自体は、特段目新しいことではない。重要なことは、この整地方式が充てられた場所が、低地の中でも一層低い土地であったことである。中川運河に関連する組合としては、「中川運河沿線土地区画整理組合」、「南郊耕地整理組合」、「港北耕地整理組合」、「小碓耕地整理組合」、「中川西土地区画整理地区」が、この「運河土地方式」によって開発された（図7）。このことは、中川運河を巡る低地が、「名古屋駅付近の一画」を占める「平坦部」と、「臨港区域にして名古屋港干潮位（＋）三尺より六尺位迄」の「低湿部」という二種類に分けられていたことにも対応する。また、熱田新田が１６４７年（正保4）に開発されたのに対して、熱田前新田は１８００年（寛政12）に開発され、熱田新田・土古山新田と熱田前新田との間には「潮除堤」が築かれており、この堤の南側に堤防集落が東西に連なっていた。この「潮除堤」の南北こそが、都市計画愛知違法委員会が「平坦部」と「低湿部」に分けた線引きに相当する（図8）。

中川運河を巡る整地事業は、１９２８年（昭和3）に開催された「大名古屋土地博覧会」に間に合わせるように、「東進耕地整理組合（設立認可１９２４年）」、「中京土地区画整理組合（設立認可１

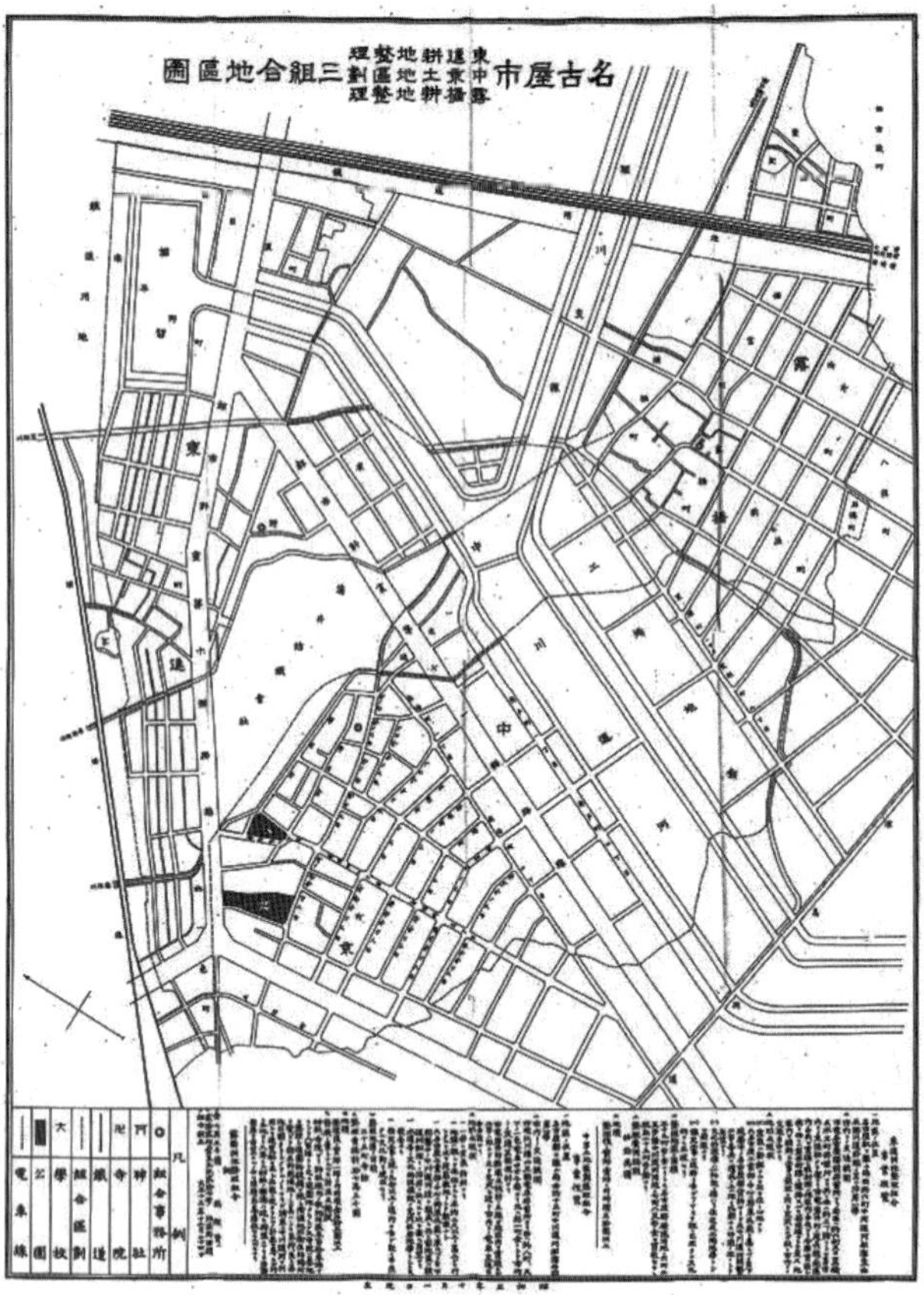

図9　名古屋市 東進耕地整理・中京区画整理・露橋耕地整理 三組合地区図：「中京土地区画整理組合」では、①神社の境内を拡張し遊園地とすること、②寺院の墓地を整理し墓地公園とすること、③中川運河を利用した遊覧船を経営することを地区の「発展素」とした。社寺の積極的な利用は、中川運河の開鑿によって旧集落にあった社寺が、整理区域内で移転を余儀なくされたことに対する配慮であった。（筆者所蔵）

926年）」、「露橋耕地整理組合（設立認可1924年）」、「南郊耕地整理組合（設立認可1924年）」、「白鳥線土地区画整理組合（設立認可1926年）」、「西屋敷土地区画整理組合」（設立認可1926年）、「港北耕地整理組合（設立認可1922年）」、「中川西土地区画整理地区（設立認可1926年）」の各区域が先行して開発された。中川運河に直面する土地の開発をおこなった「中川運河沿線土地区画整理組合（設立認可1929年）」にも先行して開発がおこなわれたこれらの土地区画整理組合による整地事業では、「聚落《しゅうらく》」を創出することが求められた。「聚落」とは、「昔時ノ町内或ハ字ノ如キ意味」で用いられ、都市計画愛知地方委員会が各土地区画整理組合を指導するために創出された言葉であり、石川栄耀《ひであき》（1893-1955）が「親和単位」と呼んだスケールに相当するものであり、各整理組合は、それぞれの土地に固有の「用途」や「風致」を考えた上で、学校・病院・郵便局・市場等の「公共施設」と「自由空地乃至小公園」の配置を考えて「聚落中心」を造り出すことが求められた。中川運河を巡る整地事業の中で、こうした計画を最も成功させたのが、「東進耕地整理組合」、「中京土地区画整理組合」、「露橋耕地整理組合」の三組合であった（図9）。

「大名古屋の裏鬼門」における工場誘致

ところで、名古屋市は中川

運河沿いにおける工場建設を奨励するために、様々な手段を講じた足跡が残されている。まず、1924年（大正13）4月に「工場ニ関スル市税免除規定（告示第81号）」において、15人以上の職工を使用する工場に関して、「土地、家屋営業行為または収入に対し四ヶ年度間市税を免除せられまた買得代金の支払に付ては相当利子を付し六ヶ年賦となすこと」が取り決められた。また、1936年（昭和11）には「名古屋市立機械専修学校（現・名古屋市立工業高等学校）」が、翌年には「名古屋市立工業指導所（現・名古屋市工業研究所）」が、それぞれ昭和橋の東部に建てられ、染木正夫が設計した「集団鉄鋼街」は（図10）、こうした工場誘致策として創出された「名古屋鉄工信用販売購買利用組合」によって建てられた工場群の好例であった。さらには、中川運河支線の港北運河を擁する「港北耕地整理組合」の整地区域において、1937年3月15日から78日間に亘って開催された「汎太平洋平和博覧会」は、こうした河岸地域における振興策の最たるものであろう。以上の事柄は、いずれも新しく生み出された工場地帯が、必ずしも人気のある場所であった訳ではなく、積極的に誘致をおこなう必要があったことを示すものでもある。

図10　染木正夫による「集団鉄鋼街」写真（愛知県図書館所蔵）

図11　中川運河を巡る名所図「昭和橋附近」（1933年）（『名古屋市政の展望図表』）

　中川運河の河岸地域は、名古屋の旧市街を中心に見た時、「坤（羊申）」という裏鬼門の方角に相当する。名古屋の鬼門である「艮（丑寅）」の方角には、住宅地ではなく軍需産業を中心とした工場地帯が広がっており、都市計画愛知地方委員会が公刊した冊子にさえ、「「鬼門」の方角で非常な不利の土地柄であつたが、この組合（城東耕地整理組合）は工場誘致策を以て発展素とした」という一文を見出すことができる（図12）。この新しい工場地帯に人気がなかった理由は、運河という都市基盤整備がもたらした地価の高騰と、低地に特有の地盤の悪さに加えて、こうした近世来の方位観もまた、その一因にあったと考えられよう。

さらにまた、中川運河沿いに与えられた敷地割は、重工業を主体とする新しい工場のスケールには小さすぎる上、民間が開発するには地価が高すぎたのである。このことは、工場地帯を創出しようとした整地組合や都市計画愛知地方委員会の「工場」に対するイメージが、未だ軽工業時代の零細なものであった可能性が考えられる（図13）。軽工業を重工業に転換し、小さな敷地割のスケールに見合った新たな「工場」を建てるという矛盾した与件に答えるためには、染木が関与した「組合」による零細な「工場住宅」が必要であったのであり、こうした矛盾を解決することになったのは、皮肉にも軍需工場であったのである。

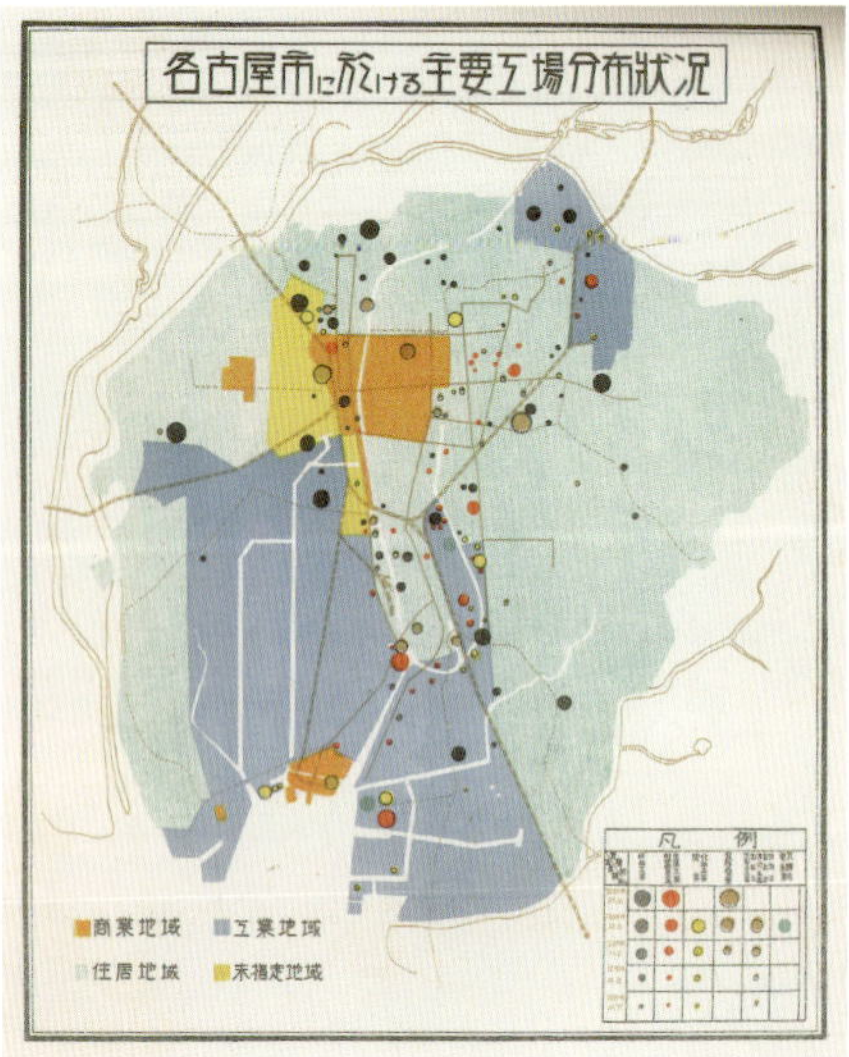

図 12 「名古屋市に於ける主要工場分布状況」（1933 年）（『名古屋市政の展望図表』）

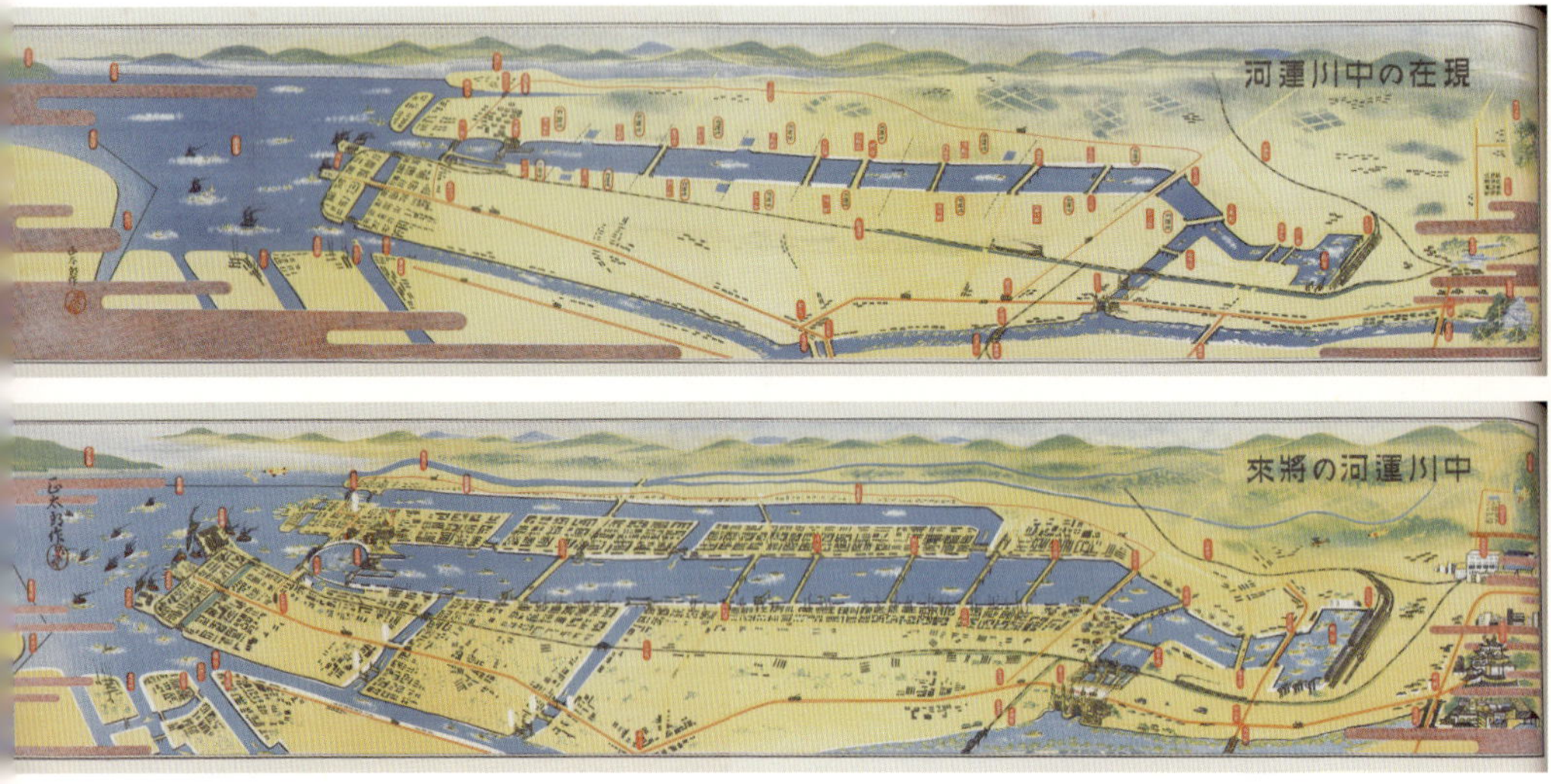

図 13 中川運河を巡る鳥瞰図「現在の中川運河」（上）と「将来の中川運河」（下）（1933 年）（『名古屋市政の展望図表』）

二つのアメリカ村

池田誠一

昭和30年頃の名古屋都心の地図（図1）には、二カ所に「アメリカ村」という場所がある。一つは白川公園付近の「アメリカ村」。もう一つは三の丸の官庁街。後者は「キャッスルハイツ」と呼ばれていた。いずれも、戦後、米軍に接収され、その職員宿舎があった所である。範囲には伏見通や若宮大通も含まれていた。

名古屋の接収は、1945年（昭和20）10月から。本来は講和条約の締結された1952年までだったが、以降も実質的に占領され、昭和30年代まで残っていた。このため、伏見通等の幹線道路の整備も遅れていた。

白川公園地区は住宅が中心だったが（図2）、三の丸地区の東の部分は空き地で、スポーツ等に利用されていた。

接収された所はこれらだけではなく、戦災を免れた都心のビルや周辺部の住宅など多くの施設に及んだ。

鶴舞公園や公会堂も、娯楽施設として接収されている。

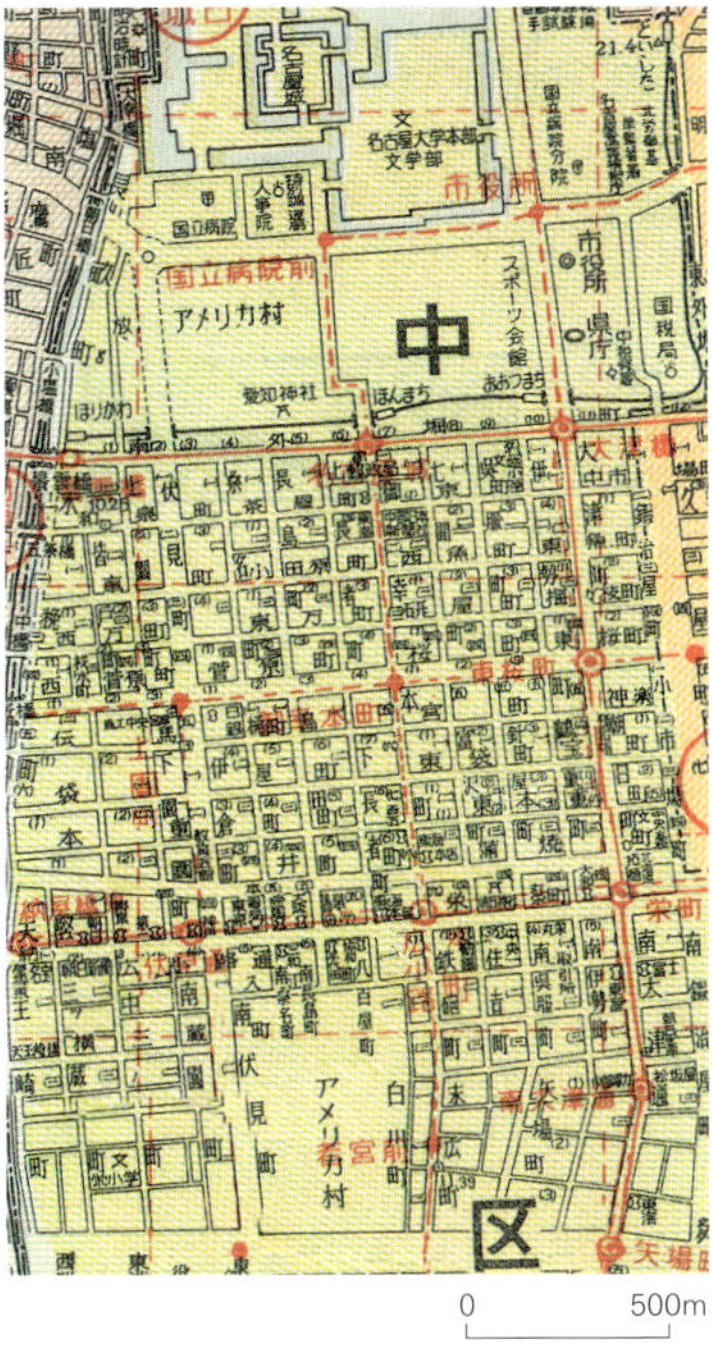

図1 「大名古屋市新地図」1955年

図2 アメリカ村遠景（現在の白川公園）（名古屋市建築局総務課編『建築のあゆみ』から）

万博への道

公共交通を重視した郊外化はどこまで可能か

林　上

愛知万博の開催場所とテーマ決定までの道のり

「道」には歩いていく道路や街路の意味と、いまひとつ目標に到達するまでのプロセスという意味がある。2005年3月25日に名古屋市郊外の東部丘陵で開会の日を迎えた日本国際博覧会（愛知万博）は、これら2つの道をどうにか乗り越えてようやく実現した。国際博覧会を開催するのは国であり、日本での開催が決まる前の国内予選では、愛知県以外に複数の県が名乗りを上げた。オリンピックの誘致で韓国・ソウルに負けた名古屋・愛知県は、今度こそはと意気込み、誘致合戦に勝利を収めた。本番の博覧会総会でも、強敵カナダのカルガリーに競り勝った。国内で旗を振ってきたのは愛知県の首脳陣。愛知県には第四次全国総合開発計画で指定を受けた「研究学園都市」を東部丘陵で実現するという構想があり、万博はその地ならしとして位置づけられた。当初は瀬戸市南部を中心とする地域を会場候補地とし、万博終了後は跡地を市街化する考えであった。

愛知県が描いた一連の構想は、高度経済成長期の開発方式に慣れ親しんできた人々にとっては、何ら違和感はなかった。しかし、都市に近い丘陵地をただ漫然と造成地に変えていくだけの開発方式に疑問を抱く人々も少なくなかった。2度の石油ショックや公害などが、従来型の地域開発を色褪せたものにしていた。愛知県自身も、もはや臨海部や内陸部を大規模に開発する時代ではないことを承知しており、これまでとは異なる先端技術開発中心の構想を描いていた。しかし、緑地や丘陵地を造成地に変える手法はこれまでとなんら変わらなかった。その結果、瀬戸市南部の通称「海上《かいしょ》の森」を里山として親しんできた人々と愛知県の間に対立が生まれ、万博開催の行く手に黄信号がともった。

名古屋の西から北西にかけて広がる濃尾平野は地質時代を通して沈降し、逆に東側の台地・丘陵地は隆起している。「濃尾傾動《けいどう》地塊《ちかい》」と呼ばれるこの運動が、名古屋周辺の郊外化の方向に影響を与えていることは、意外に知られていない。近世期に尾張藩は東部丘陵に多くの林野をもっていたが、明治維新で国有林になり、その後、愛知県が払い下げを受けたという経緯がある。いくら県有林が多いとはいえ、県民や地域住民を無視した地域開発は不可能である。全国的論争にまで広がった里山

リニモ　芸大通駅から愛・地球博記念公園方面を望む

をめぐる県と住民との間の対立をパリの国際博覧会事務局も放置できず、最終的に愛知県は万博の主会場を長久手町の県営青少年公園に変更し、瀬戸会場を縮小することで妥協をみた。「自然の叡智」という漠然とした当初のテーマはいつの間にか消え、環境を前面に押し出す「愛・地球博」「環境万博」として開催されることになった。

会場への交通インフラをともなう万博開催方式を踏襲

　こうして万博開催への道筋は見えてきたが、もうひとつの道である万博会場への輸送手段を確保するという問題がまだ残っていた。時代を振り返ると、名古屋（愛知）は明治から昭和にかけて万博（見本市）を開催しながら市街地を広げてきたという歴史をもっている。そのさい、都心から会場へ見学者を輸送するために交通手段を建設し、終了後はそれを活用して市街化を進めた。明治末期にのちに鶴舞公園になる場所で開催した第10回関西府県連合共進会（1910年）、それに戦前の名古屋がもっとも輝いていた時期に名古屋港の近くで開催した名古屋汎太平洋平和博覧会（1937年、図1）が、そのよい例である。路面電車の「公園線」「博覧会線」を建設して都心と会場の間を連絡した。

　戦前の2つの博覧会は、いずれも当時の市街地郊外で開かれた。愛知万博もまた郊外での開催であり、この点でも似ている。もっとも愛知県は、地下鉄東山線の東の終点・藤が丘から先の交通手段を、万博開催のためだけに必要としたわけではない。この方面には青少年公園、陶磁資料館（現 陶磁美術館）、農業試験場、愛知県立大学など県関係の施設が、すでにいくつか立地していた。愛知県経済の屋台骨を支える有力な自動車企業の研究所や博物館なども建っている。今後さらに研究学園都市を実現していくには現状の自動車道路だけでは不十分であり、公共輸送手段がなければ市街化に弾みがつかない。日本の大都市圏では、関東も関西もそうであるが、軌道系の公共交通手段が郊外発展の前提であり、名古屋圏も例外ではない。

　ただし、すでに郊外化の勢いが鎮静化していた1990年代に、新たに用地を取得して公共交通手段を建設するのは容易ではなかった。そこで愛知県は、既設道路の中央に支柱を設けその上の地盤上を車両が走る高架式の交通手段を建設することにした。これなら走行ルートをあらためて設定する必要はなく、地下鉄藤が丘駅と愛知環状鉄道の八草駅の間を結ぶだけでよい。ただしこれも、海上の森での開催を考えていた当初は、東の終点は八草駅のさらに東側に想定されたが、会場の変更にともない八草までとなった。残る問題はいかなる方式の交通手段を採用するかである。この点について愛知県はかなり周到な計画を準備して取り組んできており、名古屋鉄道が技術面で全面的にバックアップしてきた。

万博開催を目標に開発・実用化されたリニモへの期待

　名古屋は中央走行の基幹バスやガイドウエーバスなど、他都市ではマネのできない新しい交通システムを導入してきたことで知られる。その極め付きともいえるのが、愛知万博で大勢の見学者を連日、輸送することになった東部丘陵線リニモである。通称リニモ、正式名は常伝導吸引型磁気浮上式リニアモーターと呼ばれるこの交通手段は、博覧会の開催が決まる8年も前から愛知県と名鉄が一緒になって開発を進めてきた。中国・上海でドイツが実用化したトランスラピッドには先を越されたが、愛知県と名鉄による研究開発が実を結び、万博開催に間に合わせることができた。この技術は当初は日本航空（JAL）が東京都心から成田空港への移動手段として開発に着手したものであったが、種々の経緯から開発拠点が名古屋

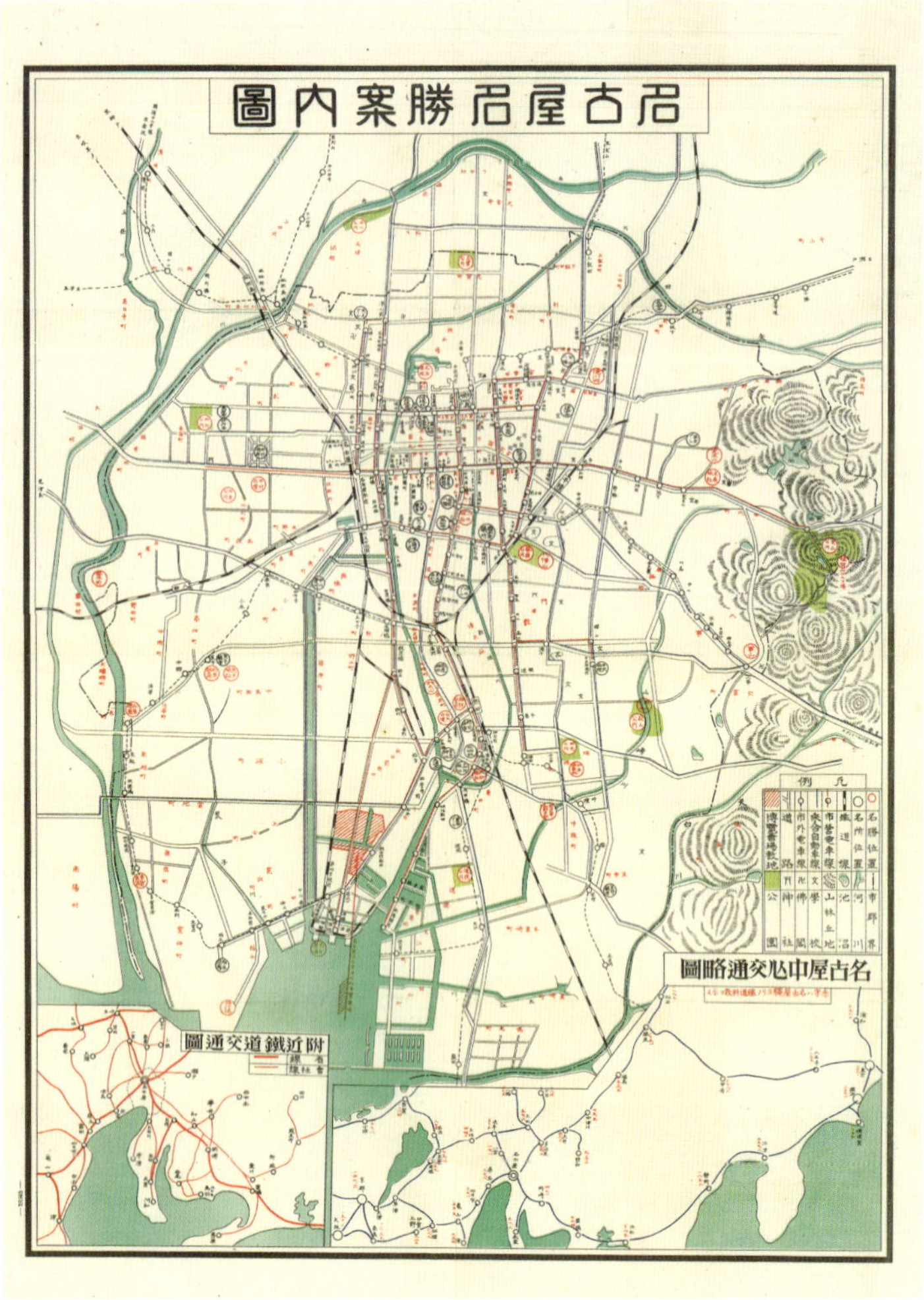

図１　「名古屋名勝案内」1937 年　名古屋帆太平洋平和博覧会
中央やや左下の赤い斜線部が博覧会場

へ移され、実用化を経て第三セクターの愛知高速鉄道が東部丘陵線で採用することになった。同社の社長は愛知県知事であり、地元の有力企業や関係自治体がこぞって出資をしている。

「万博への道」、それは未来型地域開発のための露払い、起爆剤として構想したイベントの開催主体が、予想外の反対にあって方向転換を迫られた苦難のプロセスであった。このプロセスを通して開発側は、遅まきながら時代の風向きが変わったことを学んだ。地球環境の持続性を無視した開発が許されないことは、いまや常識である。イベント開催に便乗した交通インフラの整備は今回も踏襲されたが、世界に誇る交通イノベーションの実用化が促進されたという点は評価してよい。ただし東部丘陵線の経営は必ずしも順調とはいえず、自動車王国・愛知県で公共交通を重視した郊外化が今後どれくらい支持されるかに運命が委ねられている。一過性のイベントにすぎなかった万博はすでに過去のものとなり、万博期間中、多くの見学者を会場までけなげに運び続けたリニモと愛・地球博記念公園だけが残された。いまはただ、静けさを取り戻した記念公園の前を滑るように走り抜けていくリニアモーターカーの利用客が増えることを祈るばかりである。

拡大する都市

シラタマホシクサのゆくえ

かつて名古屋市東部は湧水湿地の多い丘陵地だった

富田啓介

シラタマホシクサという植物をご存じだろうか。湿地に群生する野草の一つである。秋が訪れる頃、高さ30㎝ほどの花茎に一つ、名前が示すような直径1㎝ほどの白くて丸い花をつける。それが群がって、一面を覆うようにして咲くのだから、その時期の湿地はあたかも無数の白い星を浮かべた銀河系のように見える（図1）。

図1　シラタマホシクサ

シラタマホシクサの咲く湿地は、砂礫や花崗岩などで形成された低い丘陵地に見られる。斜面が小さな地滑りを起こしたような場所や、丘を細長く刻む谷の底の少し広くなったところで、地下水がにじみ出して湿地になる。だから、尾瀬ヶ原のような広々とした風景を想像してはいけない。周りはマツやコナラの目立つ藪のような雑木林であることが多く、こうした木々が生い茂る中にぽっかりと空が抜けたような中庭のような空間が、シラタマホシクサの故郷だ。こうした湿地――専門的には湧水湿地と呼ばれる――は、ハルリンドウ、サギソウ、ミズギク、イワショウブ、カキランといった多様な植物をはぐくんでいる。なかでも、シラタマホシクサをはじめ、ミカワバイケイソウ、シデコブシなど幾種類かは、世界中でも日本の東海地方（愛知・岐阜・三重・静岡の各県）の湿地周辺にしか分布しない。湧水湿地は、東海地方の生き物を保全していく上で特に注目を必要とする場所だ。

名古屋市の東側、守山区・千種区・名東区・昭和区・緑区あたりのなだらかな丘陵地には、かつて湧水湿地が数多く見られた。当然、シラタマホシクサも至る所にあった。高度成長期以前、この辺りは、雑木林や耕地がモザイクを為すいわゆる里山の景観が広がっており、シラタマホシクサのある湿地はその一部であった。

地域に古くから住む方に伺うと、昭和20年代頃の名古屋市東部は昔話の舞台そのものだった（図2）。まだガスが普及していない地域では丘陵の雑木が日常の燃料だった。丘陵にはマツの林が多かった。林の中には、ツツジやササユリの花が咲き、キツネが住んでいた。キツネは里に出てきて、飼っていたニワトリを襲うこともあった。子どもたちは、ため池で泳いだり、田んぼでタニシを取ったりして遊んだ。ため池には、山清水が流れ込み、怖いほど澄んでいた。秋はハッタケとり。さまざまな種類のキノコが山の幸として食卓に並んだ。

そんな生活の中で目にしたのがシラタマホシクサの咲く湿地だった。夏にスイカを冷やしに行った池の周り、耕作していた水田のそば、親戚の家

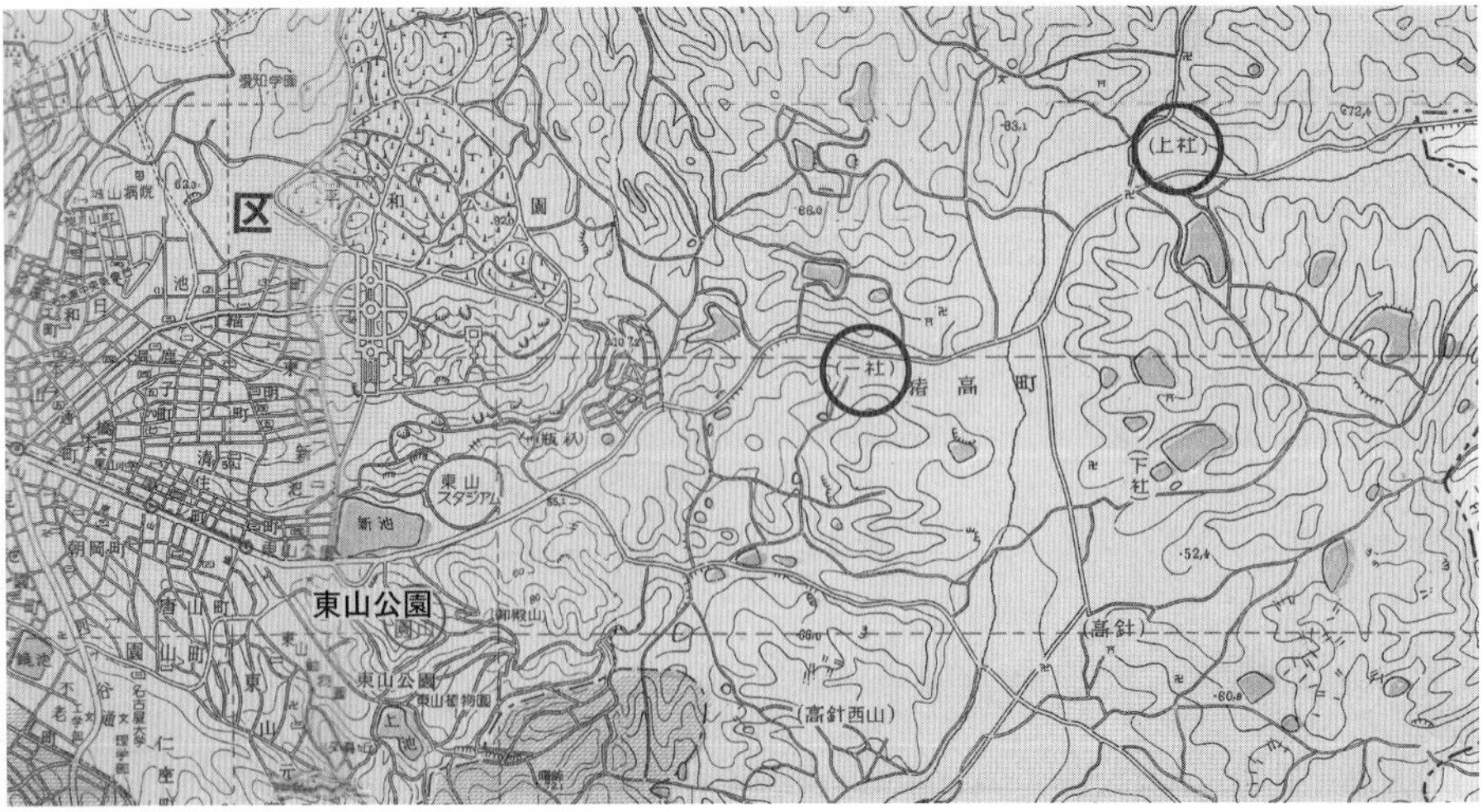

図2　昭和30年ごろ、市電の終点だった東山公園から先の名古屋市東部は、湧水湿地の多い丘陵地だった。一社、上社の文字が見えるが（丸印）、まだ道が数本あるだけ（「大名古屋市新地圖」1955年）

へ使いに行ったときに通った小川の近く——シラタマホシクサはこうした日常の風景の中に溶け込むように育っていた。ところが、高度成長期を迎えると名古屋の人口は増加し、住宅地もシラタマホシクサのある東部の丘陵地へと拡大してきた。

「それまでは、夏はエアコンがいらないくらい涼しかったよ。涼しい風が山から吹いていたからね。開発が始まると、トラックや重機が唸りをあげて、グォーッ、バサバサッとものすごい音がして、朝見た山が（夕方には）無くなっている。こんなことが次から次へと起こって、ひと夏の間にあっという間に開発されたよ」。緑区に住むある方は環境の急激な変化をこんな風に語った。名古屋市東部の丘陵では、こうした土地区画整理が次々に行われ、シラタマホシクサの咲く湿地は、またたく間

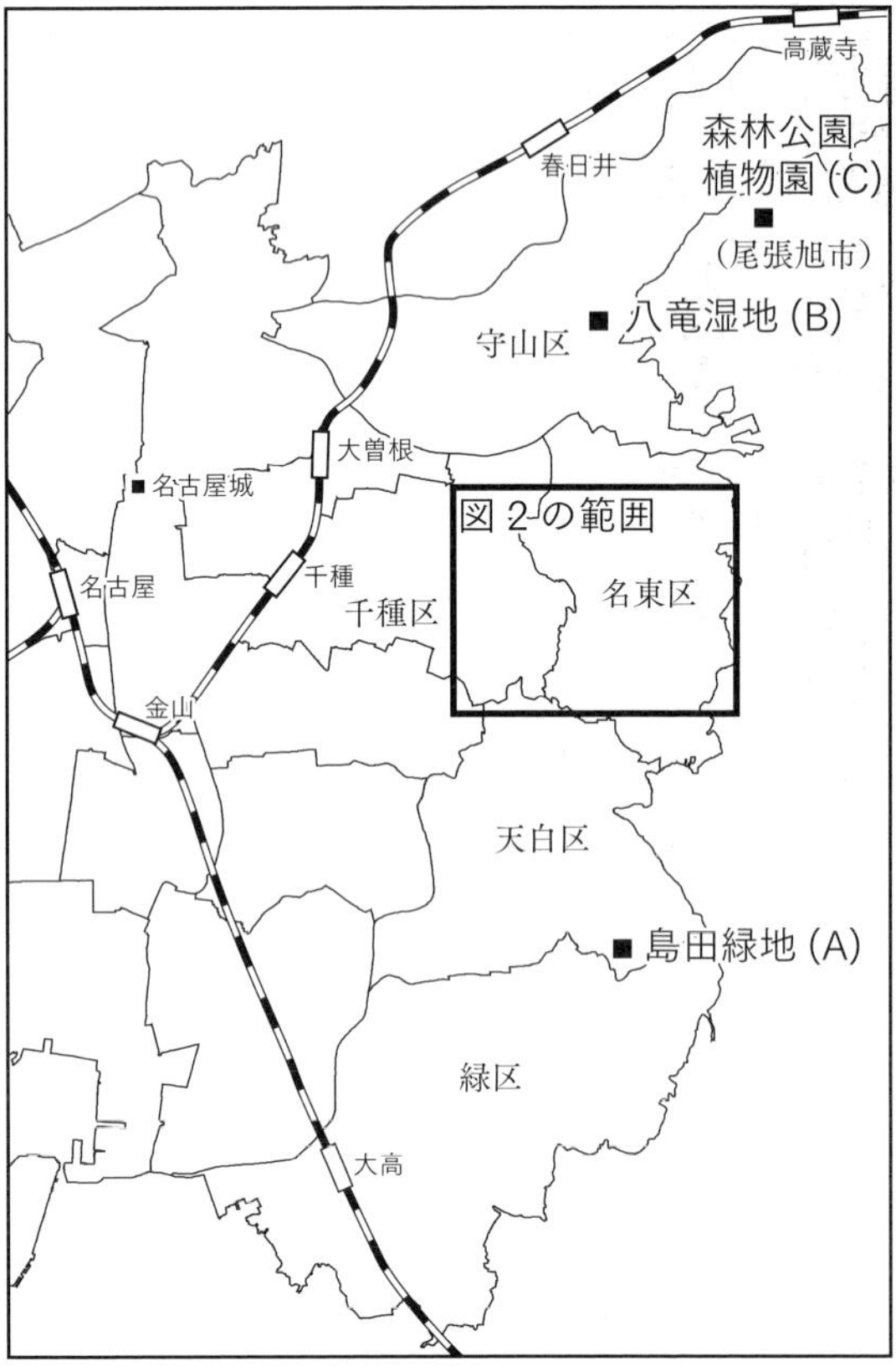

に土地開発の波に飲み込まれていった。

これは、名古屋に限った話ではない。高度成長期から現在にかけて、東海地方の至る所で、豊かな生物相をはぐくむ丘陵地の土地開発が行われた。その結果、シラタマホシクサは、ありふれた日常の植物から、国や自治体の作成する絶滅危惧種のリストに掲載される存在となってしまった。

現在、シラタマホシクサに会うには、どこに行けばいいのだろうか。名古屋市内には、まだ数カ所の自生地が残されており、一部は市の緑地として、期間は限られるが一般に公開されている。天白区の島田緑地（天白町大字島田字黒石）の自然生態園はそのうちの一つである（地図A）。現在は住宅地に囲まれたこの緑地周辺は、かつては奥山と呼ばれ、人里離れた場所であった。その中に、シラタマホシクサなどの生育する約2haほどのかなり広い湧水湿地が存在していた。１９７３年（昭和48）に土地区画整理の話が持ち上がった折、地域住民の熱心な働きかけによって、希少な動植物の生育地である湿地の一部が保全されることが決まった。宅地造成によってかつての湿地周辺の風景は失われてしまったが、それでも往時の風景の一片をとどめている。シラタマホシクサは湿地植物群落の一員として、今も息づいている。

島田緑地の自然生態園は、再生区域と保全区域に分かれている。再生区域（図3）は、かつて水田片隅に残された湿性植物群落を復元したところだ。ここは、4〜10月の土・日・祝日の午前10時〜午後4時の間公開している*。保全区域（図4）は、湧水が湛えられた池の周りに湿性植物が生育している区域で、原則非公開である。しかし、年に3回（6月、8月、9月）観察会が実施されており、申し込みをすれば見学することができる*。観察会の情報は名古屋市の広報にも掲載されるので、興味のある方は要チェックだろう。観察会では、シラタマホシクサ以外にも、サギソウや食虫植物、様々なトンボ類も観察することができる。

このほかにも、守山区の八竜緑地にある八竜湿地（観察会開催時のみの公開、地図B）や、名古屋市と尾張旭市にまたがる同区の愛知県森林公園植物園（有料：図5、地図C）でもシラタマホシクサが自生している。見ごろはいずれも9月頃で、丸い頭花は10月頃まで残る。今度の秋は、かつて名古屋東部の丘陵地に銀河系を形成したシラタマホシクサに会いに行ってはいかがだろうか。

＊公開スケジュールは２０１２年現在。

図３　島田緑地自然生態園（再生区域）

図４　島田緑地自然生態園（保全区域）

図５　愛知県森林公園植物園のシラタマホシクサ

拡大する都市

「山林都市」の誕生

明治末期の禿山が高級住宅地に生まれ変わった

八事丘陵地における住宅地開発

堀田典裕

1921年（大正10）10月7日、『愛知新聞』に「山林都市」と題された論文が掲載された。執筆者は、当時、都市計画愛知地方委員会・幹事の役職にあった黒谷了太郎（1874-1945）、士族出身の一官吏であった。黒谷の「山林都市」は、英国建築家R・アンウィン（Raymond Unwin, 1863-1940）に私淑した「田園都市」の理論を、台湾総督府時代に見聞した「山岳都市」に結びつけた独自の理論であった。黒谷は、この他にも複数の新聞や雑誌に掲載し、最終的に単著として出版している。関一（大阪市長）をはじめ共鳴する者がいないわけではなかったが、実現することは困難だと考え始めていたところに現れたのが、柴田次郎（八勝館当主、後の八事耕地整理組合副組合長）であった。柴田が「あなたの所謂山林都市なるものは八事山にできないか？」と黒谷に尋ねたことで、「山林都市」は、ようやく実が結ばれる。

八事丘陵地は、飯田街道の南北両側に広がり、「尾張高野」と呼ばれた興正寺を中心とする宗教地区は、南北朝時代・建武年間まで遡ることができると言われている。1844年（天保15）に描かれた『尾張名所図会』では、伊勢湾を望む尾根が何カ所もあり、名古屋を代表する景勝地でもあったことが伝えられているが（図1）、この頃から八事丘陵地は「東山」と呼ばれるようになり、春の花見と秋の紅葉狩りを楽しむ「山行き」の名所として知られるようになった。

「尾張高野」と「山行き」という近世的名所としての八事丘陵地を転向させたのは、1890年（明治23）と1913年の二度にわたっておこなわれた陸軍特別第演習であった。明治・大正の両天皇は、八事丘陵地の一部を占める音聞山の高みに陣取り、天白川沿いに展開する演習を観戦した。後に「御幸山」と命名さ

図1　東山の春興（1844年）

図2　御幸山公園に建てられた「御統監之所」碑

図3　名古屋東郊第一之名所 八勝館図会（1933年）

れる所以となった「御座所（御野立所）」という聖跡は（図2）、八事丘陵地に新たなイメージを与え、住宅地開発において積極的に取り込まれた。一方、1907年に愛知馬車鉄道（後の尾張電気軌道）を敷設した江口理三郎は、「八事遊園地」「尾電八事球場」「競馬場」などの施設を建設し、八事丘陵地を本格的な遊興地として開発した。さらにまた、名古屋財界人の社交場として利用されていた「八勝倶楽部」は、1910年に「八勝館」として料理旅館の営業を開始し、近代的名所としての「八事」を決定的なものとした（図3）。

　1921年、八事丘陵地に土地整理事業に関する組合設立の話が持ち上がった（図4）。愛知県の予算準備が間に合わず、1919年に施行された都市計画法に基づいた最初の土地区画整理組合とする目論見は失敗となった。その結果、設計はそのままで耕地整理事業として八事耕地整理組合は1923年1月に設立認可を得た（図5）。同様の経緯を辿って南山耕地整理組合（1925年）が設立し（図6）、その後、土地区画整理組合として八事（1925年）（図7）、音聞山（1927年）が設立された（図8）。南山耕地整理組合の案内には、「丘陵起伏風光頗ル明媚真ニ天然公園ト云フヲ得ベク尚且当地区ノ誇リハ樹木繁茂シテ幽邃閑雅実ニ仙境

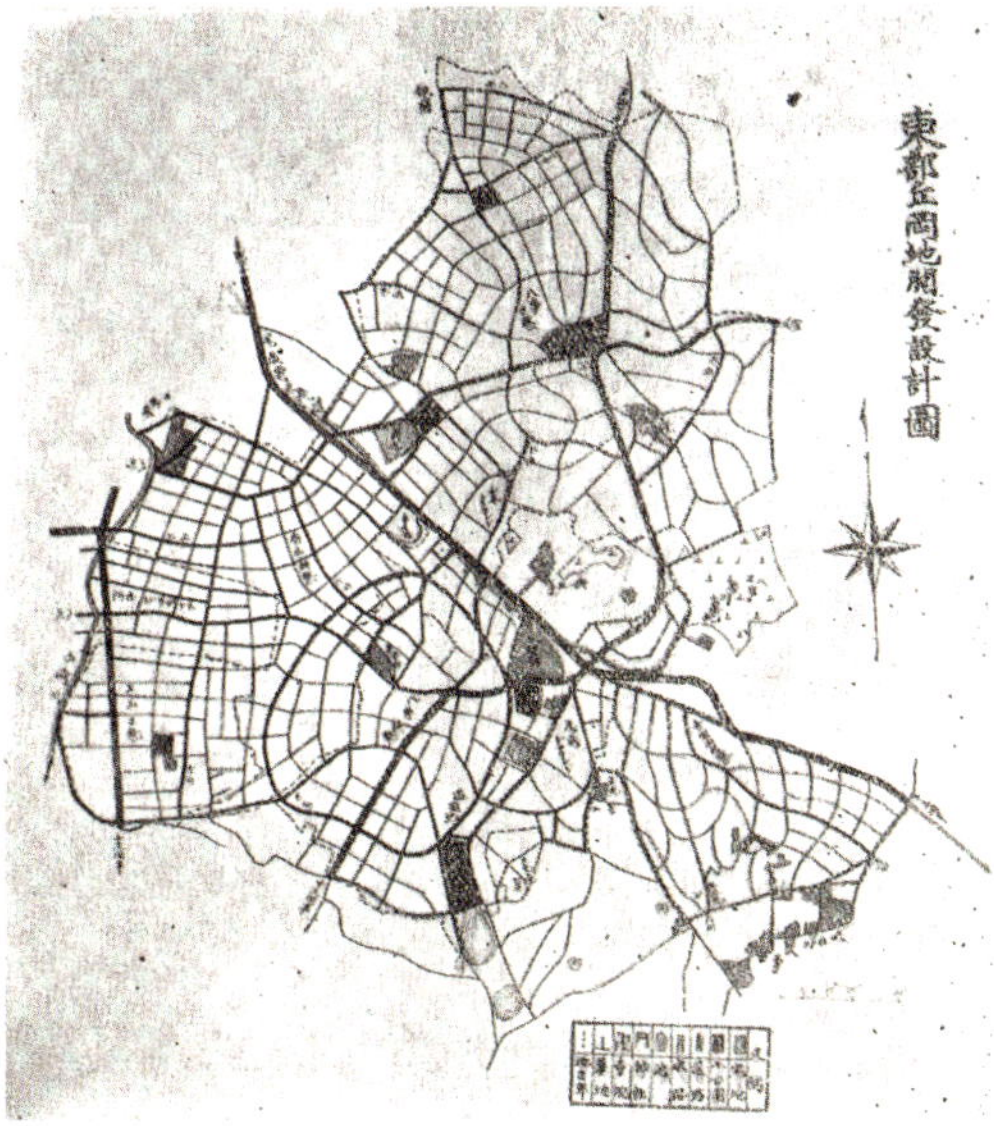

図4　東部丘陵地開発設計図（1927年）

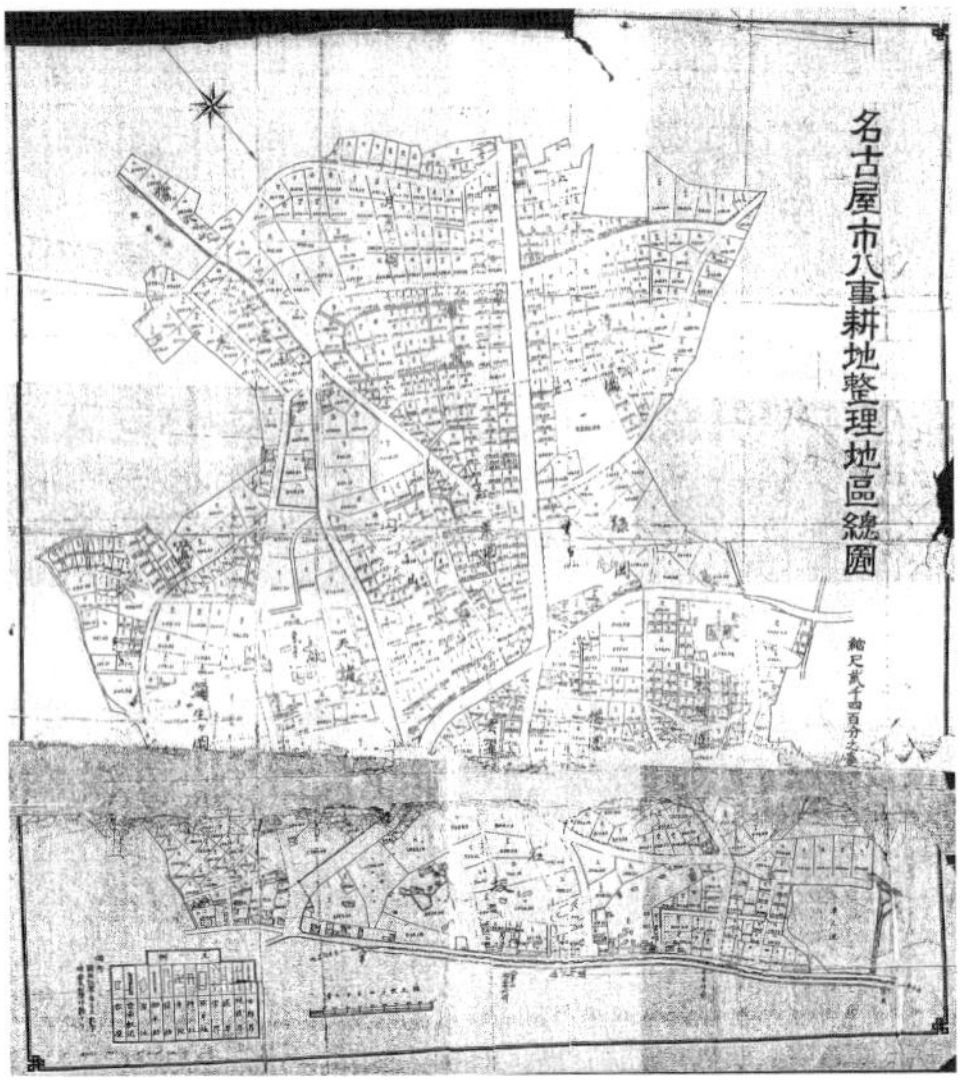

図５　名古屋市八事耕地整理地区総図（1928 年）

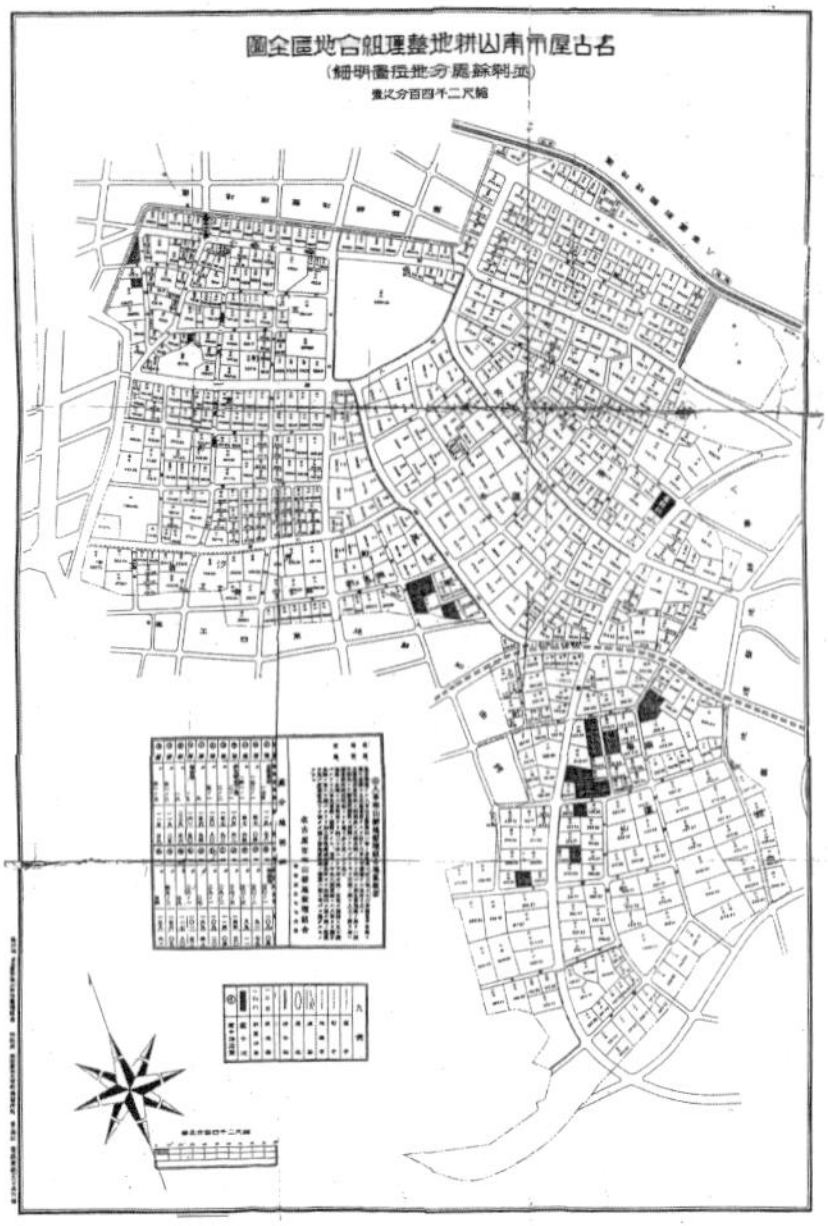

図６　名古屋市南山耕地整理組合地区全図（1932 年）

ニアルガ如シ今ヤ天然ノ美ニ人工ノ枠ヲ加ヘ理想的林間住宅地トシテ他ニ多ク其ノ比ヲ見ズ（傍線筆者）」と記されており、黒谷の「山林都市」の文章がそのまま用いられている。

「山林都市」としての八事丘陵地の設計は、明治神宮の神苑造成を手掛けた狩野力（1892–1934）によるものである。黒谷が「名古屋の都市計画のスタッフとして庭園の技師があく迄必要だ」と主張して呼び寄せたという。八事丘陵地に黒谷の「山林都市」を実現するために狩野が提案したのが、既存の道と排水路を考慮した「葉脈状道路」、急傾斜に設けられた「電光型道路」、複数の整地組合間を結ぶ「輪環道路」からなる三つの道路であった。いずれの道路も、今なお健在である。主要な幹線道路は砂利敷きでコンクリート側溝が設けられ、幅員十二間以上の道路にはプラタナスの街路樹が植えられた。「梅園・雲雀ヶ丘・弥生ヶ丘・桜ヶ丘・松風園・緑ヶ丘・清水ヶ丘・紅葉園」という季節が織り込まれた字名を持つ区画が、これらの道路で結ばれた。道路だけではない。狩野は、敷地割りについても、谷間は比較的細かく、尾根や景色に関係ある場所は大きく設定する提案をおこなった。こうすることで、面積が大きな区画が集まる場所に豊かな緑が保存された。

八事耕地整理組合では、換地によって生じた余剰金によって「十二間道路」には街路樹を植え……成育良好なる樹木の予定線路上に介在した場合……交通と地形の許す範囲内に於いて、其を其儘存置し、施工に際しては風致木として此を保護」した。音聞山土地

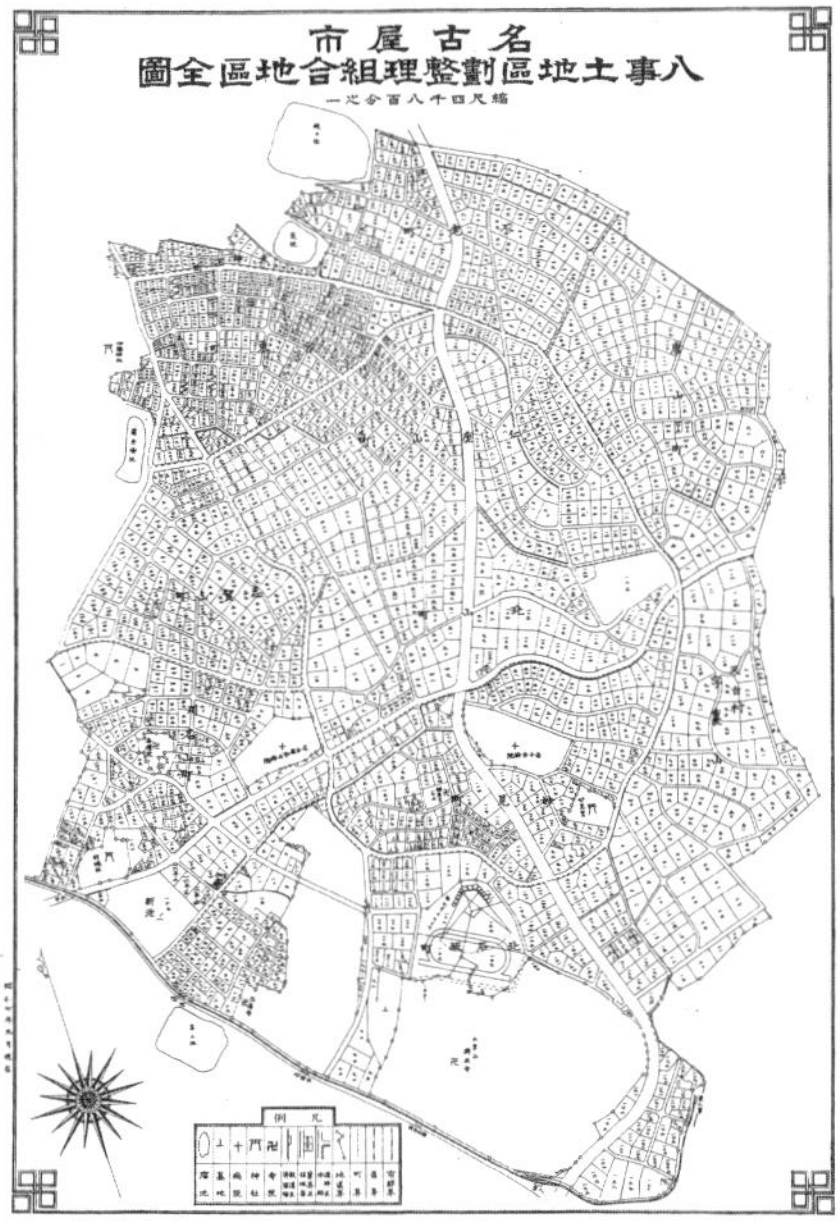

図７　名古屋市八事土地区画整理組合地区全図（1932年）

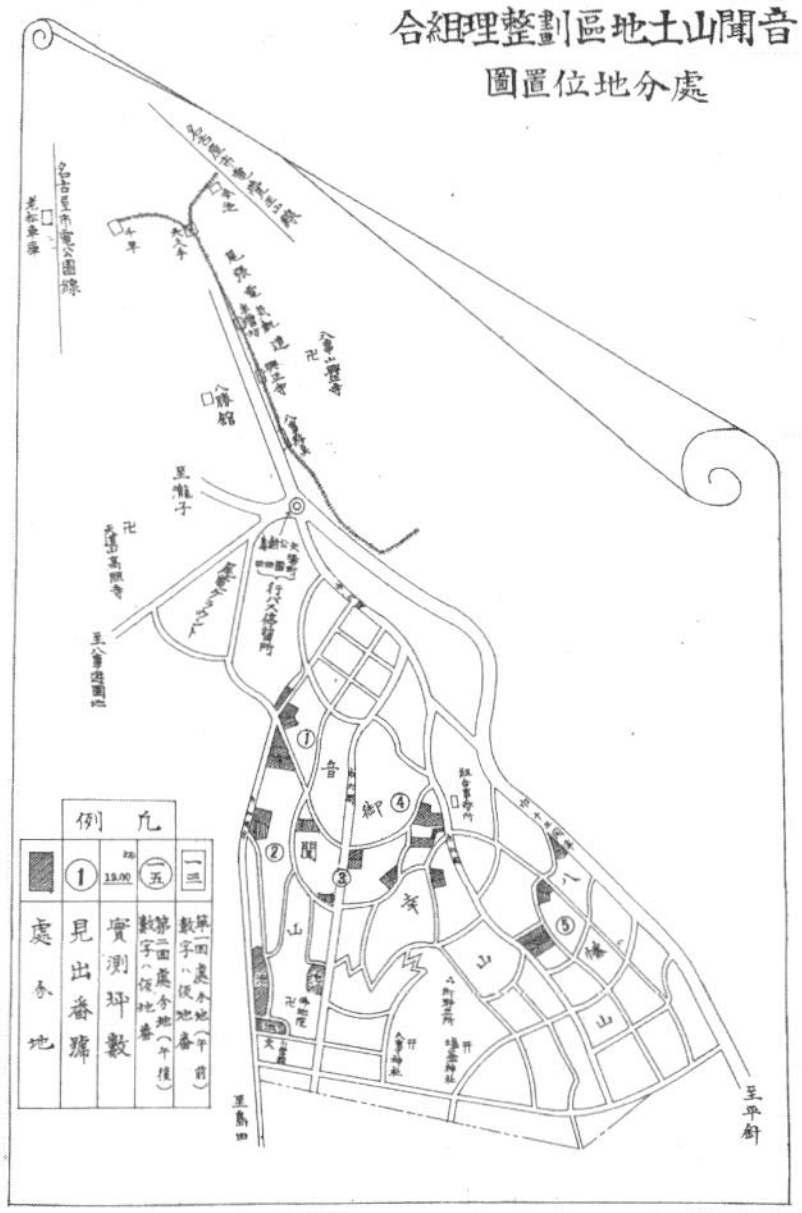

図８　音聞山土地区画整理組合土地販売案内図（1929年）

区画整理組合地区においても、愛知郡長を務めていた笹原辰太郎が、1928年（昭和3）1月に約千本の桜を植えたと言われている。このような植林がおこなわれた理由は、幕末から明治初年におこなわれた無計画な伐採によって、明治末期の八事は禿げ山となっていたからであった（図9）。保全されたのは樹木だけではなかった。八事丘陵地周辺は溜池が多い地域であり、南山耕地整理組合における「隼人池」の風致保全をはじめとして溜め池を中心とした風致保全も積極的におこなわれた。1937年、整地事業の完了した八事耕地整理組合と南山耕地整理組合は、組合を解散しその余剰金を基金として「八事保勝会」を改組し「八事風致協会」とした。同協会は愛知県に対して「風致地区指定陳情書」を提出し、「風致維持開発高級住宅地の助成」に務めた。大正末期から始まった八事丘陵地における土地整理事業が一通り終了した1939年、この地区は風致地区指定がなされた。かくして、名古屋を代表する高級住宅地のイメージが形成されたのである。

図９　源語会記念碑ヨリ熱田湾ヲ望ム（1912年）

拡大する都市

鳴海町の日常生活

かつてはプロ野球のタダ観戦もできた「砦」

前田洋介

戦後、経済の高度成長とともに、都市は大きく拡大した。人口増加に伴い郊外化が進み、とくに大都市圏では、「多摩ニュータウン」や「高蔵寺ニュータウン」など、大規模な宅地開発もおこなわれた。たとえば、スタジオジブリ制作の映画『平成狸合戦ぽんぽこ』（1994年公開）では、ニュータウン開発により自然が破壊され、狸の生活の場が失われていく様相が描かれているが、このように開発の前と後とで土地の様子が一変するような光景が、ニュータウンに限らず都市郊外で多くみられた。ここでは、名古屋市における典型的な郊外地域である緑区の、開発前の様子を探ってみる。

緑区は、1963年に旧鳴海町が、その翌年に旧大高町と旧有松町が名古屋市に編入合併されて誕生した。その後、名古屋市などのベッドタウンとして宅地開発が進み、国勢調査によれば、1965年の時点で約7・3万人だった人口は、2010年には約23万人にまで増加しており（図1）、現在では市内最大の人口を抱える区となっている。開発前後で街の様子は一変しており、新旧の地形図からもその変化をうかがうことができる（図2、3）。以下では、旧鳴海町で生まれ育ち、大学・会社員時代の一時期を除いて、現在まで住み続けているTさんのお話を手掛かりに、1940～50年代の緑区をみてみる。

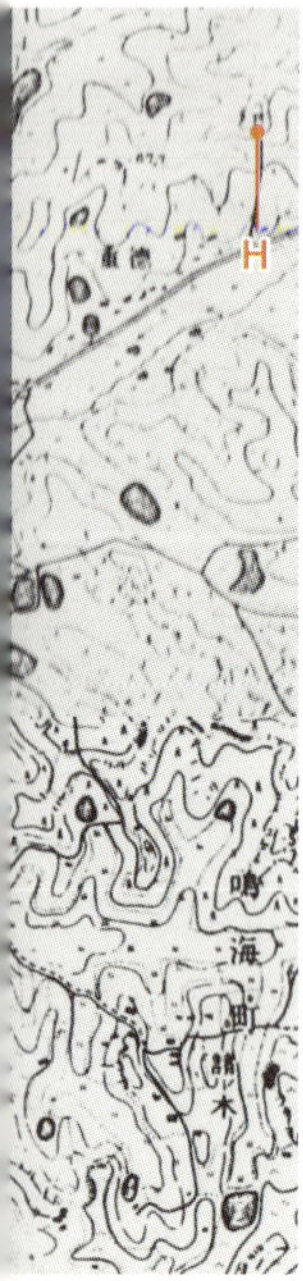

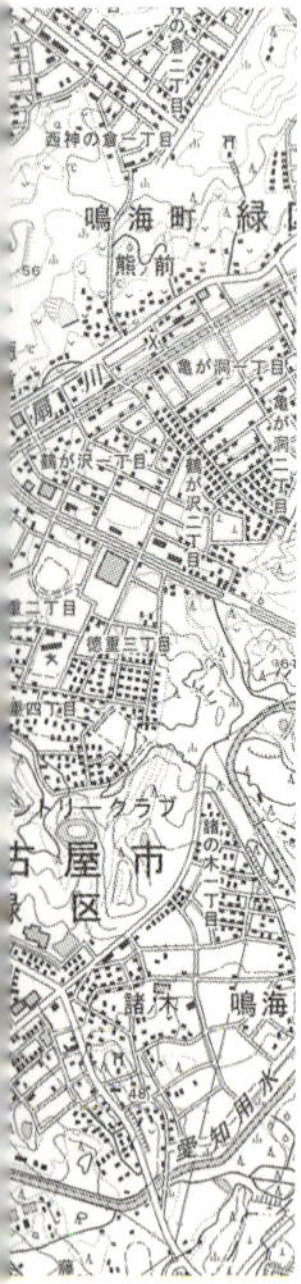

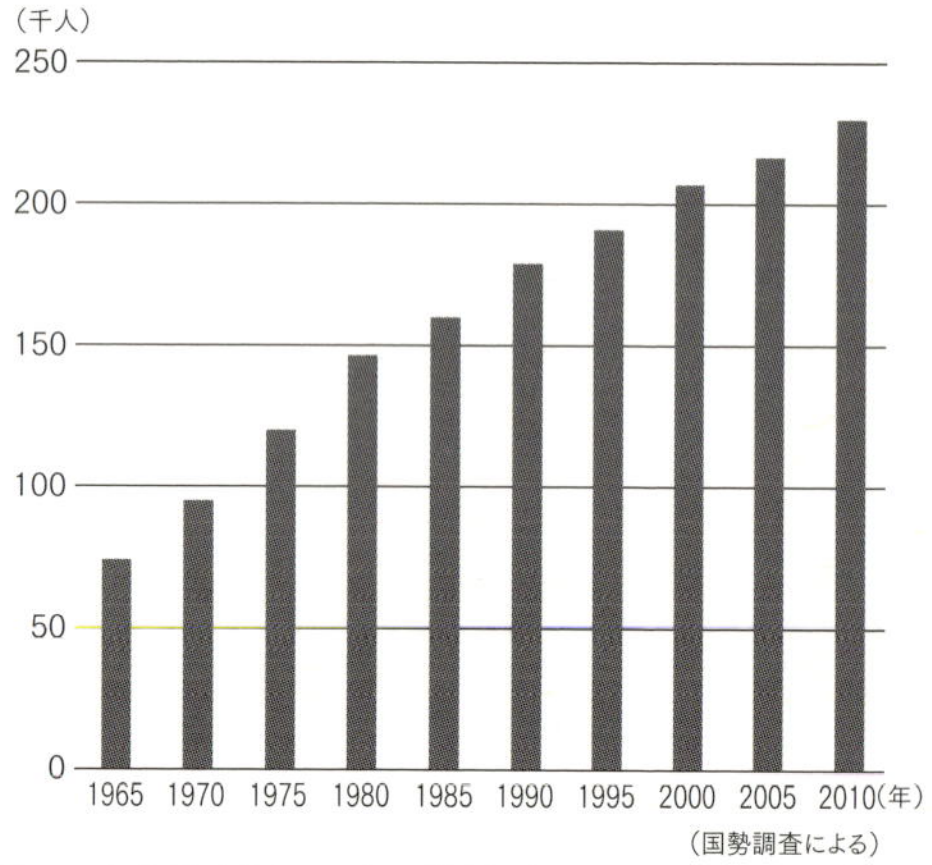

図1　名古屋市緑区の人口推移（1965年～2010年）

爆弾池

Tさんは、第二次世界大戦中の1941年に旧鳴海町に生まれた。名古屋市に隣接す

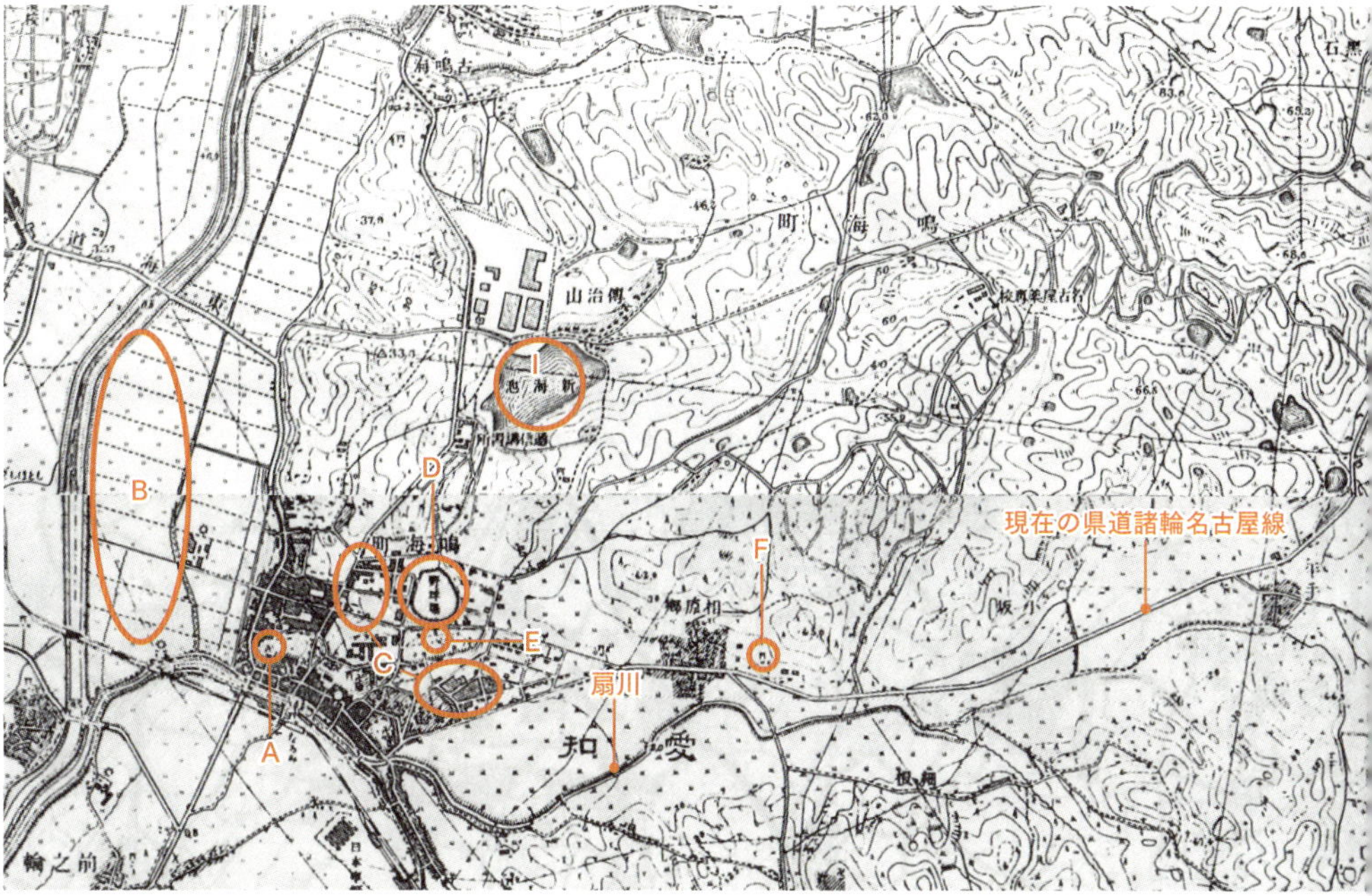

図 2　1929 年ごろの鳴海周辺（2 万 5 千分の 1 地形図「名古屋南部」「鳴海」「知立」「平針」
大日本帝国陸地測量部、1929 年）

図 3　2005 年ごろの鳴海周辺（2 万 5 千分の 1 地形図「名古屋南部」2005 年、「鳴海」2002 年、「知立」2010 年、
「平針」 2005 年）

図4　旧鳴海球場

図5　砦より旧鳴海球場を望む

る同町も空襲とは無縁ではなかった。Tさんも、生家（図2－A）が爆弾の直撃を受けたため、親類を伝い、東に1・5㎞ほど離れた相原郷近くの現住地に移り住んだのである。Tさんは当時3歳ではあったが、自宅横の防空壕のなかで爆弾が落ちた際に受けた衝撃は、今でも記憶に残っているという。戦後もしばらくは空襲の痕跡がこの地域に残っていた。とくに天白川の東側（図2－B）に広がる水田などには空襲によりできた穴に水がたまった、いわゆる爆弾池が散在していたという。爆弾池で遊ぶ子どももいたが、Tさんは、小学校の先生から、深くて危ないため近づかないよう厳しく注意されていた。

鳴海駅周辺

ここからは、幹線道路の1つであり、当時、往還と呼ぶこともあった県道諸輪名古屋線沿いの開発前の様子をみてみたい。まずは、名鉄鳴海駅周辺をみてみる。駅周辺は鳴海町の中心として開けていた。駅の北に位置する往還沿いも、戦前から名鉄（当時は愛知電気鉄道）により、住宅地の「なるみ荘」が開発（図2－C）されるなど、すでに郊外としての様相を呈し始めていた。「なるみ荘」は道路より北側が「北荘」、南側が「南荘」と呼ばれ、その呼称は、現在でもしばしば用いられる。

「北荘」のすぐ横には、日本で最初にプロ野球の試合が行われたことで有名な「鳴海球場」（図2－D）があった。「なるみ荘」と同じく、名鉄が開発したもので、現在は名鉄自動車学校の教習コースとなっている。敷地内にはスタンドの一部も残っており、現在も球場としての面影がある（図4）。Tさんは、スタンドで試合を観戦したことはあまりなかったが、時より、道路を挟んだ高台の、タダ見スポットである砦（図2－E）から観戦していた。図5は、砦から、名鉄自動車学校を望んだものだが、球場内が見えたのがわかる。ところで、「砦」というのは変わった地名だが、ここには桶狭間の戦いの際に織田信長が築いた善照寺砦があったのである。現在は公園として整備されており、鳴海の街を臨むことができる。話を鳴海球場に戻すと、Tさんは、試合の行われていない時には、こっそりグラウンドに入って凧あげなどを楽しんでいたという。ある意味で、日常生活に溶けこんだ球場だったのかもしれない。

扇川沿い

扇川に沿って往還を東進すると、2011年に地下鉄桜

通線の終着駅ができるなど、近年、開発の進む徳重に至る

図6　勅使ヶ池緑地

図7　諏訪社境内から北を望む

が、当時は相原郷と平手に比較的大きな集落がある程度で、相原郷の近くに暮らすTさんがその先に行くことは滅多になかった。平手までの道沿いには、扇川の流れる南側には水田が、丘陵地となる北側には雑木林などが広がっており、葡萄畑もみられた。往還から外れるが、現在の勅使ヶ池緑地にみられるような密度の低い林（図3－G、図6）が広がっていたという。そのような環境のなか、Tさんは、川で泳いだり、林に山菜採りに行ったりしていた。そんな林のなかでは密造酒製造の噂があったほどで、住宅地が広がる現在とは装いを大きく異にしていた。

その一方で、諏訪社（図2－F）は当時の面影を残し続けている。境内を囲む鎮守の森は、周囲の林と比べると一段と背の高い木が茂っており、際立っていたという。現在は、林ではなく住宅地が諏訪社を取り囲んでいるが、境内から北の方角をみると、当時と同様に、木の茂った山のような景色をみることができる（図7）。当時は、諏訪社から徳重の先にある「おくまんさん」と呼ばれる熊野社（図2－H）まで、祭礼の際に、人々が馬を連れて練り歩いたという。幼少期のTさんが、平手より先に行くのはこの時くらいだったのである。

おわりに

緑区の様子は開発前後で一変している。実際に旧跡をたどってみるとあまりの違いに驚かされる一方で、今でも葡萄畑が点在するなど、よくみてみると開発前とのつながりを感じさせるきっかけもまたたくさんある。緑区には、桶狭間古戦場跡や旧東海道など、著名な史跡や歴史的街並みもある。こうした有名な史跡などと異なり、生活史はなかなか残りにくい。新旧2枚の地図を手がかりに緑区を歩き、開発前の日常生活を探ってみるのも面白いだろう。

最後に憩いの場を紹介しておきたい。往還から北側に離れたところに、Narumi Bone China で世界的に有名な食器メーカーの鳴海製陶がある。かつての工場が移転したため、現在、敷地の一部は大型ショッピング・センターやスポーツクラブになっている。そして、その南側には新海池公園がある（図2－I）。この公園には大きな池があり、老若男女で賑わっている。以前は、貸しボートもありデートスポットだったようだ。開発の前も後も新海池公園の周辺は憩いの場なのである。

拡大する都市

「道徳」は街並みまで折り目正しい？

「愛知型」という都市デザインの規範

堀田典裕

放射と循環からなる不思議な街割り

南区道徳地区の街を地図で見てみると、格子状の整然とした街割りの中央部に、不思議な街割りを見つけることができる（図1）。ひとつは烏賊のようであり、もうひとつは四角いお盆を上から見たような道路割である。形は異なるが、いずれも街区の四隅に放射道路を配置して、内部に循環道路を擁している。

こうした道路パターンをつくったのは、愛知電気鉄道（現・名古屋鉄道）の傘下にあった名古屋桟橋倉庫という土地会社であった。会社を興したのは福沢桃介・松永安左《やすざ》衛門《えもん》・下出民義《しもいでたみよし》、木曽川水系の水力発電事業に関わり、大正期の財界人の間で「電政派」と呼ばれた三人であった。

この会社、桟橋倉庫とは名ばかりで、1925年（大正14）に尾張徳川家から払い下げを受けた新田を埋め立てて土地区画整理をおこない、住宅地の開発を専らとした。

埋め立てには、都市計画公園として新たに設けられた道徳公園の黎明池の掘削土と、同じく愛知電気鉄道の傘下にあった長浦海園土地から運搬された土砂が用いられた。ちなみに、長浦海園土地の採土場は、1929年（昭和4）に「長浦海園文化住宅」として開発されている。この土砂の移動は、埋め立てのために山を削ったのだろうか、それとも丘陵地開発をおこなう際の残土処理であったのだろうか、いずれにしても一挙両得というわけである。

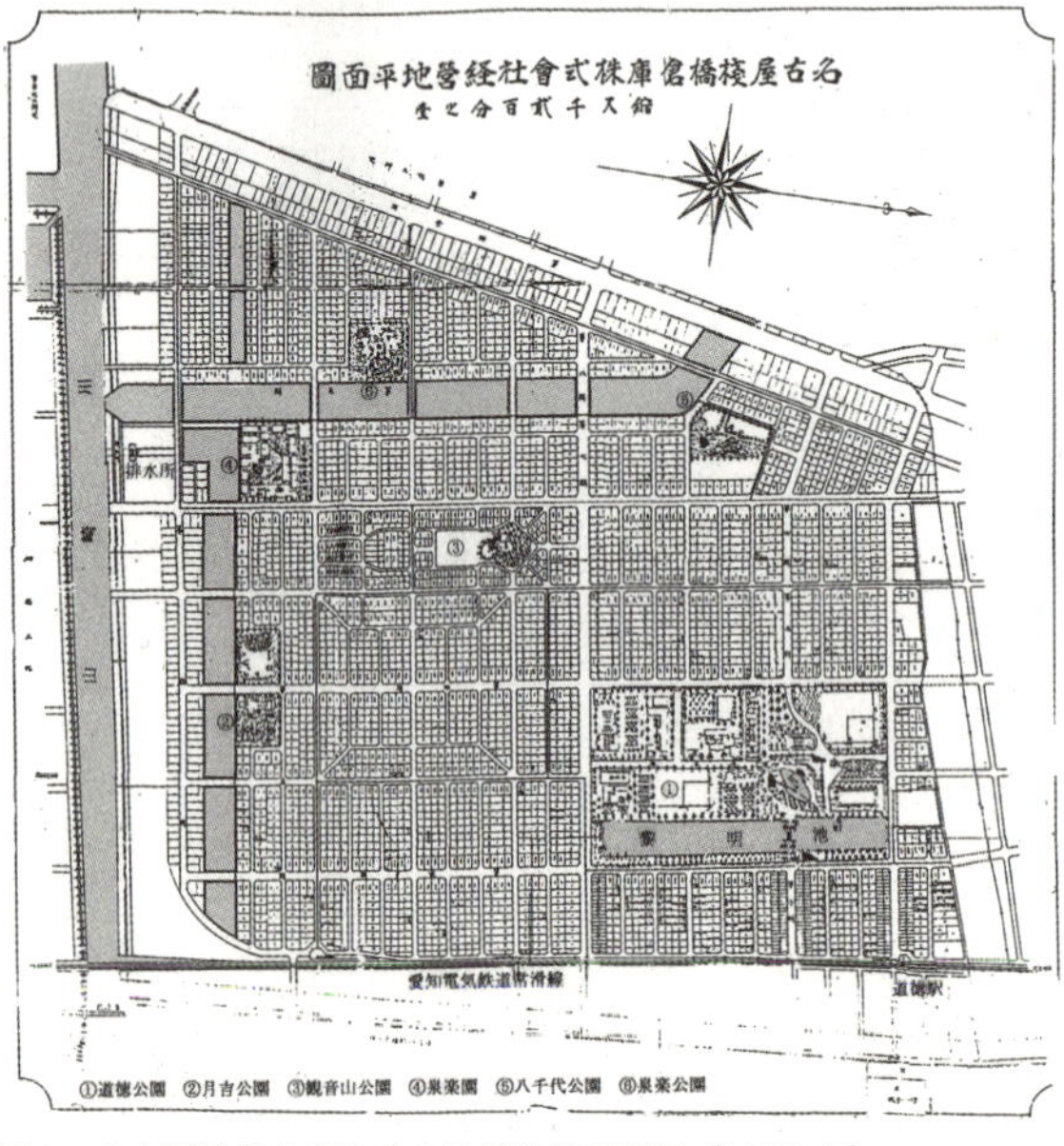

図1　名古屋桟橋倉庫株式会社経営地平面図（1936年）

名古屋桟橋倉庫が整地事業

を開始したのと同じ年、道徳地区の東側には日清紡績名古屋工場（豊田町）が、南側には三菱航空機名古屋製作所（大江町）がそれぞれ操業を開始しており、こうした工場で働く人々の受皿として開発された道徳地区は、「工場住宅地」と呼ばれた。土地の分譲をおこなっただけでなく、「住宅建築競技会」をおこなうことで、低地における「労働者向住宅街」の建築デザインのあり方が模索された。

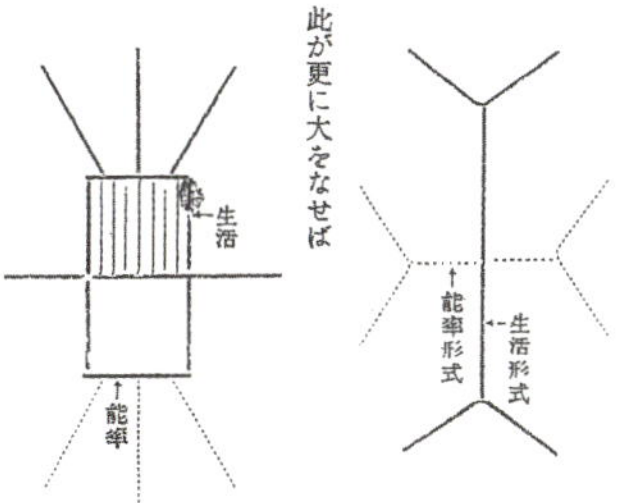

図２「放射」と「循環」からなる「愛知型」の都市モデル（1926 年）

図３　後藤鍬五郎と石原常忠による道徳公園のクジラ

　ところで、「放射」と「循環」からなる不思議な街割りは、道徳地区だけに見られる特徴ではなく、千種区の城山中学校の周辺や中村遊郭の跡地など、名古屋の街のあちこちに見出すことができる。これらの街割りは、都市計画愛知地方委員会が編み出した「愛知型」という理念的な都市モデルに由来する（図2）。道徳地区のみならず、名古屋市の郊外は、大正末期から昭和初期における土地区画整理事業によって開発された。これらの整地事業をおこなう組合を指導していたのが、内務省都市計画愛知地方委員会であった。彼らは単調な格子状の街割りの中に、「愛知型」によって「聚落中心」を生み出すことで、コミュニティを創出しようとし、それを「発展策」と呼んだ。こうした名古屋桟橋倉庫の街割りが、低地における都市デザインの典型で、後に続く区画整理組合の規範となったことは、当時の道徳地区に関する広告の「新愛知発展地予想投票第一位」というコピーからもわかる。

　ところで、烏賊のような街割りの「聚落中心」に据えられたのが、「観音山公園」である。公園の北端には、「観音山」と名づけられた高さ50尺（約16・5m）の人造の山が配置され、頂上に「道徳観音」が安置された。このコンクリート製の「道徳観音」は、この地区に住んだ後藤鍬五郎と石原常忠による作である。彼らは、道徳公園のクジラ、長浦海水浴場の大タコ、聚楽園の大仏など、20世紀の前半に、東海地方における馴染み深いコンクリート製の彫像を数多く手掛けたことで知られる（図3）。さらにまた、この「観音山」という人造の山は、鉄筋コンクリートによる躯体でできており、土盛りされた山腹には松・桜・楓などが植えられ、山裾南側には人工の滝が飛沫を上げていた。内部は二層になっており、下階は100坪のスケートリンク、上階はダンスフロアと喫茶店が収められていた。こうした遊興的な要素は、「観音山公園」のさらに南側において名古屋桟橋倉庫が経営した「泉楽園」と一体となって開発されたものであり、吉田初

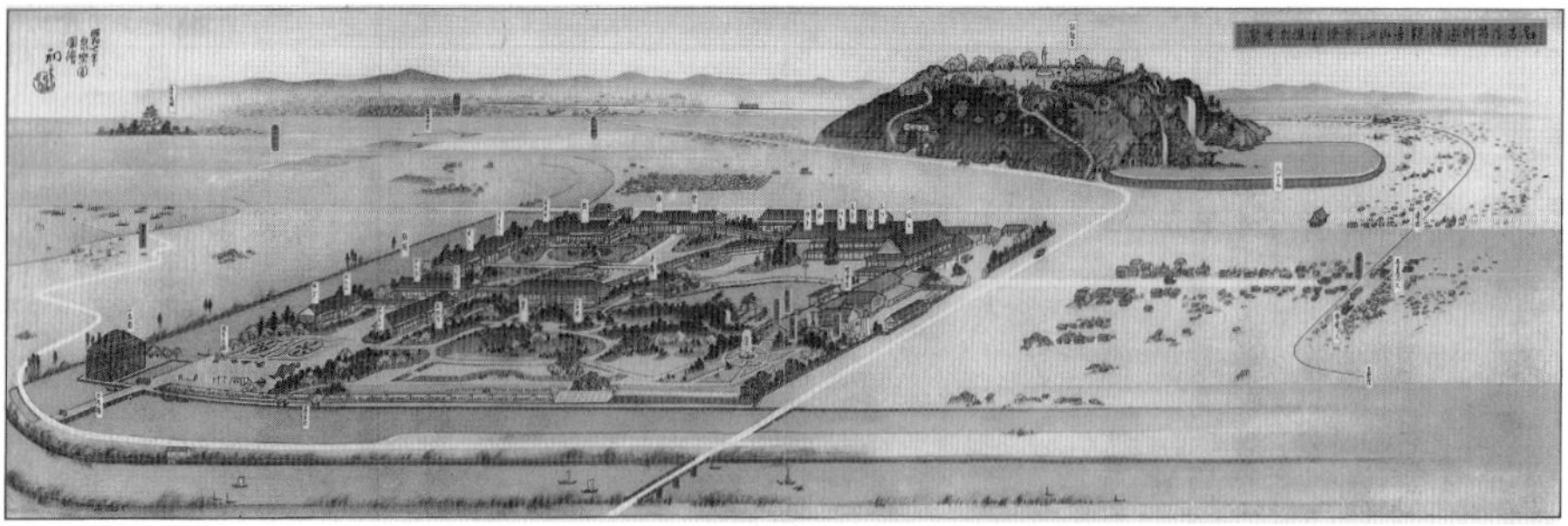

図4　吉田初三郎「名古屋名所道徳観音山及び泉楽園温泉全景」1932年

三郎は、その様子を鳥瞰図に描いた（図4）。

　さらにまた、道徳地区には、「観音山公園」を含む複数の小公園と、「道徳公園」という都市計画公園が設けられた。この「道徳公園」は、1928年に半分がマキノ映画撮影所に充てられ、残りの半分が黎明池と野球場・テニスコートなどのスポーツ施設に充てられた。月形竜之助や片岡千恵蔵らが演じた『実録忠臣蔵』の撮影後、赤穂城の映画セットを焼失し、広大な跡地が残ったと言われている。撮影所の跡地に建てられたのが、道徳小学校（1940年）と大江中学校（1947年）である。

　1959年9月26日夜半、道徳地区は東海地方を襲った伊勢湾台風によって、甚大な被害を被った。高潮によって決壊した堤防から流れ込んだ海水は、山崎川に隣接する貯木場の材木と一緒に家屋を押し流した。地域の写真店には、「観音山」を背景に手漕船で街路を進む写真が残されている（図5）。「観音山」は、名古屋桟橋倉庫の解散とともに1964年に取り壊され、「道徳観音」は東昌寺に安置された（図6）。「山」を失った公園は、「観音公園」と改められ、代わりに伊勢湾台風の慰霊碑が建立された。

　さて、姿勢を正して街を歩かなければならないような「道徳」という地名は、1812年（文化9）にまで遡ることができるという。それまで塩田が広がるだけであった砂浜を、新田として開発した尾張藩の開発は、農民から「道義を以て徳を施す」政策として迎えられた。以来、社会の規範となるような地名となったが、名古屋桟橋倉庫が行った「放射」と「循環」が織りなす「愛知型」の街割りは、道徳地区に、近代都市デザインという新たな規範を与えることになったのである。

図6　東昌寺に安置された「道徳観音」

図5　伊勢湾台風直後の「観音山」周辺

名古屋の臨海開発

100年の歴史をたどってみよう

小堀 聡

戦前の臨海開発

中京地域の海の玄関・名古屋港は1907年開港。それにあわせて最初に埋め立てられたのが現在の地下鉄名古屋港駅周辺で、1902～07年にかけて相次いで竣工した。駅を出てすぐの港橋をはさんで築地口一帯までが1号地、橋から海寄りが2号地と呼ばれた（図1）。この港橋を渡ってすぐに気づくのは、川がないということだ（図2）。もともとここには1号地と2号地とを分ける運河が流れ、多くの船が行き交っていたのだが、1966年に埋め立てられてしまったのである。運河の名残りが橋を渡って左手につづく高い壁で、これは伊勢湾台風の後に建設された旧防潮壁。現在は壁一面の写真が往時の姿を伝えてくれる（図3）。

信号を渡って東側に行こう。運河跡は公園やビルに利用されているが、さらに進むと、まだ一部が埋め立てられずに残っていた。この入り口付近で一際目立っているのが、もう降りることのない跳上橋で

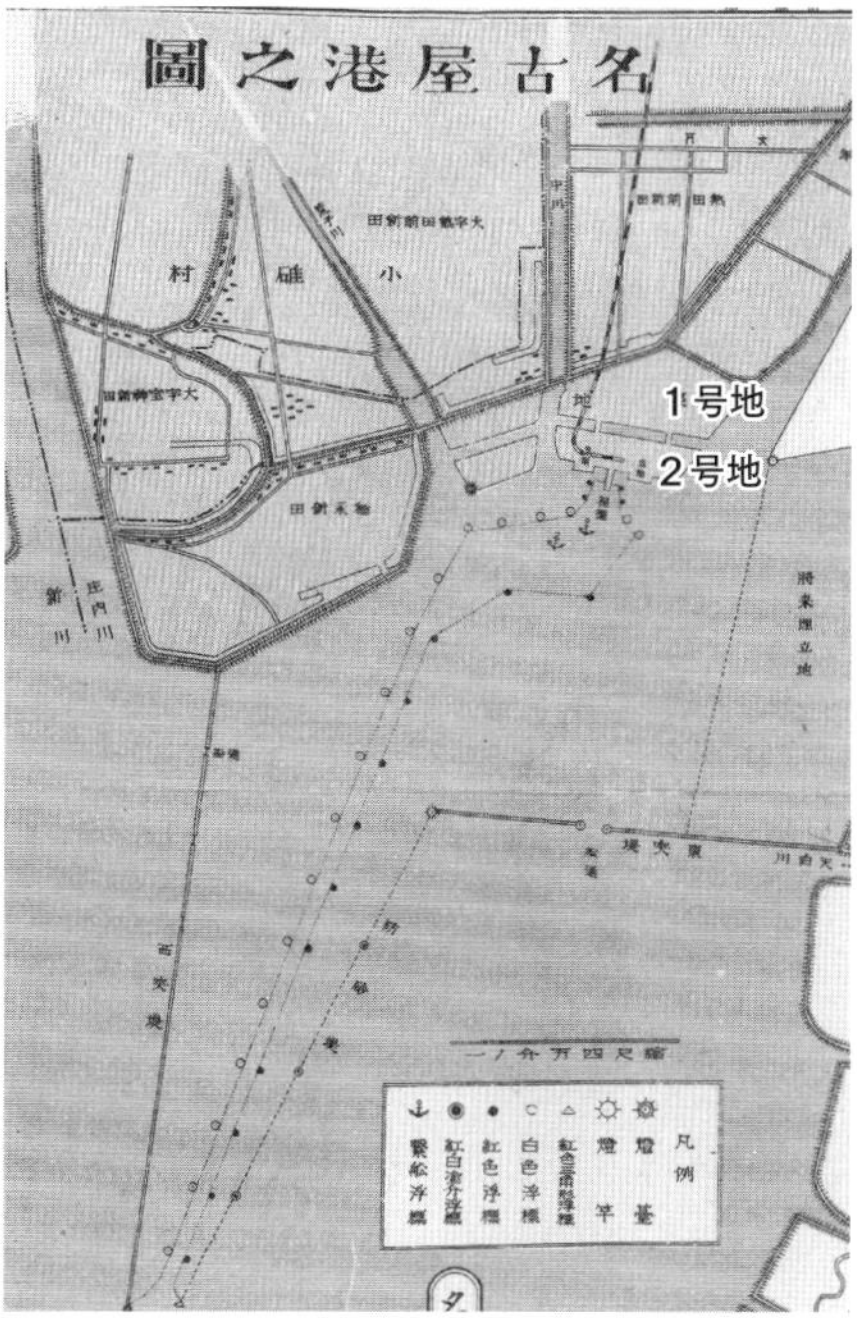

図1　「名古屋市実測図」1910年

図2　運河跡の公園から港橋をみる

図3　旧防潮壁

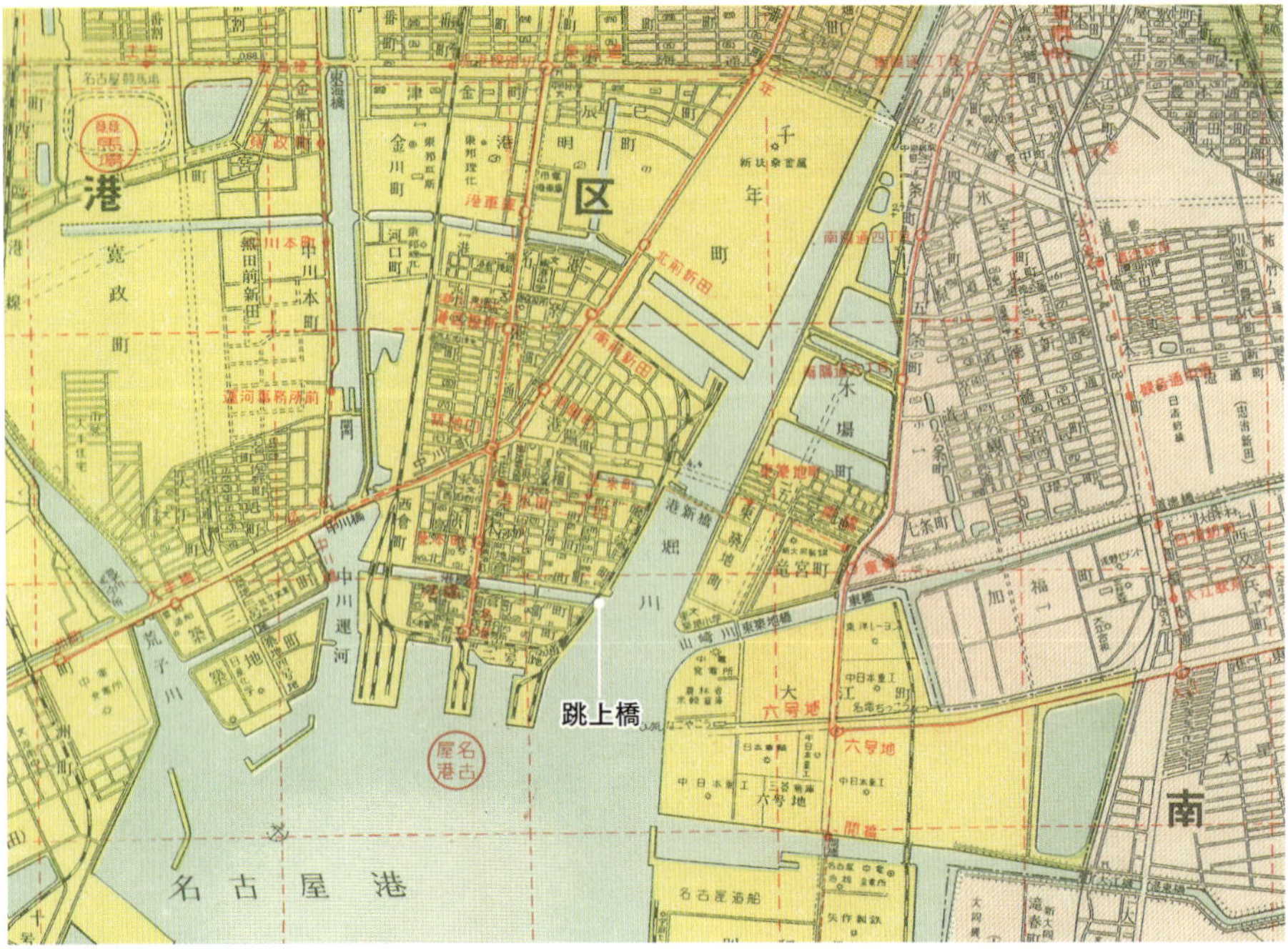

図４　「大名古屋市新地圖」1955 年

ある（図５）。名古屋港には大正以降、３つの可動橋が存在していたが、唯一現存しているのが１９３２に竣工したこの跳上橋で、１９８６年まで使用されていた。これは、２号地まで敷設されていた臨港鉄道を、棉花輸送のために堀川沿いに１号地まで延長した際に架けられたもので、現在でもレールと枕木を確認することができる。なお、橋台取付部には人造石が使用されている。これは割石積みの隙間に練土を詰め、モルタルを塗ったもので、碧海郡北棚尾村（現・碧南市新川）の服部長七によって考案された。セメントがまだ稀少品だった時代の創意工夫だ。

　運河南岸の２号地は、公園を中心とする地域で、現在はガーデンふ頭と呼ばれている。南極観測船や水族館など名古屋を代表する観光スポットだ。実はここもかつては３つのふ頭が立ち並び、名古屋港を代表する外国貿易取扱地区だっ

図５　跳上橋

図６　岸壁の石畳

図7　名古屋港広域計画図（2013年4月、国交省名古屋港湾事務所提供地図を改変）0　2km

図8　新名古屋火力発電所

た。現在でも戦前から岸壁に使われていた石畳が公園の中に残されている（図6）。だが、戦後、コンテナ化が開始されると、2号地の設備はその非能率性が目立つようになり、役目を終えた。公園としての整備が開始されたのは1979年のこと。名古屋港史全体のなかでは最近なのだ。

戦後の臨海開発

これら1・2号地に代わっ

図９　金城ふ頭から南部臨海工業地帯を望む

図10　藤前干潟。奥のつり橋は伊勢湾岸自動車道

て、高度成長期以降、名古屋港の中枢部は次第に沖合いへと移っていく。臨海工業地帯が建設されるとともに、大型船舶の受け入れを可能にするため、より大きい水深を備えた大きな用地が求められるようになったからだ。浚渫・埋立技術が急速に進歩したことが、この計画の実現を可能にした。先陣を切ったのが、ガーデンふ頭岸壁正面の潮見ふ頭。１９５５年から本格的に造成が進められた潮見ふ頭には石油タンクが立ち並び、中京地区へのエネルギー供給を支えた。白い塔は中部電力新名古屋火力発電所の煙突（図８）で、名古屋市内に現存する唯一の発電所である。なお、潮見ふ頭のうち陸寄りの一部地域は戦前既に竣工しており、１９５５年まで海水浴場として利用されていた。この千鳥ヶ浜海水浴場は本格的な埋め立てが始まるとともに廃止され、現在その跡地には植物園がある。

潮見ふ頭に続いてさらに建設されたのがガーデンふ頭から左手奥の南部臨海工業地帯で、新日鐵住金名古屋製鉄所など重厚長大産業が立ち並ぶ（図９）。一方、外国貿易の機能は、ガーデンふ頭から右手沖合へと移動した。１９６８年には金城ふ頭でのコンテナ船受け入れが開始され、さらに現在では飛島・鍋田両ふ頭のコンテナターミナルが外国貿易の中枢地となっている。

残された自然

このように名古屋港が埋立・拡大され、臨海工業地帯や国際貿易港が整備されたことを通じて中京経済の発展はけん引された。だが同時に、あいつぐ埋立てによって自然の水辺を殆ど失なったこともまた事実である。こうしたなか残されたのが、あおなみ線・野跡駅西側の公園奥に広がる藤前干潟だ。名古屋港からならバスで15分くらい。ここは庄内川、新川、日光川の河口に、埋立地に囲まれて最後に残った干潟で、２００２年にはラムサール条約に登録された。岸辺には名古屋市野鳥観察館があり望遠鏡を無料で利用することができる。時間さえ合えば、干潟にたたずむカワウの大群やシギなどに出会えるだろう。この藤前干潟（図10）もかつては名古屋市のごみ処分場計画によって消滅の危機に瀕していたが、反対運動が実り、保存が決定された。開港から１００年余、名古屋市民と名古屋港との関係も歴史を通じて少しずつ変わってきたといえるだろう。

拡大する都市

藤前干潟

行政と市民の対立から協働の歴史を伝える子どもたち

高山博好

奇跡の干潟

中京工業地帯に奥部に名古屋市に干潟が存在するだけでも奇跡と言えよう。しかも最近では自然の中で遊ぶ子どもたちが絶滅危惧種だと揶揄されるのに、ここでは子どもたちの歓声があふれている。

図１　工場や道路に囲まれた藤前干潟だが、渡り鳥にとっては楽園である

藤前干潟は、名古屋市南西部の庄内川・新川と日光川の河口に広がる。３２３haというナゴヤドームのグランド（１万３４００㎡：名古屋ドーム公式ウェブサイトより）の２４１個分の広さを持つ。この広さとここに生息する餌となる生物の多さに世界中の渡り鳥たちが休息に訪れる。

藤前干潟とゴミ問題

１９８４年にゴミが急増する名古屋市の課題として、その消却灰の処分場として計画されたのが藤前干潟だった。「野鳥の生息地を守れ！」「干潟を残そう！」と市民が立ち上がって、社会問題化した。代替地を提案し、干潟の重要性を訴えるなど、その先鞭を切ったのが「藤前干潟を守る会」（以下守る会）だ。

鳥と人のどちらが大事かの議論は長引いたが、環境省は埋め立てを許可せず、１９９９年に名古屋市は鳥・人の両立を目指して計画を一転撤回した。さらに市民と行政が一丸となりゴミの分別に取り組んで、約30％の削減に成功した。名古屋市はゴミ削減の先進モデルになり、藤前干潟は２００２年にラムサール条約で登録された。ラムサール条約とは、「特に水鳥の生息地として国際的に重要な湿地に関する条約」のことを言う。

守る会とガタレンジャー

ラムサール登録湿地は、保全と同時に賢明な利用（ワイズユース）が求められている。干潟の保全を続ける守る会は、２００３年にＮＰＯ格を得て新しいスタートを切った。２００５年に「藤前活動センター」と「稲永ビジターセンター」という環境省の施設がオープンすると、その管理運営を請け負ってアクティビティを提供している。

特徴的なのは、「ガタレンジャー」という、藤前干潟を訪れる人たちにその魅力を伝える案内人の存在だ。守る会の養成講座を終了した60名以上のボランティアが現在、ガタレンジャーとして観察会の講師や生きもの調査

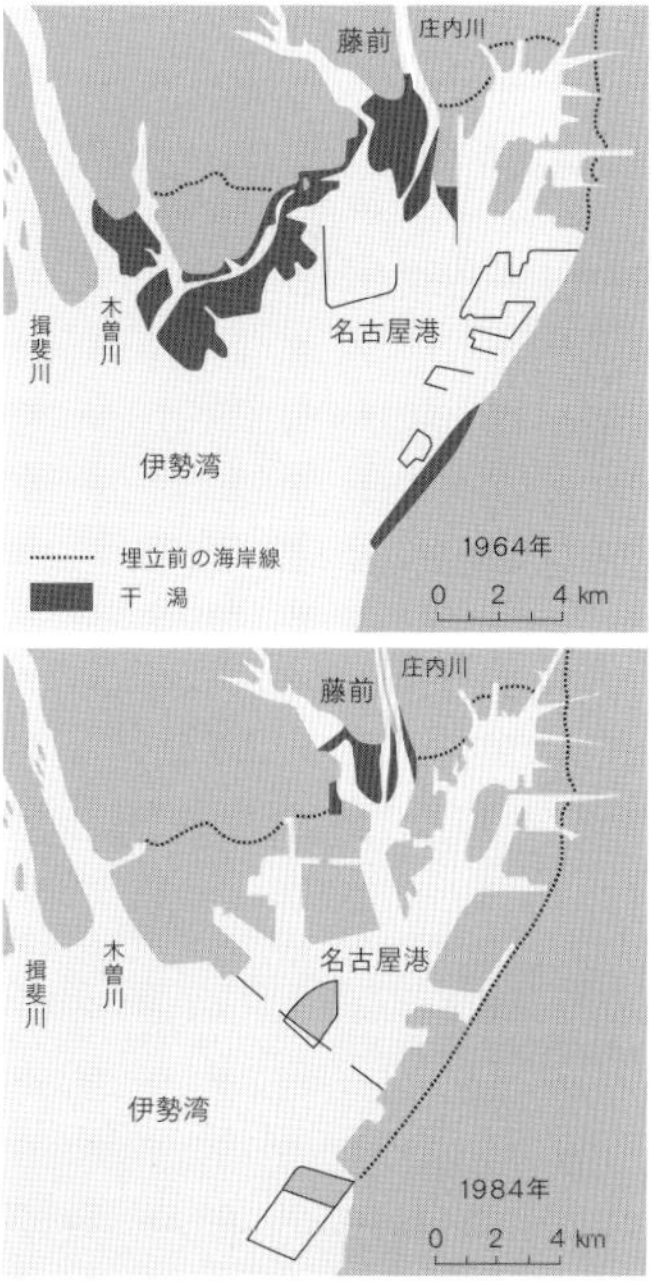

図２　藤前干潟は臨海工業開発の中で奇跡的に生き残った

図３　五感を使って干潟の生きものの観察をするのが藤前流

員をしている。

そんなガタレンジャーに憧れる子どもたちは少なくない。しかし、座学と実習を４日間に詰め込んで養成する方法は子どもには厳しい。「何かと急ぎすぎる世の中だからこそ、もっと時間をかけて子どもたちに何かを気づかせて、じっくりと生きものと触れあう機会を持たせてあげたい」という守る会の辻淳夫理事長（現・名誉理事長）の思いがある。１年間干潟に通い、じっくりと子どもたちが成長するのを待つようなプログラムを10年以上続け、それが「藤前モデル」と言われるような新しい環境学習スタイルになったら素敵ではないか。大企業が社会貢献をしたい、と守る会に資金提供を申し出てくれたことも幸いした。

ガタレンジャーJr.の活躍

そこで子ども専用のプログラムを開発し、２００８年からジュニアレンジャーを養成することになった。名称はガタレンジャーに憧れる子どもたちの考えを尊重して、「ガタレンジャーJr.」とした。これが冒頭で書いたように、最近の藤前干潟が子どもの声でにぎやかになった理由である。お互いに干潟に入った数を競い、ガタレンジャーと行動を共にできるのが彼らのプライドだ。初年度の修了生はガタレンジャーJr.としての心意気を、「干潟の現状や生きものの素晴らしさを、多くの人に伝えていくことが大切だと思う」と意見を一致させた。

ガタレンジャーJr.を養成するにあたってはガタレンジャーたちが相談して、「何も教えない」で発見させることを基本にしてきた。「今日は○○に注意して観察してみよう」という注目点は示すが、聞いてこない限り何も教えない。自分で発見したことは自慢したくなる。自慢し合うことが新しい発見につながり、人に伝える原動力になるだろうという考えからだった。

また、保全活動の聞き取りをして、干潟が守られた経緯の紙芝居を作った。機会があれば、マスコミにも登場してアピールするようになったし、中国、オーストラリアなど、海外に出かけて意見交換をしている。日韓交流基金を利用して、釜山周辺の湿地で活動する子どもたちとの交換留学も始め、それをきっかけに「KODOMOラムサール」「ESD」のイベントで国内外へ交流の輪を広げているのは頼もしい。今では後輩向けに体験プログラムを作ったり、一般市民へも干潟の楽しみ方、生きものの探し方を伝えるなどのガタレンジャーを負かす活動ぶりだ。

いま、彼らの関心は多くの大人が見向きもしなくなった「葦」にある。干潟の一角に葦原が存在し、そこに多くの生きものがいること、目に余るゴミがたまっていること、葦でいろいろな工作ができることなど、その有益性や課題を人に伝えたくてしょうがないようである。のちに知ったが、港区南陽町から中川区下之一色にかけては、葦簾の発祥地として知られている（『名古屋市史』）。国道23号に掛かる庄内新川橋から庄内川を見下ろすと広大な葦原が広がる。それはまるで彼らの可能性のようだ。

図４　韓国へでかけ、現地の子どもたちとフィールドを紹介しあったり、一緒に観察を楽しんでいる

コラム

幼稚園で生物多様性学習の時代

いのちのにぎわいを子どもが体感

高山博好

コップ10

名古屋市で2010年に生物多様性条約第10回締約国会議（COP10）が開催されたのは記憶に新しい。全国的な調査においても名古屋市でCOP10が開催されることを「知らない」のは60・3%だった（内閣府大臣官房政府広報室「環境問題に関する世論調査」2009年）。市内でも認知度は低く、名古屋市は市民に生物多様性という環境問題の意識を高めるため、COP10を前に名古屋市環境局内に生物多様性企画室を立ち上げ、市民に体験学習の場を提供するなど啓蒙活動をしていた。

その活動の一環として、市内の保育園・幼稚園に呼びかけ、バケツ稲を用いて生物多様性を理解する取り組みをおこなった。（1）田んぼで稲作りと同時に生きもの観察を体験したら生物多様性を理解しやすい、（2）食べものはみな生物である、（3）食べものを生産する場所は生物多様性が非常に高い場所である、（4）稲をバケツで栽培（以下バケツ稲）すれば保育園や幼稚園で栽培することが可能である、という観点からだ。

図1　幼稚園におけるバケツでの稲栽培

稲1種にたくさんの生きものが

園児は種まきから体験した。籾が種で、収穫物がお米になる過程を観察することで、生きもの（植物）を食べていることを知る。毎日の給食を眺めて、すべてがもともと生きものであることを感じとっていく。大人ですらその事実を忘れがちではないだろうか？　園児の質問は鋭い。「おこめのたねをまいて、おこめができることをしりました。ではおこめのたねは、どうやってつくるんですか？」。これは生物多様性を語るのにいい質問だ。1種を絶滅させてしまうと、それを再生することはヒトにはできない。だから絶滅させてはいけない。さらに言えば、食べていた生物が絶滅すれば、それに関わる食文化まで絶えてしまうのだ。幼稚園の先生から「園児に読み聞かせできる生物多様性の本はないか？」と聞かれることがあったが、園児の質問に耳を傾け、答えてあげることが最高の教材ではないだろうか？

もうひとつのテーマは「稲を1種栽培することで、どれだけの生きものが生息できるか」の片鱗を知ることができることだ。実際にバケツに稲を植えるだけで、動物のみで30種ほどが観察できる

図2　イトトンボが蚊を捕らえたところを観察

教材になった。実際の水田からは568種の生きものが報告されている（桐谷圭治『田んぼの生きもの全種リスト』）。

ミジンコやイトミミズといった生きものにはすぐ気づくが、見慣れない「カイエビ」という、1㎝弱の二枚貝のような殻で覆われたホウネンエビの仲間の発生には驚いていた。また、成長した稲には、その葉を食べるツユムシやオンブバッタ、ヒメジャノメやイチモンジセセリの幼虫も現れた。盛夏から秋にかけては、それらを餌とするチョウセンカマキリやトノサマガエル、トンボ類、クモ類などの益虫も増え、さらににぎやかになってきた。

稲刈りを終えた後も、生きもの観察を続ける園には水を張り続けてもらった。なんとそのバケツからはヤゴが見つかり、翌年にはアジアイトトンボ、シオカラトンボ、ギンヤンマが羽化した。名古屋という市街地でありながらまだ生きものは必死に生き残り、環境を整えると帰ってくるという証明ではないだろうか？

継続する幼稚園での生きもの学習

バケツ稲に関心を持てた幼稚園では、今でも優秀な教育を続けている。港区にある富士文化幼稚園は、鼓笛隊やダンスなどに力を入れていることで知られるが、生物多様性教育にも関心を強く示し、園内を占めるバケツ稲の量は増える一方で、今年度は園庭の一部を畑にしてしまった。お米や野菜ができるところを毎日のように観察しては食べ、訪れる生きものを成長させてはどんな虫になるのかを記録している。稲を食べる、いわゆる害虫であるが、そのイモムシを育てたらどんなチョウになるかを見届けた。食育に栽培過程を加えたものを食農教育というが、それどころか稲を材料にしめ縄、紙漉き、わらじ作りなどのわら細工、草木染め、作文、絵画、調理など小学校顔負けの総合学習をしている。

幼稚園・保育園でのバケツ稲の成果が認められ、2009年は園児の育てたバケツ稲を環境イベント「環境デー」の会場である「栄セントラルパーク」（中区）に600鉢を展示し、注目を集めた。稲穂をスズメから守るために24時間ガードマンが設置される異例のVIP対応となり、昼間に偶然通りかかった老人は「稲なんて懐かしいわね。えっ、園児が育てたの？」と驚き、各新聞社は「栄のデパート街に水田が現れる」と記事にした。

2010年からは中区ホールにて毎年、園児がバケツ稲観察から得たものを発表している。名古屋市、なごや環境大学、愛知県建設業協会、名古屋建設業協会が共催するシンポジウムでは毎年「いのち」を主テーマに「生物多様性」（2010年）「街づくり」（2011年）「持続可能性／再生」（2012年）を報告した。この幼稚園の発表がシンポジウムの大取を飾るのだが、300人の参加者を前に、堂々と生きものとの触れあいについて手描きの絵でプレゼンする園児の姿には恐れ入る。大人も知らない生きものの名前や生態、出会った喜びから「命あふれる名古屋にしたい」と会場にメッセージを響かせた。

図3　バケツ稲から収穫したお米を炊いて食べた園児たち

図4　バケツ稲から感じたことを市民の前で発表する園児

あとがき

溝口常俊

本書は、名古屋の中の名所旧跡等の案内本ではなく、個々人が住んでいる場所、もしくは興味のある場所で、その場所で繰り広げられてきた忘れられた郷土の歴史の発見を紹介して、わたしも発見してみたいとその気になっていただくのが目的である。

古地図と現在を対比してまちの変遷を紹介。地形図に歴史を読む。今に生きる人々の暮らしの痕跡を辿って、歴史の厚みを実感できるような本。当時の人々の感覚や実感を味わえるようなものになれば。というような主旨で執筆をスタートさせたが、一人で名古屋を語ることはとてもできないと思い、大学で顔をあわせた先生方や大学院生に気軽に声をかけ、快諾かつ真剣に執筆していただいた結果が本書である。編集の途中で、補強のため他大学の先生や郷土史家の方々にも原稿をお寄せいただいた。

十人十色、興味深い原稿が寄せられたが、それを無秩序に並べるわけにもいかず、名古屋という町の400年史を時空をこえて紹介し、その上で町歩きをしようとの意でできあがったのが目次のPart1（なごや古地図セレクション）、Part2（鳥の目虫の目）、Part3（なごや歴史幻視行）である。

城と宮を結ぶ縦軸と名古屋駅と東山公園を結ぶ横軸はしっかりと押さえ、その上で城下町地区の町歩きを紹介し、さらに郊外に足を延ばし、東部丘陵地、西部低湿地での事例も加えた。

名古屋城、熱田神宮、名古屋駅、鶴舞公園、広小路、大須、堀川、藤前干潟といった知名度の高い場所についての再発見の紹介もさることながら、それ以上に通常の名古屋案内本には顔を出さない本町通り、大曽根、八事、御器所、鳴海、山崎川、道徳、日比津、露橋、高畑、名古屋港などの普通の町の普通の風景の発見に力を注いだ。

本書を手にされた方々が、ご自分の家から半径1㎞圏内を絵図、地図を持ち、写真をとり、聞き取りして「ふるさと発見」をレポートされることを望みたい。そこには古くからの寺社が必ずあり、新しくはコンビニ、自販機もあろう。ゴミをつつくカラスも気になるかもしれない。こうした10年後、30年後には「歴史」となるであろうありふれた現状の記録こそが、重要である。ノートをとり出すと、何故ここにこれがあるのだろうか、という疑問が湧いてくる。

その疑問を解くには絵図・地図が役に立つ。絵図・地図を地元の古老にみせて話を伺う。それを記録していく。そうすることによって知らないうちに貴重な歴史地理ノートができあがっていく。名古屋16区の区役所、生涯学習センター、図書館には地元の報告書や書物が集められている。こうした資料を活用すればノートの中身は格調高くなる。

組織的試みとしては、本書「クローズアップ名古屋」コーナーの「ナゴヤ球場界隈」で紹介した「露橋小学校の歩み」を参考にして、各小学校が先生と子どもとOBで町歩きをして、校区の地図を活用した歴史地理書を作られたらいかがであろうか。あるいは町内会商店街有志等で町おこし版を作成しても楽しかろう。こうした郷土の記録が集まれば、名古屋オリジナルの世に誇れる「名古屋市誌」ができあがる。

本書がそのきっかけとなれば幸いである。

末尾になりましたが、筆者らの聴き取りに協力してくださった市民の皆様、および風媒社各位に心よりお礼申し上げます。

参考文献

『愛知郡誌』愛知郡、1923年
『愛知県史　資料編25近代』愛知県、2009年
『愛知県史　別編民俗1』愛知県、2011年
『愛知百科事典』中日新聞社、1976年
池田誠一『なごやの古道・街道を歩く』風媒社、2007年
稲川勝二郎『歓楽の名古屋』趣味春秋社、1937年
大野一英『堀川——名古屋人をささえた川』「堀川」出版後援会、1972年
桐谷圭治『田んぼの生きもの全種リスト』農と自然の研究所、2009年
沢井鈴一『名古屋広小路ものがたり』堀川文化を伝える会、2010年
島洋之助『百萬・名古屋』名古屋文化協会、1932年
『昭和区誌』昭和区制施行50周年記念事業委員会、1987年
『新修名古屋市史　第3巻』名古屋市、1999年
『新修名古屋市史　第4巻』名古屋市、1999年
『新修名古屋市史　第9巻民俗』名古屋市、2001年
『新修名古屋市史　資料編近代1』名古屋市、2007年
『新修名古屋市史　資料編近代2』名古屋市、2009年
『新修名古屋市史　資料編現代』名古屋市、2012年
新修名古屋市史第三専門部会編『江戸期なごやアトラス』名古屋市総務局、1998年
末吉順治『堀川沿革誌』愛知県郷土資料刊行会、2000年
中日新聞本社社会部編『堀川物語——名古屋城とともに四百年』中日新聞本社、1986年
露橋小学校開校100周年記念事業誌編集委員会『地図でみる露橋の歴史——親子でみつけるつゆはしのあゆみ』2006年
中区制施行100周年記念事業実行委員会『名古屋市中区誌』中区役所、2010年
『都市創作』都市創作会、1925~30年
『中川運河写真』eight、2012年
『中川区の歴史』愛知県郷土資料刊行会、1982年
『名古屋観光案内』名古屋観光協会、1933年
名古屋港管理組合『名古屋港開港100年史』2008年
名古屋港管理組合『名古屋港のあらまし』2013年
名古屋国際高等学校社会科教科会編『昭和区の歴史』愛知県郷土資料刊行会、1999年
『名古屋市史』地理編、名古屋市
『名古屋市史』産業編、名古屋市
名古屋市計画局都市計画部都市景観室『スポット景観整備事業記録集』1999年
名古屋市建築局総務課編『建築のあゆみ』名古屋市、1959年
名古屋市交通局編『市営五十年史』1972年
名古屋市交通局編『名古屋を走って77年』1974年
名古屋市緑政土木局堀川総合整備室『堀川』2002年
名古屋市博物館編『大にぎわい城下町名古屋』2007年
名古屋城下町調査実行委員会編『名古屋城下町復元プロジェクト報告書』2007年
名古屋鉄道社史編纂委員会『名古屋鉄道社史』1961年
日本建築学会東海支部歴史意匠委員会編『東海の近代建築』中日新

聞本社、1981年
野村眞平『地図と写真から見た　熱田駅・熱田運河・常滑線の今昔』篠田印刷、2013年
服部鉦太郎『明治・名古屋の顔』六法出版社、1973年
服部鉦太郎『大正の名古屋』泰文堂、1980年
林董一編『近世名古屋　享元絵巻の世界』清文堂、2007年
林董一監修『城と城下町　名古屋』学習研究社、2008年
平井松午／安里進／渡辺誠編『近世測量絵図のＧＩＳ分析』古今書院、2014年
平岡昭利／野間春雄編『中部Ⅰ　地図で読む百年』古今書院、2000年
堀田典裕『吉田初三郎の鳥瞰図を読む』河出書房新社、2009年
堀川文化を伝える会『名古屋本町通りものがたり』2006年
前田栄作／水野鉱造『増補版　尾張名所図会絵解き散歩』風媒社、2013年
溝口常俊編『戦争体験記――2011年度名古屋大学1年生の祖父母の語りより』名古屋大学地理学教室、2012年
八木文株式会社社史編集委員会『八木文100年』八木文、1995年

石川栄耀「人文地理的角度から――都市力学の演習」『都市公論』第15巻第6月号、1932年
「花街復興 名古屋の巻」『旅』第25巻第5号、1951年
法善寺康雄「肉体の街 城東園の生態をのぞく」『オール軟派』第3巻第3号、1948年
松永直幸「中山道鉄道の採択と東海道鉄道への変更」日本歴史学会編『日本歴史』2011年4月号
三浦公亮「宇宙に開く魔法のオリガミ」『科学朝日』45、1988年
山本祐子「名古屋城下図の年代比定と編年について」『名古屋市博物館研究紀要』1994年

Shelton, B., *Learning from the Japanese City: Looking East in Urban Design*, London and New York, 2012.
Kato, S. and Yamaguchi, Y., Estimation of storage heat flux in an urban area using ASTER data, *Remote Sensing of Environment*, 110 (1), 1-17, 2007.

執筆者一覧（アイウエオ順）

池田誠一（いけだ・せいいち）NPO 白壁アカデミア世話人
奥貫圭一（おくぬき・けいいち）名古屋大学環境学研究科准教授
片木 篤（かたぎ・あつし）名古屋大学環境学研究科教授
加藤創史（かとう・そうし）産業技術総合研究所特別研究員
加藤博和（かとう・ひろかず）名古屋大学環境学研究科准教授
加藤政洋（かとう・まさひろ）立命館大学文学部教員
川田 稔（かわだ・みのる）名古屋大学名誉教授
小堀 聡（こぼり・さとる）名古屋大学経済学研究科准教授
近藤みなみ（こんどう・みなみ）愛知県県庁職員
塩村 耕（しおむら・こう）名古屋大学文学研究科教授
高山博好（たかやま・ひろよし）NPO びすた～り代表理事
津田豊彦（つだ・とよひこ）新修名古屋市史資料編編集委員
寺西功一（てらにし・こういち）堀川文化を伝える会・堀川文化探索隊会員
富田啓介（とみた・けいすけ）愛知学院大学教養部講師
西澤泰彦（にしざわ・やすひこ）名古屋大学環境学研究科教授
服部亜由未（はっとり・あゆみ）愛知県立大学日本文化学部准教授
林 上（はやし・のぼる）中部大学人文学部教授
平松晃一（ひらまつ・こういち）名古屋大学重要文化財馬場家住宅研究センター職員
堀田典裕（ほった・よしひろ）名古屋大学大学院工学研究科助教
前田洋介（まえだ・ようすけ）新潟大学教育学部准教授
山口 靖（やまぐち・やすし）名古屋大学環境学研究科教授
山下 翔（やました・しょう）名古屋大学環境学研究科博士前期課程
山村亜希（やまむら・あき）京都大学大学院人間・環境学研究科准教授
吉川卓治（よしかわ・たくじ）名古屋大学教育発達科学研究科教授

［編著者略歴］

溝口常俊（みぞぐち・つねとし）

1948年名古屋市生まれ。1979年名古屋大学大学院文学研究科博士課程単位取得退学。現在、名古屋大学名誉教授。専門は歴史地理学、地域環境史、南アジア地域論。博士（文学）。著書に、『日本近世・近代の畑作地域史研究』（名古屋大学出版会、2002年）溝口常俊『インド・いちば・フィールドワーク』ナカニシヤ出版、2006年）、『古地図で見る名古屋』（監修、樹林舎、2009年）、『歴史と環境――歴史地理学の可能性を探る』（編著、花書院、2012年）など。

古地図で楽しむなごや今昔

2014年4月21日　第1刷発行　（定価はカバーに表示してあります）
2017年8月31日　第5刷発行

編著者　溝口　常俊

発行者　山口　章

発行所　名古屋市中区大須1丁目16番29号
電話 052-218-7808　FAX052-218-7709　風媒社
http://www.fubaisha.com/

乱丁・落丁本はお取り替えいたします。　＊印刷・製本／シナノパブリッシングプレス
ISBN978-4-8331-0159-2

池田誠一

なごやの古道・街道を歩く

大都市名古屋にもこんな道がかくれていた！名古屋を通っている古道・街道の中から、江戸時代のものを中心に二十二本の道を選び収録。街道ごとに、その道の成立や全体像、そして二〜三時間で歩ける区間を紹介。

一六〇〇円＋税

服部哲也／木村有作／纐纈茂

なごやの古代遺跡を歩く

名古屋市内を中心にした9の「遺跡散策コース」と、身近な遺跡を体感できる「都市公園に重なる遺跡」を紹介。推理と想像を楽しみながら名古屋の遺跡をたどり、古代人のこころと暮らしに迫る。

一六〇〇円＋税

中井均 編著

東海の城下町を歩く

織田信長・豊臣秀吉・徳川家康の誕生地であり、彼らを支えた数多くの武将の出身地でもある東海地方。この地域には江戸時代に多くの城下町が栄えた。今もそこかしこに残る城下町時代の歴史と風土を訪ねる。

一五〇〇円＋税